戏说统计

戏说统计
文科生的量化方法

李连江 著

中国政法大学出版社
2017·北京

声 明	1. 版权所有，侵权必究。
	2. 如有缺页、倒装问题，由出版社负责退换。

图书在版编目（CIP）数据

戏说统计：文科生的量化方法/李连江著.—北京：中国政法大学出版社，2017.10（2023.4重印）
ISBN 978-7-5620-7790-9

Ⅰ.①戏… Ⅱ.①李… Ⅲ.①统计学－通俗读物 Ⅳ.①C8-49

中国版本图书馆CIP数据核字(2017)第236288号

出 版 者	中国政法大学出版社
地　　址	北京市海淀区西土城路25号
邮寄地址	北京100088 信箱8034分箱　邮编100088
网　　址	http://www.cuplpress.com（网络实名：中国政法大学出版社）
电　　话	010-58908466(编辑部) 58908334(邮购部)
承　　印	北京中科印刷有限公司
开　　本	880mm×1230mm　1/32
印　　张	10.75
字　　数	220千字
印　　数	27 001～32 000册
版　　次	2017年10月第1版
印　　次	2023年4月第4次印刷
定　　价	58.00元

献给南开大学哲学系 1978 级全体同学

特别是仁兄车上乘

代 序
走一条路，做一件事
车铭洲

作为一个教师，我在南开大学工作五十多年了，先在哲学系，后到政治学系，有幸跟两个系的同仁和学生一块儿从事教学和学术研究，特别是跟研究生们有直接联系，共同学习、读书、研究、研讨、写作、翻译，同学和老师之间的自由交流使理论研究和思想研究这项动脑子的事情变得比较生动和愉快，我觉得非常好。当年的学生如今在工作实践中都成了各自领域的佼佼者，成了中坚人物，成了栋梁。今天在这里聚会的真是群星灿烂，在座的各位远远超过了老师。我想，老师最高兴的无非就是学生超过了自己，学生都成材了，都为国家做了很大贡献，这是老师最高兴的事。

除了高兴，我也衷心感谢各位鼎力合作，再版我三十年前写的两本书。这个出版工作，先是在网上找书，做成电子版，最后还麻烦我们出版社的领导、总编，费了大量的精力、体力、财力、物力，做成了这么漂亮的书。这两本书是三十多年前写的，那时的背景跟现在完全不一样。我写的时候没什么出版意识，就是出于教学需要，加上各种各样的偶然性，写书的事就落到我头上了。这两本书，一本是关于西欧中世纪哲学的，一本是关于现代西方哲学的。大家知道，新中国成立后建哲学系，有个设计，就是哲学要有三大支柱，一个是马克思主义理论，就是哲学原理，这是我们的基础，另外两个支柱是中国哲学和外国哲学。教马克思主义和中国哲学，问题不是太大，比较敏感的是外国哲学。外国哲学中又有两段特别敏感，一个是中世纪，一个是现代。中世纪，是欧洲的封建社会，以基督教为主流。宗教是个特别敏感的问题，对有神论者是个敏感问题，对无神论者也是敏感问题。所以，我上大学的时候，欧洲中世纪哲学基本上是空白。北大哲学系研究欧洲哲学的实力最强，组织专家翻译原著。出了三本原著选读，第一本是《古希腊罗马哲学》，第二本是《十六—十八世纪西欧各国哲学》，然后是《十八世纪末—十九世纪初德国哲学》，中世纪是空白。当时，主持翻译的是王太庆先生。他给我们讲中世纪哲学，大概只用了一个课时，连说带笑就过去了。他有个规划，要编写中世纪哲学教材，但是没提上日程。

王太庆先生在课上说，编中世纪哲学教材，留待后生，你们年轻的将来做。我没想到这个任务会落在我头上。怎么落到我头上了呢？这是因为偶然性，就是"文化大革命"。我1962年到南开做见习助教，然后当正式助教，就是帮教授做辅导，听课、组织学生搞课堂讨论，学生有什么问题，我回答，回答不了，找老师。当时我们哲学系还没有讲外国哲学的教授，是请河北大学的张先生讲，我的任务是听课，接送张先生。1963年到1964年，开展社会主义教育运动，叫"四清"运动，教师到下面搞"四清"，我到了农村。"四清"没搞两年，就"文化大革命"了。我们的主要任务是学工、学农、学军，到干校劳动，我都参加了，没参加教学活动。

"文化大革命",大学不上课了。后来,毛主席批示:大学还是要办的。我们很振奋,但是怎么办呢?后来有条指示,让知识分子到工厂、农村跟工农一起编教材。学校同意我们到天津一个工厂,跟工人写作组一起编外国哲学教材。我们去了,一个老工人当组长,组织了几个年轻工人,大概是小学和初中文化,顶多是初中毕业。老师傅问,你们编什么书?我们说,外国哲学。工人师傅说,哲学我们都不清楚,还外国哲学?外国哲学是什么意思?我说,就是古希腊、古罗马、中世纪、十六到十八世纪的欧洲哲学。组长师傅说,我们不知道这些词,怎么编?然后说,你们在这儿,我给你们每周安排两天劳动,其他时间你们看书写教材,写完了,说是跟工人一起写的,就行了。我们说,好。

编教材得有分工,冒老师是我的师兄,他早来两年。他对我说,你搞中世纪吧。师兄让我做,我就必须做,我是最差的。我说行,但是我想,顺便弄点儿就行,不觉得有什么压力,我觉得中世纪哲学也许没什么东西,至少是不难。真正编起来,才知道并非如此。中世纪哲学很难,难在三个方面。一是敏感,刚才我说了,有宗教问题。第二是黑暗,我们有个强烈的观念,认为中世纪是黑暗的世纪,宗教战争、宗教压迫,没有文明。第三是语言,需要懂拉丁文、希腊文、希伯来文。南开图书馆很好,是研究型图书馆。我就赶紧看资料,文学也好,历史也好,凡是涉及中世纪的东西就看,主要看南京金陵神学院解放前编写的中世纪宗教哲学。我就读,真正读起来非常困难。中世纪哲学家非同小可,水平很高,理解起来很困难。我慢慢分析,分析完了,就把体会记下来。编完以后，有三十多万字，自己都很难相信。写完了，就放下了。很快，国家的形势发生了很大的变化。1977年，大学开始招生了，准备上课了。准备上课，教研室又要分工。冒老师说，中世纪哲学先放着，咱们先把现代哲学补上，他让我搞现代外国哲学。中世纪哲学敏感，现代哲学也敏感，两个敏感的东西都落在了我头上。我说行，服从领导，我就搞现代哲学，中世纪就先放在那儿了。

"文化大革命"一结束，不但学校振兴起来了，出版社也振兴起来了。出版社要出书，到哪儿找稿子？到大学。天津出版社的领导同志来到南开哲学系，说谁有稿子赶紧拿来。我说，拿来干吗？他说，出版。他听说我有个中世纪哲学的稿子，很高兴，坚持要出，说中世纪哲学是空白。我没有出版意识，拿不准，到北大找王太庆先生，说出版社要出中世纪哲学。王先生问，你有稿子吗？我说，"文化大革命"中我写了一个。他听说我在"文化大革命"中竟然写了中世纪哲学，很高兴，问：多少字？我说30万字。他问，谁出？我说天津出版社想出，能出吗？他说，能，赶紧改一改。我就改了一下，改完就交稿了。后来，到1982年，书真的出版了。

交了中世纪哲学的稿，我就搞我的现代去了。我研究现代外国哲学，也是偶然的机会。我们南开大学很开放，滕校长到美国转了一圈，把发展经济学引进来了，成了南开经济学的重心。南开派留学生和访问学者，原来主要派数理化的和英语的，不派人文学科和社会科学的。滕校长问，咱们有研究现代外国哲学的老师吗？他认为，现在西方变化很大，得研究现代哲学。校长听说我在弄现代外国哲学，就让我去美国访学。他说，你不了解外国现在是什么样子，怎么能研究现代哲学呢？当时，我很害怕。为什么很害怕呢？就是对美国没有了解，到这么个国家去，什么也不懂，生活都不懂，水深火热。我真是这么想，不像现在的年轻人，那么高兴去留学。我感到压力很大，不太愿意去，不光是我，大家都这样，不愿去。不过，校长说了要去，我不能不听校长的，就硬着头皮去了。当时有个"异化"概念，我完全异化了，感到压力很大。你想，连坐飞机都不会，是不是异化？我1962年当助教，当了17年，1979年评上讲师，1981年成了副教授。可是，我一个副教授，还不如现在小孩懂得多。当时，我不知道上飞机有绿色通道，什么都不懂，飞机上的饭也不会吃，空姐给我一个易拉罐，怎么喝？当时飞机上没几个中国人，很难受。我偷偷地看周围的人，看人家怎么打开易拉罐，非常可笑。

学校安排我去美国访问，我服从，但不知道该去哪个大学。我回北大找洪谦先生，洪先生让我去明尼苏达大学，他有个学生在那里教逻辑实证主义。我到了那里才知道，哲学转向了，转向了语言，有个语言哲学。我在国内没见过语言哲学这个词，语言还有哲学？我在明尼苏达大学访问了一年，搜集语言哲学的资料，就算把语言哲学带回国内了。回来后，我跟洪谦先生汇报了情况，他很支持，我们就招了研究生，组织起来，阅读、翻译、研究语言哲学。那真是互教互学。每个研究生负责翻译十多万字资料，然后油印。每人研究一个语言哲学大师，写论文，后来出了语言哲学的著作。我们写了八十万字，出版时压缩了一半，变成了四十几万字。

除了语言哲学，我也研究了现代西方哲学的其他学派，特别是存在主义、精神分析、实用主义。1980年代，存在主义和弗洛伊德主义很热。小青年们穿文化衫，背上写着几个字，"我是我"。我很吃惊，不知道怎么回事。背着"我是我"干嘛？还有人背的是"别理我"，"我生气了"。出版界有同志邀请我写一点东西，介绍这些学派的真实背景，帮年轻人全面理解这些哲学。我从美国回来后，计划研究语言哲学，没打算写这些流派。北大的王太庆老师让我写，他认为我最清楚热门的东西。工人出版社先来找我，联系出版，他们建议学术性不要太强，不要体系化，把核心的观念说清楚就行。我就写了一个《现代西方五大哲学思潮》。这五大思潮大致解释了社会上的那些文化现象。

这是三十年前的事。我写书，并不是想出书，我那时没有出版意识。写书，首先是因为教学需要，社会有需要，也因为偶然性，写书的任务落到我头上了，我只是认真去做。我那时就那个水平，出书不给稿费，让我写我就写，让出书就出书，就这么个意思。我们还翻译了几本书，有些后来也出版了。我们这几本书有些影响。我后来到国外参加过宗教哲学的会，北大的赵敦华教授研究中世纪哲学，也把我的书列为参考书。《读书》杂志介绍过五大思潮，认为它是了解现代西方哲学的窗口。"窗口"这个说法很好，因为那时我们只是开了窗，还没有开门。

这两本书是我三十多年前写的，今天重新出版，还有意义吗？我开始觉得没意义，不同意重新出版。志成给我做工作，我也不同意。后来是小李说服了我。他说，重新出版这两本书，有两层意义。特殊意义是纪念我们的师生关系，我们当年是师生关系，一块儿做研究，后来师生关系变成了师友关系，关系非常好。还有一个普遍意义，就是有社会现实意义。现在我们国家富裕了，吃饭问题、生活问题基本解决了，这是一个民族的"安身"问题。但是，一个民族还有一个很重要的问题，就是"立命"问题。现在我们应该加强理论研究，加强精神建设。我们这个民族很有智慧，但是长期安定不下来，理论建设、精神建设不够发达。这个说法对我教育非常大，我就接受了各位的建议，同意重新出版这两本书。小李说希望回归哲学、回归翻译，我觉得很有意义。近现代中国，我们最先进的思想家都强调翻译的重要性。回归哲学，也很有意义。哲学是文化，有文化，我们在世界上才有地位，光物质丰富不行。有哲学，才有理论。理论特别重要，在一定的时候，理论工作可能比实际工作更重要。一旦观念发生变革，现实世界就站不住脚，非变不可。爱因斯坦说过，原子弹的出现改变了一切，但是有一点没有改变，就是我们的思维方式。所以我们必须改变我们的思维方式，这就需要哲学，需要理论。

作为一个教师，我这一生走了一条路，干了一件事。一条路，不是丝绸之路，就是上学、念书、教书、写书，生活方式极为单调，但是生活的内容不单调，因为什么？大学跟军营一样，铁打的营盘，流水的学生，一届一届的青年在我们南开大学学习。作为一个教师，我接触了这么多优秀的青年，这么多优秀的同事，接触到这么多文化财富、先进丰富的思想，我觉得非常好。我愿意教学生，愿意跟学生一块学习。

当了五十多年教师，我有两点体会。一个是，我认为教师的功劳不是教知识，而是鼓舞学生。知识可以教，但要靠学生自己刻苦研究才能学到；能力不能教，只能靠学生自己锻炼提高。学生学知识，长本领，出成就，都靠学生自己。教师起什么作用呢？教师的责任主要是影响学生。用什么影响？就是以书本上的知识为手段，帮助学生树立自己的学习目标，激发学生的创造精神，鼓励学生艰苦努力，帮助学生认识自己的潜力，促使学生把自己的潜力发挥出来。如果说教师培养学生，这就是培养。其实，这只是帮助，不是培养。我这个教育哲学，依据的是黑格尔的思想。黑格尔是个著作家，也是很好的教师。他说，教师的主要功劳就是给学生伟大的刺激，伟大的鼓舞。教师要在课堂上把学生的学习精神、奋斗精神鼓舞起来，教师的作用就是刺激和鼓舞，用敲锣打鼓的方法振奋学生，让学生努力。伟大的刺激和鼓舞，是老师的主要功能，也是主要的教育方式。这是我的一个体会。

我的第二个体会是，学生造就老师。老师的成就有学生的贡献，不是教师自己本来就那么优秀。必须有优秀的学生，教师才能进步，这是我坚信不疑的。我这个思想，现实的模型就是和尚撞钟。当一天和尚，撞一天钟。大学里有学生，有教师，谁是钟？谁是和尚？和尚肯定是同学，钟是老师。钟自己不能发声，学生要是不撞，钟就不响。老和尚是个钟，老师是个钟，看着很神秘，就是不响；大敲大响，小敲小响，不敲不响。教师刺激学生，学生就会跟教师研讨，有研讨，就能出成就。老师的智慧是学生敲出来的，学生很优秀，总是敲打教师，教师就进步了。我受过很多学生的启发和教育。写这两本书，我也得到同学很多启发。谁也不是天生就会写书，我一开始也不会写书，是教书启发了我。为了教好书，教师都要精心准备讲稿，这就是写书。没有人告诉我该怎么写，但是有学生听课，我知道我必须写，写一写，就会写了，真写了，就真会写了。

今天聚会，我非常高兴，也说了很多。大家尽了这么大的力量，重新出版我的两本旧作，我很感谢。我们的老师的老师孔夫子说过："吾老矣，不能用也。"我也老了，没什么用了。各位鼓励我老骥伏枥，那是鼓励的话，我做不到，我对同学们不能有什么新贡献了。但是，我不悲观。有一点我永远会做到，我还有一点永远去不掉的东西，永远留着，不仅留给在座的各位，也留给今天来不了的同学们，这就是我的一片情谊，这个情谊是不了情，是永远不了的师生情谊。我永远把大家的情谊留在心里，永远继续为大家的新成就而喜悦，继续为大家和你们全家的健康而祝愿，这是我自己表达的一点心情。

我先说这些，以后有机会，咱们再说。

（2015年9月20日在南开大学举办的"师道与哲学暨车铭洲著作出版座谈会"上的发言）

目 录

车铭洲　走一条路，做一件事（代序）　I

引　言　戏说的由来　1
　　一、什么是戏说？　3
　　二、为什么戏说？　5
　　三、怎样戏说？　6
　　四、我凭什么戏说？　11

第一章　量化　16
　第一节　量化的对象　18
　　一、量化的对象是总体的某些个体　19
　　二、量化的对象是某些个体的某些属性　26
　　三、量化的对象是某些个体的某些属性的变化　32
　第二节　量化过程是测量与记录某些个体某些属性的变化　41
　　一、测量的切实度与可靠度　41
　　二、测量的四个层级　45
　　三、影响实际测量层级的两个因素　47
　　四、测量是个系统工程　52

第三节　量化分析与科学实验和定性研究的关系　53

　　　　一、统计分析是科学实验的代用品　53

　　　　二、定量研究的基础是定性研究　59

第二章　数据　70

　　第一节　SPSS及其雇员数据　71

　　　　一、SPSS是什么？　71

　　　　二、雇员数据简介　78

　　第二节　雇员数据详解　80

　　　　一、样本量与变项量　80

　　　　二、实质上相干的变项　85

　　　　三、理论上相关的变项　86

　　　　四、这是什么东西的案例？　86

　　第三节　数据与数据库　88

　　　　一、数据是信息　88

　　　　二、数据库是数据矿　89

　　　　三、怎样读数据库？　90

　　　　四、怎样拥有真正属于自己的数据库？　92

第三章　单变项分析：由点到线　96

　　第一节　从个别到一般　98

　　　　一、从个体属性到样本统计值　98

　　　　二、从个别到一般？Too simple！　102

　　　　三、从样本统计值到总体参数：惊险的一跃　103

第二节 正态分布 *104*

一、1.0版正态分布：个体属性的正态分布 *107*

二、2.0版正态分布：抽样误差的正态分布 *126*

三、3.0版正态分布：概率的指标值的正态分布 *131*

第三节 参悟正态分布 *134*

一、世界观：万有不齐天地事，大道之行是中庸 *135*

二、概率思维方式：万事皆可能，无物是必然 *137*

三、人生智慧：安于平平，追求不平，适可而止 *138*

四、正态分布的禅机 *145*

第四章 双变项分析：由线到面 *149*

第一节 相关 *149*

一、"相关"与"相干" *149*

二、相关有正有负 *150*

三、相关有强弱之分，有是否显著之分 *151*

第二节 回归 *152*

一、回归分析是追本溯源 *152*

二、回归分析是预设因果关系的相关分析 *154*

三、回归系数的显著度检验 *166*

四、冷静对待回归分析的结果 *175*

第三节 参悟显著度检验 *176*

一、显著度检验与无罪推定前提下的法庭审判 *176*

二、大胆假设，小心求证，良心决断 *182*

第五章 多变项分析：由面到体 186

第一节 多元回归分析 186

一、辨别真伪 187

二、周全解释 192

三、权衡轻重 192

四、标新立异 195

五、共线性就是同语反复 195

六、多元回归系数是合力 196

七、判定系数告诉我们合力的威力 197

八、小结：多元回归与一果多因 198

第二节 因子分析和量表构建 198

一、什么是因子分析？ 198

二、直言相询与旁敲侧击 199

三、旋转因子 199

四、构建量表 203

五、小结：世界是个丰富多彩的多面体 204

第六章 对数回归 205

第一节 卡方检验 206

一、实然与应然 206

二、卡方值显著度检验 211

第二节 是非曲直 220

一、直线的危机 221

二、"曲线救国" 227

三、神秘兮兮的"逻辑斯蒂回归"是什么？ *232*
   第三节　事后诸葛亮 *234*
         一、最大似然估计的逻辑 *235*
         二、最大似然估计是摸着石头过河 *239*
         三、事实胜于雄辩 *245*
         四、最大似然估计的路线图 *246*
         五、最大似然估计与最小二乘回归异曲同工 *248*
   第四节　定序对数回归与多项定类对数回归 *252*
         一、定序对数回归 *252*
         二、多项定类对数回归 *253*

结　语　从业余选手到专业玩家 *255*
         一、量化研究的长处与短处 *255*
         二、学统计要有游戏心态 *258*

附　录 *260*
   漫谈学英语 *260*
   学英语得下真功夫 *279*
   用英语写学术论文 *284*
   看不懂，是个难能可贵的境界 *291*
   在学术界谋生存 *294*
   与青年学者谈生涯焦虑 *305*
   关于书的五点体会 *310*
后　记　学者的第二条生命是承传 *311*

引 言
戏说的由来

三十多年前，在一次课上，车铭洲老师说，语言哲学的要点是，无论听到别人说什么，都要问一问：你是什么意思？What do you mean? 这个简单的问题，背后是真诚的怀疑，疑人，但更是疑己。不疑，就不会独立思考。车老师言传身教，昭示学生，有疑问，才不会人云亦云。"文革"期间，他通读马恩全集，起因之一是，有些人喜欢讲马恩，然而又说不清马恩的话是什么意思。疑问，可以针对貌似最合理的理解。车老师善于怀疑，也善于推陈出新。比如，2015年9月，车老师年届八旬，回顾他在南开五十多年的工作经历，说大学像座庙，学生是和尚，老师是钟；钟响不响，声音亮不亮，取决于和尚撞不撞，是否用力撞；在这个意义上，老师的学问是学生撞出来的；表面看，是老师培养了学生，实际上，是学生成就了老师。车老师这个说法，完全颠覆了我对和尚撞钟的理解和想象，然而又确实言之成理，这就是智慧。

车老师说得很对，学生确实应该多问老师。当老师的，无论是课上还是课下，也应该欢迎学生问"你是什么意思？""你究竟是什么意思？"这样的问题，对老师是个很好的考验。原因是，越是基本概念，越不容易讲清楚，然而，也正是在澄清基本概念上，教师应该给学生提供最大的帮助。我讲了十几年量化研究或统计分析，对此有些体会。同样一门课，在一个大学叫统计方法（statistical methods），在另一个大学叫量化方法（quantitative methods）。我越讲越觉得下面的基本问题很难回答清楚："统计"是什么意思？"量化"是什么意思？"数据"是什么意思？"回归"是什么意思？"控制"是怎么回事？类似这样的问题，如果学生好奇，打破砂锅问到底，老师就有动力追求真懂，不照本宣科。历练久了，学生和老师都会习惯给自己提三个问题。听讲或读书，问：你是什么意思？做研究，问：这是怎么回事？写文章，问：我是什么意思？

前几年，我写了篇可能冒犯人的短文，标题是《看不懂，就是译错了》，意思是翻译界有"蒙事"的。其实，各行各业，都难免有"蒙事"的，教育界不例外。在课堂上，学生听不懂，十有八九是教师没说明白；教师没说明白，十有八九是说不明白；说不明白，十有八九是没想清楚，不真懂，甚至可能是不懂装懂。我从上小学到现在，一直在学校，耳闻目睹之外，还有近三十年的讲课经历，深知半懂不懂也能在讲台上混下去，如果会讲"段子"，还能混出些知名度，甚至混上电视屏幕。

最近几年，我有了较多的空闲琢磨研究方法是否有用，是否可教，特别是琢磨定量方法究竟是一种什么样的思维方式，与定性方法相比的长处短处是什么。琢磨久了，觉得头脑比以前清楚了一些，也想通了一些原来半通不通的道理。我的主要体会是，定性研究，归根结蒂是推己及人，较多依靠悟性，更接近艺术。定性研究方法，可以教基本路数，但无法细讲思维方式。勉强为之，例如扎根理论、现象学方法，似乎有点像强说不可说与不必说。总体来说，定性方法的"可教度"低。我讲定性研究方法，有时会疑惑自己是否在无意中鼓吹顿悟。

相对而言，量化方法"可教度"高。定量研究更接近科学，不仅可以教基本路数，还可以教战术，甚至教招数。我觉得量化方法是有技术支持的证伪思维方式，有概率论和统计软件保驾护航的辩证思维。辩证法既反对绝对主义，也反对相对主义，但只能提倡反对，是软的。统计分析也反对绝对主义与相对主义，优势是能提供比较斩钉截铁的"杠杠"，例如各种检验，最有名的是"显著度检验"。目前的方法论教学，似乎是过多强调了统计分析作为方法的技术方面，有意无意地忽略了一个基本事实，那就是，技术背后是思维方式，是哲理。

一、什么是戏说？

本书收集的这些札记，是我努力想通统计分析或量化方法的过程中点滴积累的心得。我把它们称为"戏说统计"，副标题是"文科生的量化方法"。主标题的"戏说"，有两层意思。其一，正式的统计学教材，作者西服革履，以数学公式为工作语言，以严谨为唯一目标，是正说。相形之下，我这些札记用语直白，类似传统京剧的唱词唱腔，有谱，但不准，只能算戏说。其二，虽是戏说，但绝非儿戏，是成人的智力游戏。我认为应该以认真玩游戏的态度琢磨统计分析，把它当成智力体操，把统计软件和数据库当成电脑游戏。综合这两层意思，戏说的"戏"，是桥牌、围棋作为"游戏"

的"戏",不是拿无聊当有趣的"宫廷戏"的"戏"。

副标题中"文科生",也有两层意思。其一,我是理科生藐视的"文科生",大学专业是哲学,数学基础很薄弱。在美国读书时,我选修过一门高等统计课,上了一次课就退了,听不懂教授的公式推导。所以,我读博士时,没指望毕业后会用统计方法,更没想到会教统计方法。然而,没指望的事居然发生了。统计学术语很晦涩,数学公式像天书,我学得很辛苦,教得也辛苦。打个比方,数学好的人学统计,就像长了两条一千米长的腿,翻山越岭,如履平地。我数学不佳,腿不长,攀高总是遇到沟沟坎坎,过沟过坎只能攀上爬下。为了应付泥泞滑坡和陡峭山路,我折了几根树枝,权当登山杖。这些札记就是那些树枝的化身。其二,此书面向跟我背景相似的文科生。我知道这些树枝对我有用,拨开的虽然是旁门左道,但不是歧路死路,所以我顽固地希望它们对其他文科生有用。

当然,这些札记是否真有用,需要验证。不需要验证的是,它们反映了我鼓吹的"用户视角"。统计方法无疑是很有用的研究工具,但归根结蒂只是工具。"工欲善其事,必先利其器",完全对。但是,利其器的"利"是相对的。如果曲解,让人觉得先得把工具弄到尽善尽美的地步,甚至让人觉得"利其器"自然就"善其事",那就是制造方法论迷信。钱钟书先生说:"不仅欲以显微镜、望远镜佐近视眼之目力,而径以显微镜、望远镜能使瞎眼者见物,以繁琐冒充精细……世间一切好方法无不为人滥用,喧宾夺主,婢学夫人……世事莫不然,非独文学!"(《致钱媛信》)。此话正中方法论迷信的要害。我觉得,数学不强,然而又有兴趣或有必要使用统计分析方法,关键是把它当工具。沿用钱先生的比喻,使用望远镜、显微镜,不需要懂怎样制作,更不需要懂光学原理。以车代步,开车的没几个会修车,修车的没几个会造车,造车的没几个会设计车,设计车的没几个完全明白汽车技术背后的机械、物理、化学、电学原理。同理,使用统计分析方法,不需要懂怎样写程序,也不是必须懂统计分析背后的概率论和数学原理。我觉得必须区分专家的懂和用户的懂。统计专家一辈子研究统计,方法论家一辈子研究方法,他们的懂是专家的懂。我们只是统计分析或量化方法的用户,会用,会解释结果,就不错了。仅仅是用户,却追求专家的懂,说轻了是不自量力,说重了是狂妄自大。

二、 为什么戏说?

我本来没资格讲统计,更没资格戏说,居然戏说,自然有些因缘。首先,我觉得有必要戏说,我很可能说不好,但至少可以开个头。有必要,是因为学生有需求。定量方法很庞杂,贸然闯入,就像不带罗盘进了原始森林,很容易迷路。统计学和计量方法的书成百上千,但数学门槛太高。对数学不强的学生,专家好像只是表示同情,摊开手,耸耸肩。最近终于有了用日常语言讲解定量分析的书。不过,要么是未脱"高大上"(高端、大气、上档次),要么是有点油滑。

第二,有些学生跟我抱怨,有些统计老师有意无意地忽略关键环节,好像盖房子,不认真清理地基,甚至在该立柱子的地方挖个坑。例如,有位研究生上过好几次统计课,几个老师都讲卡方值检验,都只介绍计算卡方值的公式,然而都不说明计算预期值的基础是零假设。这很可能是无意的疏忽，但也可能是没有吃透卡方值检验的逻辑。据说，有些贪图赚钱的瑜伽教练，为了唬住学员，一开课就教高难度动作。一些被启功先生讽刺的书法家，为了赚钱赚名，故意把"笔法"说得神乎其神。我来戏说，就是效法启功先生，破除量化方法迷信。

三、怎样戏说？

戏说类似说戏。演戏难，说戏也不易。京剧演员带徒弟，就是说戏，详解一颦一笑，示范一招一式。围棋高手带徒弟，主要靠复盘讲棋。我们想一想就明白，这两种讲，很难落成文字。我开始整理历年积累的讲稿和札记前，盲目乐观，动手才知道严重低估了工作量。讲课并不难，可以举例，出示图表，演示操作，翻来覆去说，三番五次讲。偶尔写点札记，也不难。但要整理出系统的札记，十分困难。我虽然没有知难而上的锐气，但也轻易不肯知难而退。硬着头皮写，慢慢悟到四个方法。

第一，孔夫子说：名不正，言不顺。我努力正名，当一次业余水平的清道夫。遇到晦涩难懂的术语，我先挖挖翻译的根。术语是专业化的必然产物，难懂是必然的，但有些学者翻译术语时，似乎以晦涩为高深，把本来简单易懂的术语弄得晦涩艰深，把本来就难懂的弄得无法理解，使"行话"沦为"黑话"、"神话"、"鬼话"。很多译法已经约定俗成，无法修改。但是，如果不正本清源，就可能以讹传讹。这样的术语不少，"变量"、"正态分布"、"回归"、"偏回归系数"、"卡方"、"逻辑斯蒂回归"，都曾让我头大，我也都小心做了点清理。例如，我在第一章花了不少篇幅，说明"变量"是个误导人的译法,应该用"变项"这个浅显明白的词。"变项",英文词是 variable,即"可变化者"、"可变化之物",直白些,就是"可变化的东西"。量化研究的第一步是量化,顾名思义,"量化"当然是把非量之物数量化,如果被量化之物是"量",还谈什么量化?假如统计分析是中国人首创的,那位天才肯定不会用"变量",倒是可能用"易者",《易经》的"易",大致对应英文的"vary"。还有,我对迷倒众生的"显著"也做了点分析,努力说明,所谓"显著"(significant),既非"显山露水"之"显",亦非"见微知著"之"著";既非"达官显宦"之"显",亦非"功勋卓著"之"著"。统计分析中的"显著",意思只是"可能有意思","不显著"是"可能没意思"。听起来玄妙的"P值",没那么堂而皇之,是坦然自承对结论没有十足把握,是承认自己的研究结论有犯弃真错误的风险,不是宣称发现了绝对真理。比如,声明P值等于百分之五,不过是承认:"我认为这个回归系数可能有意思。我做这个结论,犯弃真错误的风险是百分之五。"如此而已!至于那个回归系数是否真有意思,有什么意思,意思大不大,深不深,统计分析无可奉告,要靠自己"动脑筋"【克劳森(Aage Clausen)教授的口头禅:Use your head!】。明白这一点,看到有些学者报告 P 值,口气泰然自若,一副真理在握的气势,大可学学韦小宝,"肚里大笑"。统计分析的优越,只在于发出的信号清晰,信号标记的概率精确到小数点后若干位。这一点,远胜人间的信号传递。人世间,有"落花有意,流水无情";也有"烦恼皆由心生"。明白这一点,做统计分析时,就能多些冷静,少点自作多情,较有定力抑制无中生有的冲动，不会看到星号就像贾宝玉喜见村女示范纺线，也不会不见星号就如孔夫子梦不见周公而惶惶不可终日，当然更不会为了逼出星号对数据大打出手（在一次学术会议上，Bruce Dickson 教授说，数据分析，就是猛掐数据的脖子，到它招供为止——"squeeze the data until it confesses"，我随众人笑过之后，旋即深感凄然）。当然，维特根斯坦早就指出，语言归根结蒂是"游戏"。在方法论中，术语归根结蒂是"约定"。约定俗成，游戏能玩下去，沟通有效，误会不深，就没有必要更改术语。翻译界有不少"著名的"错误，比如把德国城市 München（读音接近"敏新"）译成"慕尼黑"，历来为方家诟病。但是，翻译领域，正如人间众多舞台，正确往往战胜不了谬误，因为众人不需要正确。面对"怪译"的风车，我有三分自知之明，不当堂吉诃德。咬文嚼字，只是希望把被一些人无端加高的门槛砍低，恢复原状，便于对量化分析方法实有兴趣（或者实无兴趣然而被迫学、被迫用）的文科生入门。

第二，量化研究是个复杂的游戏，规则很多。游戏之成为游戏，就是有规则。通过学规则学游戏，不是不可能，但事倍功半。比如，打扑克牌，有个玩法叫斗地主，实际玩，一会儿就学会了；学规则，很难学会。象棋的规则比较怪，什么"马走日，象走田，炮打接子一溜烟"。但是，看多了、玩多了照样能学会。我们小时候学游戏，都是通过看、通过玩学会的，没有人跟我们一条条讲规则。比如围棋，有人玩，你在旁边看，也能学会。学了基本规则，比如吃子，我们就似懂非懂、不懂装懂地玩，找跟自己一样水平的乱下，遇到解决不了的争执，再请教高明或看书；学复杂的规则，比如"打劫"、"扑"、"打二还一"、"双活",还有"粘劫收后",复杂规则都是在实践中学会的。教小孩下围棋,如果一开始不讲什么是"气"、不说明"眼"就是"长(漫长的"长")气",不区分"真眼"、"假眼",不解释为什么有"两个眼"的棋是活棋,不解释什么是"连"和"断",一上来就讲布局、手筋,那一定是别有用心,想多赚钱。本书前两章讲的是量化研究最基本的游戏规则,后面是玩游戏。我用公认易学的 SPSS 软件当棋盘,用 SPSS 自带的雇员数据(employee data)当棋子。这个数据库的主要内容是雇员的性别、是否少数族裔、教育程度、年薪、是否经理。用具体的实例作为思考的依托,是理解抽象概念的好办法。雇员数据提供了好几个简单好用的实例,比如教育程度对工资的影响,族裔地位是否影响当经理的概率。这样的数据贴近社会现实。当然,我希望读者过河后不要拆桥,也不要回过头来笑吟吟地讥诮刚刚弃掉的独木舟。

第三,我设法用明喻或隐喻解说统计概念和分析路径。除了现有的,例如用无罪推定原则下的法庭审判解释显著度检验,我也借用本国文化的丰富资源。例如,用"欲擒故纵"解释提出零假设,用"狗比狗大、猫比猫大"解释统计控制,用"曲线救国"解释"对数回归",用"量体裁衣"比喻最小二乘回归,把最大似然估计比作扮演事后诸葛亮。为了提纲挈领,我也努力利用中文四字成句的特点。解释堂而皇之的"显著",我用十二字概括概率思维方式:大胆假设,小心求证,良心决断。学者面对零假设的心路历程,我也用十二字概括:欲擒故纵,诱敌深入,反戈一击。诸葛亮读书,"独观其大略"。面对的事物越复杂,越需要有个简略的鸟瞰图。这些短句子,对观其大略,勾勒一幅数据分析鸟瞰图或许有点用。此外,我设计了几个场景,美其名曰"思想实验"。比如,为了解释正态分布,我设计了一个"单人牢房思想实验";为了解释旋转因子,我设计了一个"让三大男高音唱对台戏"的思想实验。

最后,我近几年比较关心人生哲学,深感统计思维也是人生智慧,于是尝试用浅显易懂的人生哲理讲解统计概念,希望把统计分析变得更有趣味。比如,讲正态分布,我把它引申为一条人生哲理:平均值与标准差是悬在我们头上的两条鞭子;讲解显著度检验的"犯一类错误的风险"(弃真)和"犯二类错误的风险"(纳伪)必选其一,我搬出了叔本华的冷峭说法:"人生其实就是在痛苦与无聊之间像钟摆一样摆动,只是摆动的幅度有大有小"(《人生智慧箴言》,商务印书馆 2017 年版,第 25 页)。

说戏也好,戏说也罢,都只能指出要点,指出难点。领悟靠思考,更靠实践。旅游探险,只听导游的话没用,还是要自己体验。这些札记或许有助于破除迷信,也许能充当参考,但它们并不构成一部严谨的教材。统计教材里容易找到的,网上容易找到的,我都只是提一提。不重复这些容易找到的内容,不是因为它们不重要,而是因为不必要。我大致编排了一下章节。第一章与第二章介绍数据的形成,第三章至第六章介绍几种社会科学常用的数据分析方法。章节的篇幅,明显地虎头蛇尾,主要原因有两个。其一,任何学问都讲究基本功,但基本功往往很难说清楚,统计分析的基本概念也不例外;其二,各种基本功中,最重要的是自修能力,我对本书读者的自修能力很有信心。为了便于读者自修,我大致编排了章节,但并不严格剔除各篇札记之间的重复之处。相反,我有意保留了几篇札记的相对独立性。出于同样的考虑,我也不严格限定英文词只出现一次。这样做,缺点是行文啰嗦,但也有优点,就是不必连续阅读,觉得哪篇有用,就看哪篇。为了标注重点,我在某些段落前贴了个标签:"温馨提示",这些提示讲的是容易忽视的要点、容易落入的陷阱、容易滑落的陡坡。例如,温馨提示:学统计方法,要用口碑好的教材,最好是使用英语教材和统计学术语词典。最有效的办法是,找个真实可靠的数据库,用做游戏的态度分析自己感兴趣的那些变项;一方面争取做出自己期待的结果,另一方面努力把结果背后的道理想明白,说清楚。在这个过程中,遇到不懂的,先上网查查,网上的资料看不懂,再看教材,再翻词典。懂统计有两个境界,一是专家的懂;二是用户的懂。从专家角度看,真懂统计的极少;从用户角度看,不需要在专家意义上真懂。不怕了,就是学会了;敢用了,就是学通了;用对了,就是学精了。

四、 我凭什么戏说?

最理想的戏说是专家的戏说。专家戏说,最成功的例子大约是霍金写《时间简史》。但是,统计专家往往不戏说。为什么?我不是专家,不能妄议,但我猜测无非两种可能。一,是不为也,非不能也,不屑戏说;二,非不为也,是不能也,不会戏说。不会戏说,只因为他们太聪明,无法体谅普通人的苦衷。有些讲统计的老师,面对困惑提问的学生,不一定有意为之,但偶尔会流露出一个意思:你怎么这么笨啊!我不揣冒昧,戏说统计,是因为我很幸运。我在求学过程中遇到困难，我的老师总是说，你觉得难，我当时学的时候也觉得难。学者要尽到承传的天职，对学生坦诚自己求学的辛苦是本分。此外，琢磨怎样化繁为简，化平淡为有趣，化有趣为智慧，也是教书的乐趣。专家是天才，体会不到中人之材的苦恼。我是中人之材，戏说是为了帮助比我年轻的中人之材，也是乐趣。

专家不戏说，我戏说，并非仅仅因为我胆大如斗，我也有几分底气。第一，我自封是合格的用户。学统计分析，关键是学习它彰显的概率思维方式。关于统计分析的问题，专家提供的答案总是数学公式，跟天书差不多，我看得很吃力。但是，从用户角度看，懂统计分析无非就是理解它背后的思维方式，知道用什么技术分析什么问题，知道怎样正确解释分析结果。在这个意义上，不妨说，能正确应用，就是真懂。作为用户，我们并不需要了解那些高深的数学知识。统计分析是一种很聪明、很精密的思维方式。当专家很难，当合格用户不难。我高考数学不及格，我能学会定量方法，数学甩我几条街的年轻人更能学会。我来戏说，也许能帮大家克服对统计分析的畏惧感或敬畏感。

第二，我有戏说的经验。我在过去十五年中讲了二十多次统计课，开始循规蹈矩，不敢越雷池一步，后来在课堂上关起门来大胆戏说，多数同学不反感，有些还表示欣赏。我一开始讲统计分析课，很像年轻时讲唯物辩证法，备课几乎等于背书，上课时像鹦鹉学舌，说的话与教科书的说法相符，但自己并不真懂，有时难免以其昏昏使人昭昭。后来越来越体会到统计分析是一种巧妙的思维方式,但是讲不清楚。我一向认为,除非某个事物确实深奥,比如相对论,否则,自己想明白了,就一定可以说清楚,说不清楚一定是自己没想明白。所以,无论解释多么抽象的概念,我都尽量找个简单的例子,努力设想有趣的情景,鼓励同学们发挥想象力,做思想实验。本书的几个"思想实验",都是我备课讲课时编造出来的。这些比喻当然都不精确,但它们对我有用,对学生似乎也有用。有的同学,毕业几年后又见面,还记得听课时觉得新奇的比喻,这证明我的努力没有白费。

第三,我有点心理优势。我在学术界的大市场上摆了个小摊子,不知不觉已经二十多年,该开始收摊了。快收摊的人,比较容易放下名利包袱,可以直面现实,把假冒者综合症(imposter syndrome)的影响降到最低。就研究方法而言,学术界有个极为重要的一面,也是年轻人往往不被告知的一面,就是:绝大多数学者,当然包括我在内,只是把统计方法当工具,也只有能力把它当工具。这么明显的道理,为什么我说"极重要"?原因是有些人不愿承认这一点,教的不承认,学的也不承认;会的不承认,不会的更不承认。围绕统计方法,似乎有个名利场,通行的规则是虚荣。有些方法论家,特别是擅长计量方法的专家,话里话外透露一个意思,就是,要用统计方法,必须是专家,最好是达到他们的水平。这是不合理的要求,过高的期待。直接证据是,有些方法论专家似乎只会方法论,讲方法头头是道,做研究却是二把刀,仿佛厨师把时间和精力都花在磨刀上,没能练出切肉的功夫。要切肉,确实要先磨磨刀,但是,刀磨到什么地步算快?是不是已经够快?这只能通过切肉来衡量。刀够不够快，切一切就知道。一味努力把刀磨利，很可能会做无用功。工具就是工具，除非是以改进工具为专业，否则不必追求完美掌握；庖丁解牛，游刃有余，只是个励志的传说。小提琴家帕尔曼说，掌握全部小提琴技术，不是不可能，但是，除非你是帕格尼尼那样的天才，否则需要九十年；五岁开始学琴，学完全部技术已经九十五岁了，哪还有时间学音乐？发明智能手机需要乔布斯这样的天才，但是使用智能手机不需要天才，年轻人爱用智能手机，但是能设计智能手机、写手机软件的万中无一，会使用所有手机软件的，可能也万中无一。所以，即使满足于应用，也得信奉贾宝玉提倡的爱情哲学：任凭弱水三千，我只取一瓢饮。研究方法比智能手机复杂多了，任何一种方法都是无底洞，定性方法，定量方法，要达到专家的懂，都得付出一生的精力。做社会科学研究，需要学量化方法。但是，只需要学到会用，达到用户的懂。只追求用户的懂，是对专家的信任。专家比我们聪明，他们错，我们跟着错，不丢脸。我们需要做的，无非是知道他们为什么要如此这般地分析，不奢望发现他们的问题，也不指望改进他们的工具。统计学家和计算机软件专家把统计分析变得不艰深，他们的聪明才智使用户可以满足于在理论思维上知其然并知其所以然，却不需要在数理上知其然，当然更谈不上知其所以然。所以，我提倡的用户视角固然是实用主义视角，但也是个谦卑的视角。相信分工，相信专家，谦卑自己，是树立研究方法用户视角的前提。即使是天才，也不能认为自己样样学问都能精通。

最后，车老师的信任令我有戏说的勇气。两年前，我回母校看望恩师,车老师听我"白话"(老家沧州话读若"白货")了几句计量方法,很欣赏我的戏说,认为值得写出来出版。我写完初稿后,为了给自己壮胆,请求车老师把他七十九岁生日给众弟子讲的一课作为本书的代序,他很爽快地答应了。我相信车老师的判断和远见,不敢辜负他的鼓励。

第一章
量　化

在我的札记中，统计分析（statistical analysis）、统计方法（statistical methods）、量化分析（quantitative analysis）、量化方法（quantitative methods），是同义词。我用这些不同的词指相同的东西，不是故意制造混乱。相反，一是为了清除一个障碍，二是发布一个"温馨提示"。有些方法论专家喜欢独出心裁，动辄标榜独创，可惜在方法论上最难独创，因而往往在独创上避实就虚。有创新，肯定有新名词；无创新，有时以创造新名词冒充创新。即使没有冒充独创的动机，有时为了在写作风格上求新求变也会用新词。例如，英文中的 dependent variable（因变项、依变项），response variable（回应变项、反应变项），outcome variable（后果变项、结果变项），词语差别很大，其实所指相同，就是被设定为结果、其变化有待解释的属性。率先使用这些词的人，都有套说辞，也言之成理，只是会让初学者困惑。这些方法论专家的做法，有点像某些地方官员，靠创造新名词创造政绩，也很像经院哲学家。欧洲中世纪哲学家是修道院的修道士，比现在的大学教授更专职。他们的哲学被称为经院哲学，也被称为繁琐哲学。繁琐的原因之一，就是他们中有些人喜欢创新，然而囿于《圣经》，畏惧罗马教廷的威权，创

第一章 量 化

新空间极小,于是把创造力(捏造力)释放在拉丁文上,创造出了很多空无所指的名词术语。这种做法当然为有识之士不齿。有位英国经院哲学家,奥卡姆的威廉(William of Ockham)提出一条原则:除非必要,勿增实体。实体,就是经院哲学家信口命名的"实在"。这条原则被称为"奥卡姆的剃刀",是今天在社会科学(也包括哲学人文学科)谋生存的人必备的防身利器。说是防身利器,并不夸张,面对芜杂的术语草丛荆棘,你不对它大刀阔斧,就可能被缠住,甚至被窒息。这把剃刀,读中文的社会科学方法论著作时更须时刻在握,该出手时就出手。方法论术语泛滥的源头往往是英文,进入中文书籍,源远流长,谬种花样翻新,"一实多名"问题加倍严重。成因无非有二。其一,有翻译权(未必有翻译资格)的学者觉得自己真理在握,彼此不服气,喜欢标新立异(本人也不例外)。其二,两岸的中文经过几十年阻隔,已经有些隔膜,学术语言的分化更加明显,如今虽有交汇但无交流,如两条浊流合并。学习研究方法,如果没有足够的自信,很容易被层出不穷的"新方法"吓倒。例如,定性研究(qualitative research),无非就是致力于界定事物之属性的研究,最近忽然有了两个新名字,一是"质性研究",二是"质化研究"。后一个称呼,也许是为了对应"量化研究"(quantitative research)。但是,"量化研究"依托"量化"(quantification),"质化研究"并没有一个可以依托的"质化"。英文有 qualification 这个词,但与定性研究方法没什么关系。

什么是量化?我先开个单子,列一串问题。我们可以善意地考自己,当然也可以并非纯粹出于善意地问他人,特别是教统计课的老师。什么是统计分析？什么是量化方法？什么是量化？把什么量化？怎样量化？为什么量化？为什么只把某些人的某些属性量化，不把其他人的这些属性量化，也不把这些人的其他属性量化？为什么把英语词 variable 译成"变量"或"变数"？"变"是什么意思？

问一问，有奇效。不信？那就试试。

第一节　量化的对象

量化是用数字为形容词或名词描述并记录某些个体的某些属性。具体说，量化（quantification）是以计算机能读的数字为形容词或名词，描述、标记、记录世界上某些事物的某些属性（attributes）或性质（properties）。数字保留多少数学性质，取决于被描述的属性或性质和描述（标记）方法。如果被描述的是最广义的"属性"，即属于某个"范畴"（category）、"种类"（species）或"类型"（kind, type），例如性别、民族、族裔、信仰，那么用来标记具体种类的数字是名词，只保留最低程度的数学性质，即 $1=1$；$2=2$；$1\neq 2$。如果被描述的是个具体的属性，例如身高、体重、智商，那么该属性有两个向度。第一，它有个名称，这个名称就是概念，概念界定属性，概念的形成取决于定性研究。第二，它有个尺度，这个尺度就是属性可能具备的各种状况，是标记属性的强弱、高低、大小程度的标尺。尺度有刻度，刻度有精粗，标记刻度的数字可以是形容词，也可以是数字意义上的刻度，保留较多的数学性质。详见"测量的四个层级"。

以上是关于量化的要点。理解"量化"这个词，可以从回答两个问题入手。第一，把什么量化？量化的对象是什么？第二，怎样量化？量化的程序是什么？

一、量化的对象是总体的某些个体

量化的对象是我们感兴趣的个体（individual）。个体可以指一个人，一个公民，一个雇员，一个组织，一个城市，一个国家，具体指什么取决于研究语境。定性研究可以只关心一个特意选取的个体，也可以关心若干特意选取的个体。量化研究总是关心按照一定程序选取的、属于一个特定类型或种类的、一定数量的个体。在量化研究中，界定个体就是界定"分析单位"（unit of analysis）。例如，某项研究以苹果为研究对象，每个苹果是一个"个体"，这项研究的分析单位就是"一个苹果"。如果这项研究分析的个体中有桔子，那么分析单位就不是"一个苹果"，而是"一个水果"。我在本书中使用一个数据库，叫做雇员数据（employee data），意思就是，个体是"雇员"（employee），不是"雇主"（employer）。重复一句，清晰界定什么是"个体"，就是明确界定"分析单位"。不做清晰界定，就可能犯"把苹果与桔子做比较"的错误。例如，研究"城市"的治理，如果分析的城市中既有"地级市"又有"县级市"，就是没有清晰界定分析单位，研究就可能不成立。数据库中的"个体"有时被称为"个案"（case），有时被称为"观察"（observation）。这样的称呼有一定道理，因为数据库永远都只记录"个体"的某些属性，这些属性加在一起，构成学者所关心的某类事物或某种现象的"个案"。例如，在后面详细介绍的雇员数据中，每一行是一个"观察"，每个观察由九个属性组成，九个属性属于一个个体，即一个雇员，这项研究的分析单位是"雇员"，不是"公民"，不是更抽象的"人"。

量化的对象是我们感兴趣的个体，但通常不是全部个体，不是总体（population）。量化的对象往往是我们感兴趣的个体的"代表"，这些代表组成的群体叫做"样本"（sample），样本从"总体"（population）中选取出来，选取过程叫做"抽样"（sampling）。详见下文的"此统计非彼统计"，"样本与总体"。

（一）此统计非彼统计

作为一种研究方法的"统计"，跟日常语言讲的"统计"是两回事。老师如果觉得上课的学生人数不足，有时候会要求班长"统计"人数，那个"统计"是数一数（counting），数人头（head counting）。政府的统计局收集各种经济社会数据，组织人口普查，这个统计大致相当于"量化"。统计局收集的材料是数据，是统计分析的素材。

作为研究方法的统计分析是见微知著、由此及彼的工具。此是样本（sample），是样本的属性，即样本统计值（sample statistic）；彼是总体（population），是总体的属性，即总体参数（population parameter）。样本统计值是统计分析的事实依据，好比康德所说的现象（Erscheinung）；总体参数是统计分析的终极认识对象，相当于康德所说的自在之物（Ding an sich）。

（二）样本与总体

这里需要多下点咬文嚼字的功夫。不管什么事物，如果是统计分析的对象，这些事物的全体就是一个总体（population），我国台湾地区学者通常译为"母体"。我们学英语时，学到的 population 这个词的语义一般是"人口"。但是，做统计分析，不要一看到 population 就想到人口。什么构成一个 population，取决于学者如何界定研究对象。如果以全体中国人为研究对象，那么全体中国人构成一个 population；如果研究对象是上海人，那么全体上海人是一个 population；如果研究对象是一个实验室的全部电脑，那么全部电脑构成一个 population。

样本（sample）是总体的缩微代表。sample 和 specimen（样品）在日常英语中通用，但在统计分析中不通用。所有的 iPhone 7 手机构成一个总体，摆在柜台上的一部 iPhone 7 手机是个样品，按照精心设计的程序选出来的若干部 iPhone 7 手机构成一个样本。样本的属性，比如 iPhone 7 样本的平均重量，叫样本统计值（sample statistic）。温馨提示：statistic 是单数，意思是统计数字，复数加 s，与统计学（statistics）的拼法完全相同，但不是一回事。电影《巴顿将军》（Patton）的一个情节有助于记住"统计值"这个词。巴顿将军傲气发作，用手枪回击德军飞机扫射。布莱德雷将军劝他不要蛮干，说：我们需要的是司令官，不是伤亡数字（not a casualty）。伤亡数字（casualty），就是统计数字（statistic）。有些美国人警告年轻女性不要成为犯罪受害者，用词就是：希望你不要成为警察的"统计数字"。样本统计值可以是样本中的各个个体的某个属性的均值，也可以是各个个体的两个属性的回归系数，还可以是样本的净（偏）回归系数。详见第四、五章。

同一个属性，属于个体，叫做个体的属性，是量化的对象；属于样本，叫做样本统计值，是统计分析的手段；属于总体，叫总体参数，是统计分析的认知目标。"参数"（parameter）这个词比较费解，我借助实例解释。全体中国人是个总体，这个总体有无数个属性，每个属性都是一个参数。有些属性可以用标尺衡量，比如，衡量勤劳有个标尺，标尺的一个极端是极懒散，标志形象是"葛优躺"；另一个极端是极勤劳，我们每个人身边都有这样的典型人物。全体中国人平均勤劳度就是中国人这个总体的一个参数。我们无法测量全体中国人的勤劳度，退而求其次，抽一个中国人的样本，测量样本中每个人的勤劳度，得到的平均勤劳度就是一个样本统计值。

上文说，把"population"译为"母体"比译成"总体"好一些，理由如下。"总体"容易制造一种误解，就是，population 是整体或全体，样本是局部或部分。这样理解不完全准确。统计分析中讲的样本通常指概率样本，概率样本不是总体的"任意"一部分，而是按照总体各部分的比例制作的微缩模型。"母体"比"总体"略好，因为"母"与"婴"高度相似；样本之于总体，应该如"婴"之于"母"。比如，我们研究埃菲尔铁塔，真实的塔是"母体"。我们去不了巴黎，手头只有精致的埃菲尔铁塔模型，对认识"母体"也有用。当然，这个模型必须严格按原塔的比例缩小。总之，样本是总体的微缩模型，二者在结构上应该高度相似，总体有什么，样本就有什么；总体大而全，样本小而全。

量化研究只测量总体的某些个体，不测量所有个体，是不能也，非不为也。一般来说，总体包含的个体数不清，无法一一测量。例如，假如我们研究中国公民对中央政府的信任，中国18岁以上的成年人有好几亿，我们不可能一一询问他们的想法，只能根据科学的抽样程序，抽取几千人，根据对这几千人的调查推测全体中国人的情况。此外，即使有可能测量所有个体，一般情况下也不必要。只要精心设计概率抽样方案，认真实施方案，根据得到的样本可以足够可靠地推断总体。社会科学马马虎虎，"足够"一般就是指误差不超过上下百分之三，有效样本量超过一千就差不多。盲目追求大样本量，是不懂抽样理论的标志。现在时兴大数据，我有些保留，因为大数据中往往没有社会科学学者真正应该关心的东西。

(三) 随机抽样与随意抽样

解剖若干麻雀，目的是了解天下所有麻雀。所以，解剖的麻雀必须是天下麻雀的忠实代表。统计分析的目的，是通过认识样本进而认识总体，样本必须是总体的忠实代表。样本是否忠实代表总体，标志只有一个，就是抽取样本时是否遵守了科学的抽样程序。换言之，对样本代表性的信心，基础是对抽样程序的信心。在只能用"公平公正的"程序保证"代表性"这一点上，抽样与民主选举相似。民选代表是否忠实代表选民的利益，很难做实质判断，因为每个选民的利益不同。要判断代表是否忠实代表选民，只能靠观察选举程序是否公平。同理，法治注重保障程序正义，不承诺实现实质正义。统计分析也是如此，每一步都要关注程序的严谨和公正，第四章讲到显著度检验时会细致解释这一点。

抽样（sampling）就是从总体中抽取一些个体作为总体的代表。抽样程序严格，就实现了抽样的程序正义。做不做抽样，是否有抽样意识，是衡量科学素质高低的标尺。前几年，CCTV 有个节目，调查中国人幸福不幸福，设计这个节目的编导显然缺乏社会科学素养。记者手持话筒，在大街上问几十个人，这几十人都说自己很幸福，并不能说明中国人都幸福；就算问一万个人，十万个人，他们都说自己幸福，也仍然不能证明中国人幸福。做社会科学研究，需要采用严格的抽样程序，用程序保证总体的每个成员都有同等的被抽中的机会。也就是说，要用随机抽样的程序抽出一个概率样本（probability sample）。

简单说，概率（probability），或称"几率"，就是我们平时说的可能性、机会。为了简便，可以把概率理解为百分比。我们平时夸奖人，说这个人百里挑一，千里挑一，意思就是这个人出现的概率是百分之一，千分之一。概率样本就是总体的成员人人有均等被抽中机会的样本。在最简单的意义上，所谓机会均等，指的就是按照抽样程序总体的每个成员有相同的被抽入样本的概率。如果把总体分成不同的层级、组别，抽样就复杂了，那时的机会均等，首先意味着各层级、各组别的代表在样本中的比例与它们在总体中的比例相近，其次意味着各层级、各组别的每个成员有均等的机会。机会均等靠抽样方法保证，抽样方法是抽取概率样本的科学程序。

抽取概率样本的过程，有时被称为随机抽样（random sampling）。顾名思义，"随机"，就是全凭机会，全靠运气，就是人人机会均等。在社会生活中，机会均等依靠法治，但法治不能绝对保障机会均等,只能提高我们对机会均等的信心。同样,在抽样时,机会均等依靠随机抽样的严格程序。所以,随机抽样,既不随便,也不随意。十几年前,北京大学的邱泽奇教授告诉我,"随机"二字,容易被误解为"随便"、"随意"。后来我留心观察,果然如此。有些学者到农村做调查,哪家开着门,就到哪家去,认为这就是随机抽样,实际上这是随意抽样或便捷抽样(convenience sampling)。再说一次,随机抽样的意思是用抽样程序保证总体里的每个成员有相同的被抽中的机会;随意抽样和便捷抽样是研究人员图方便,图方便就会牺牲科学性。哪家的门开着你就进哪家,就把没开门的人家排除在样本之外了。这样抽出来的样本不能忠实代表总体,不能用来做统计推断。例如,我们想检测实验室100台电脑的情况,但只有一个小时,无法检测每台电脑,只好抽样,检测10台。假如随手点10台电脑,那不算随机抽样,是随意抽样。我们可以设计一个等距抽样,每10台中抽一台。前10台电脑,从哪一台抽起,也有程序保证随机,先抓阄,写10个号码,从1到10,随手一丢,随便捡一个,捡到哪个算哪个。捡到2,就选择2、12、22,以此类推。这个程序能保证每台电脑有同样的被抽中的概率。

只要条件许可,做量化研究一定要依靠概率样本。统计推理,假定分析的是一个随机样本,根据随机样本才能猜测或推断总体。如果样本不是随机的,那就不能推断总体。非概率样本,例如在网上或微信上做的调查,只可以用来补充定性分析。例如,在某个大学网站随便访问100个学生,然后根据这100个学生提供的信息提出更好的分类、更好的假设。但是,因为这100个学生不是严格随机抽出来的概率样本，我们不能根据他们的情况推断全体学生的情况。

抽样是高深的技术、专门的学问，研究抽样理论与技术可以得博士学位。我在这里说的，浮皮潦草，只是九牛一毛。做严肃的大规模社会调查，主持人都委托专家做抽样。抽样做不好，研究基础就不牢。在华人学术界，我国台湾地区的洪永泰教授是公认的头号抽样权威。我听过他讲抽样方法，翔实有趣，机锋百出，是治学的最高境界。

二、量化的对象是某些个体的某些属性

社会科学关注的总体往往有数不清的个体，每个个体都有数不清的属性。但是，社会科学实际分析的样本只有有限数量的个体，而且只分析这些个体有限数量的属性。选择这些属性的依据有两个。其一，是否实质上相干；其二，是否理论上相关。科学永远研究变，不关心常。常项，必然实质上不相干；变项，才可能相干。在变项中选择时，是选择可能理论上相关的变项。换言之，量化的直接对象是我们感兴趣的总体中某些个体的某些属性，区分"某些"与"其他"的标准有两个，一是实质上相干，二是理论上相关。相干与相关的属性属于"某些"，不相干与不相关的属性属于"其他"。

（一）变项与常项

量化永远只关注某些个体，只测量某些个体的某些属性。个体的属性有无数个，量化研究只测量变化的属性，即变项，不测量恒常不变的属性，即常项。为什么不把所有属性都记录下来呢？原因

很简单，一不可能，二不必要。

无论是出于利害，还是纯粹出于学问，我们都是关心变。虽然并非所有变化的属性都值得测量，但社会科学研究测量的属性一定是变项。要解释为什么一个属性因人而异，自然不能以一个人人相同的属性作为原因，常项不能解释变项，就是这个意思。例如，同是中国人，有人个子高，有人个子矮。一群人的身高因人而异，原因肯定不是人人都是中国人。一个变项之变，未必能解释另一个变项之变，但一个常项之不变，肯定不能解释一个变项之变。这些话，听起来像车轱辘话，其实是深刻然而又容易被忽视的道理，我们必须时常提醒自己。英国哲学家奥斯丁说，通常情况下，我们需要的不是被告知，而是被提醒。方法论的主要作用就是提醒我们注意思维的漏洞与陷阱，有些陷阱是明显的，比如用常项解释变项，有些不那么明显。例如，同语反复是个思维漏洞，但并不明显，我们在第五章讨论共线性时会细致解释。

关于常项与变项，还有一个提醒。常是相对的，变是绝对的。常是异常，无常是常。常往往是希望的目标，不是研究对象。希望常，是因为害怕变；提倡常，是因为现实中有不可阻挡的变。所以，"天不变，道亦不变"是个诉诸虚幻奢望的讨好建议，不是基于事实研究的明智建言。话说回来，因为变是常态，也因为变很难把握，所以保守是明智，求变是进取。大权在握，尤其要谨防轻率地乱变。老子云："治大国若烹小鲜。"对这句话，有个解读是：大国像小鱼，治理大国，不要乱搅和，否则就会把小鱼做成鱼酱。1957年的德国大选，竞选连任的阿登纳总理提出的竞选口号是

"Keine Experimente!"（不要实验!），就是德语版的"治大国若烹小鲜"。社会现象往往看似恒常，其实变动不居。一个现象是否成为兴趣点，取决于预期。预期常，而见变，例如"返祖现象"，足以引起研究兴趣；预期变，而见常，也足以引起研究兴趣。预期有双重基础，一是对实然的认知，二是对应然的期待。在社会科学研究中，实然与应然经常被有意无意地混为一谈。另外，"实然"与"应然"的含义，在同一个人的不同人生阶段不断变化。对于同一个社会现象，青年时认为"实然，但并非应然"；中年时认为"实然，管他是否应然"；老年时认为"实然即应然"。

在研究中，常与变总是相对的。在一个研究领域中是常项，到另一个领域中是变项。研究中国公民对政府的信任，不做跨国比较，那么就不需要关心受访人的国籍，受访人都是中国公民，国籍在这项研究中是常项，不因人而异。如果做跨国比较，例如比较中国人与日本人对各自政府的信任，那么国籍就是变项。

（二）实质上相干与理论上相关

重复一句，量化的对象在双重意义上是有限的。其一，量化的对象是研究对象的某些个体，不是所有个体；其二，量化的对象是研究对象的某些个体的某些属性，不是所有属性。每个总体都有数不清的个体，每个个体都有数不清的属性，任何科学研究，都只分析某些个体，只看这些个体的某些属性，不看其他属性。我们关注哪些属性，不关注哪些属性，取决于我们的研究兴趣和研究假设，后两者的基础是定性研究。含含糊糊地提倡"全面认识"或"总体把握"，是忽悠人。例如，我们研究中国人，可是中国人有无数个属性,究竟测量哪些属性取决于我们的学科背景和研究课题。对医学研究而言,中国人都是生物意义上的人,有无数个生物属性。对社会科学而言,中国人都是社会科学意义上的人,有无数个社会属性。泛泛地说研究中国人,可以做出文学艺术作品,但不可能做出社会科学研究。我自己做过一点农民研究,知道有些人喜欢自称是"三农学者",研究农业、农村、农民。我不是"三农学者",也不相信任何人能成为真正的三农学者。三农中的任何一个"农",都有无数个属性,任何一个中国农民的个体,都有数不清的属性,一个人穷尽一生精力也研究不明白。所以,关于农民的任何社会科学研究一定是只关注该学科涵括的那些属性,不可能关注农民的所有属性。我做的一点农民研究,分析单位表面上看是"中国农民"。实际上,我所关心的仅仅是农民的政治态度和政治参与方式,是政治学意义上的农民。一个学者,如果声称自己能从总体上认识农民,反对从社会科学某个学科的角度研究农民的某些属性,那就不是做社会科学研究。一般来说,以研究对象命名的学科,例如"人学"、"人才学"、"信访学",可能是哲学层面的广义学问,但不是社会科学。以研究对象命名某某学问,声称"跨学科"、"多学科",如果是团队研究,有明确分工,有各方面专家,还有能够打通各学科的学术领袖,那是可信的。一个学者,号称做"跨学科"、"多学科"研究,十有八九是做万金油学问。原因很简单,除非是超天才,一个人根本没有足够的时间、能力、智慧做跨学科、多学科的综合学问,这是现代社会科学的现实,不以个人意志和奢望为转移。

有点扯远了，回到正题。从总体选个体是抽样，从个体数不清的属性中选某些属性也是一种抽样。不过，这两种抽样，遵循相反的逻辑。从总体选样本，遵循的是随机原则，强调人人机会平等；从无数个属性中选择某些属性时，却强调哪些属性重要，遵循的原则是"合乎我的研究意图"，类似"依意抽样"（purposive sampling），选择的依据是定性研究。定性研究有两方面，一是确定我们感兴趣的现象究竟是什么，其次是猜测是哪些因素导致了这一现象的发生。什么现象会成为我们的研究对象，取决于两点。其一，是否实质上相干；其二，是否理论上相关。相干（relevant）一般译为"相关"，并无不妥。在统计分析这个语境中，把relevant译成相关，却不完全妥当，因为relevant是判断实质上相关，而统计分析中还有一个相关（correlated）。为了区分二者，我把relevant译为"相干"，指实质上相干，实质内容与我们的利益相关，实际上有因果关系；关于correlated，我仍然采用"相关"这个译法。相干的，一定相关；相关的，未必相干。

总之，究竟对哪些属性做定量研究，选择的基础是定性研究。例如，第二章详细介绍雇员数据，构建这个数据的基础是定性研究。学者做了个案研究，决定只关注雇员九方面的属性，于是雇员数据有九个变项。这个决定的基础是两个观察。第一，学者观察到了实质上相干的变化，即年薪因人而异，是否经理因人而异。衡量一个属性是否相干，首先看它在特定的研究领域中是否值得解释，更准确点说，是属性的变化是否值得解释。所谓值得，就是令人有研究兴趣。研究兴趣有两个来源，一是追求经世致用，二是追求通古今之变。实质上相干的属性是值得解释的属性,也就是我们第四章详细讨论的因变项(dependent variable),即被认定是结果的变项。选定了因变项,下一步是界定它。界定,就是说明这个变项如何变,变化范围,变化方式。选定了因变项,就能回答一个问题:这个案例是什么东西的案例?这个"什么",就是让我们产生好奇、提出研究问题的属性。例如,如果我们好奇年薪差异,那么我们研究的雇员就是年薪差异的个案。鉴别和选择因变项,背后是关怀、格局与境界;界定因变项,是在概念和操作两个层次上下定义。自然科学史上,曾经有过虚构的因变项,例如燃素、以太,那是因为知识短缺,不是投机。社会科学中的伪学问,共同特点是编造一个虚无缥缈的现象,然后煞有介事地探索这个虚构现象的原因。

第二,界定了因变项,下一步是鉴别可能的原因,即鉴别自变项(independent variables)(参见第四章)。科学研究就是分析因变项怎样变化,解释它们为什么变化。建构雇员数据的学者不仅以年薪和是否经理为因变项,也观察到了可能影响到因变项变化的要素,例如,教育程度、性别、是否少数族裔。换言之,学者根据对少量雇员的定性分析,发现、鉴别、提炼出了"趋势"或"样式"(pattern)。例如,他们观察到教育程度的高低会影响年薪的高低,观察到少数族裔当经理的概率较低。于是,教育程度与是否少数族裔是理论上相关的属性。鉴别一个属性是否值得作为自变项被测量,关键是判断它与因变项的属性在理论意义上(也就是在因果意义上)是否相关。判断哪些因素可能理论上相关,也是以定性研究为基础。雇员数据没有关于雇员体重、身高信息,这一定是因为学者在做定性分析时没发现身高可能影响年薪或影响当经理的概率。如果是研究 NBA 球员的年薪，那就必须收集体重、身高的信息，因为这些信息与因变项理论上相关。温馨提示：自变项只是可能的原因，有些会被证明确实是原因，有些会被证明似是而非。定性研究往往无法判断究竟是哪些因素影响结果，容易陷入"公说公有理，婆说婆有理"的困局。定量研究的长处是可以有根有据地判断。

三、 量化的对象是某些个体的某些属性的变化

（一）详解变项之"变"

我前面说过，正名是为了澄清，不是为了更改约定俗成的译名。但是，有个例外，我坚持使用"变项"这个词，不用更流行的"变量"。很多人不假思索地说的"变量"（variable），其实指的是"可变者"，是个体自身可以变化和个体之间因人而异的属性，即"可以变化的东西"。较早的译法是"变项"，我认为很好，比"变量"和"变数"清楚。变项的"变"，英语动词是 vary，意思比 change 宽泛；作为名词的 variable，意思是"可变者"、"可变之物"、"可变的东西"、"可变的属性"，没有"数"的意思。变项，经过量化，记录到数据库中，化身为数字，才适合称为"变量"，即使如此，还是弊大于利。区分"变项"与"变量"，不是咬文嚼字，而是为了正名。重复一次孔夫子的话：名不正，言不顺。语言是约定俗成的，我不指望改变约定俗成，但是希望提醒一点：为了便利交流，我们不妨人云亦云；为了自己明白，我们最好不要鹦鹉学舌。胶柱鼓瑟，专家不屑为之，但咬文嚼字自有价值。"变项"

是统计分析的核心概念,所以这里再解说一次。

为了解说变项之"变",先说常项之"常"。常项(constant)有两种含义,可以指某个人的某个属性恒常不变,比如"江山易改,本性难移",难移就是不变。这是一种常。"常"还可以指彼此相同。某个属性,人人相同,不因人而异,这也是一种常。"常"有两个意思,变项之"变"也有两个意思。第一,某个个体的某个属性变动不居、日新月异。古希腊哲学家赫拉克利特说:人不能两次踏入同一条河流。我大学二年级学欧洲哲学史的时候,看不懂这句话,心想,老家的运河,上高中时天天经过,不一直是同一条河流吗?有位室友比我年长十多岁,我请教他,他解释说,赫拉克利特的意思是,你第一次踏进一条河,它是一条河,等你从河里出来,再踏进去,这条河已经变了,不是刚才那条了,所以人不能两次踏入同一条河流。我那时不懂,不全怪我。赫拉克利特以河为例,河变化慢,所以他的说法费解。如果他说"人不能两次庆祝十八岁生日",也许我就懂了。年龄是日新月异的好例子,每一秒都在增大。这个大,英语是一个词,old,中文分得细;英文一个说法,growing old,译为中文要分别对待,对少年译为"长大",对中年译为"变老"。极端意义上的日新月异,我们只在极端情况下关注,比如,体育比赛计算时间精确到毫秒。在社会科学研究中,测量年龄一般以年为单位。

除了日新月异,变项之"变"还有第二种意义,就是某个属性在不同个体之间因个体而异、因人而异。仍以年龄为例,社会科学研究,一般是关注年龄不同的人,年龄因人而异。

细分变项之"变"的两种意思，是因为有两类变项。一类变项，既有日新月异之变，也有因人而异之变，例如年龄。另一类变项，只有因人而异之变，至少在日常意义上没有日新月异之变，比如性别。男女有别，只是因人而异之变；此时为男，彼时为女，是异常状况，除非是研究变性，否则可以忽略不计。混淆变项之"变"的两种意义，往往制造不小的理解障碍。

变项之"变"有两层意思，变项有两类，这已经够复杂了。"变项"一词还有一层复杂性，是记录变项之变的数据有两种。一种是常见的截面数据或剖面数据（cross-sectional data）。计量研究的论文，通常用这种数据。所谓截面，就是某个固定时刻，学者假设能抽刀断水，让永不止息的时间河流在某一刻冻结，截面数据记录的就是诸个体在那一刻的情形。不言而喻，截面数据记录的都是因人而异之变，不是日新月异之变。除了截面数据，还有一种数据，是历时数据或跨时间数据（longitudinal data）。顾名思义，历时数据，就是连续在几个时间点上采集的截面数据。这样的数据，既记录某个时刻因人而异之变，还记录同一个人的某些属性（例如年龄）因时而异之变。不知道什么原因，有些学者把历时数据称为"面板数据"，对应 panel data，这是典型的怪译。这里的 panel，指的是一组受关注的个体。学者在一段时间中，跟踪并记录这些个体在不同时间段的情况，得到的数据就是 panel data。panel 跟"面板"风马牛不相及。有人把 panel data 译成"平行数据"，更容易误导。译为"同组个体的跨时段数据"或"同组个体的历时数据"比较清楚。翻译固然要求简洁，但不能以词害意。

第一章 量　化

细究变项之"变",是为了说明一个简单然而重要的道理。在截面数据中,变项的"变"指个体之间在一个属性上因人而异,不是个体自身的该属性日新月异。不过,我们分析因人而异之变,目的是理解日新月异之变。量化研究是由此及彼,此是因人而异之变,彼是日新月异之变。换言之,研究手段是分析因人而异之变,研究目的是面对日新月异之变的时候有个参考。关于因人而异之变的认识,可能影响关于日新月异情形的决策。分析截面是为了理解连续;分析时间的片段,目的是理解时间的连续过程。再换个说法,我们分析的变化是诸多个体的某些属性"因人而异"(varying across cases),这个变化能直接观察;我们关心的是某个特定个体的"日新月异",这个变化往往无法直接观察。我们在第六章会看到,这个变化可以是过去的可能性的变化,即个体的某个属性"现在本可不如此"(it could be different),"过去本可不如彼"(it could have been different),"假如彼时不如彼,那么此时不如此"。后面五章会详细说明,量化研究背后的世界观是:"已发生的,并非必然发生";"未发生的,并非不可能发生"。量化研究有助于我们回答一个问题:未来发生什么,可能在多大程度上取决于哪些要素的哪些变化?"少壮不努力,老大徒伤悲",可以是对某一个人跨时段观察的结果,也可以是分析截面数据得出的结论,是关于既成事实的经验发现。我们分析数据并不到此终止,因为这个经验发现同时也是人生指南。顺便发挥一句,跨国跨区的比较研究使用截面数据,历史研究使用历时数据;跨国比较的世界观与认识论基础和实践目的,是"他山之石,可以攻玉";历史研究的世界观与认识

35

论基础和实践目的,是"通古今之变"。

空谈不如举例。在第四章,我们分析教育程度的因人而异如何影响年薪的因人而异,用的是截面数据,分析的是因人而异之变。我们看到的是不同雇员的教育程度,不同雇员的年薪,看到的是教育程度增加一年,年薪增加 3909 美元。但是,我们分析的目的,是为了理解在日新月异意义上教育程度的变化如何影响年薪的变化。分析结果是,教育程度越高,年薪越高。这个发现有实践意义。如果有个年轻人,念到初中毕业想辍学,又想以后挣大钱,又不想自己创业,那么,我们把这个分析结果告诉他,就是个有用的提醒。所以说,分析因人而异之变,目标是理解日新月异之变,帮助人看长远,不要只顾眼前。提醒不一定有用,但老年人有提醒年轻人的义务。

人生有项重要任务,就是通过观察因人而异之变,决定如何面对日新月异之变。这个任务很艰巨,我们要考虑各方面的条件,否则就很可能犯邯郸学步的错误。比如,姚明到 NBA 打球,成了有国际影响的篮球巨星。但他也付出了很大的代价,因为伤病提前退役。据说,姚明屡屡受伤的重要原因是教练要求他增加体重。教练的决定有截面数据作基础,就是 NBA 中锋的体重与篮下控制力成正比。身高相同,体重 200 斤肯定挤不动 300 斤的。但是,姚明是华裔,骨架不如黑人运动员结实,增重后容易受伤。他的提前伤退,也许是依据因人而异的截面数据指导日新月异之变的失败例子。

当然,老年人的提醒,学术研究的发现,虽然有用,但多数情

第一章 量　化

况下不会发挥作用。听者要么不信,要么不服,要么虽信服但行不出。这其中的原因很复杂,时间的单向性是主要原因。对人生来说,日新月异之变是唯一能直接体会的变,时间是单向的,一去不复返;因人而异之变是唯一能直接观察的变。人生之所以难,之所以有趣,归根结蒂是因为人能意识到这两种变化,试图打通这两种变化。我们看到种种因人而异之变,自然会想到自己日新月异之变。问题在于,这两者之间,只在很有限的程度上相通,而且我们很难准确知道到底在什么程度上、在哪个方面相通。一般来说,越年轻,越容易认为二者完全相通。比如,在司马迁笔下,刘邦和项羽见到秦始皇出游,都从因人而异之变想到了日新月异之变。刘邦说:"嗟乎,大丈夫当如是也。"项羽说:"彼可取而代也。"年龄越大,越明白,更准确点说,越相信,因人而异之变与日新月异之变往往极难打通。所以,随着年龄增长,一个人的价值观可能从"人定胜天"逐渐转移到"听天由命",从"王侯将相宁有种乎"逐渐转移到"龙生龙,凤生凤"。这两套价值观念,貌似水火不容,其实都成立,无所谓对错高低。人生的智慧与艺术,关键就是在正确的时候采纳适当的价值观。人生不能没有希望,希望来自相信因人而异之变与日新月异之变相通;然而有希望必然有失望,失望来自二者经常并不相通。悔不当初,则悔之晚矣,原因是时间是单向的。所以,叔本华在《附录与补遗:哲学小品》下卷有个感慨:"心愿未了实小恨,悔之莫及乃大苦;前者面对永远开放、不可预见的未来;后者面对业已封闭、永不回头的过去。"

司马迁给自己设的人生目标是"究天人之际,通古今之变,成一家之言",高远之至。不过,太史公心中只有大汉,没有外邦,所以他只想通古今之变,无意辨东西之别。变项之"变",兼具时空两个向度,我们可以对统计分析有更高的期许,就是助我们既通古今之变,也通纵横之变,对大历史学家而言,就是"通古今中外之变"。由此可见,统计方法侵入历史学研究,固然是异种入侵,不过并非恶意。

(二)性别在什么意义上是个"变量"?

讲授社会科学计量方法的老师介绍数据库的时候,往往会提一句:在这个数据库中,性别是个"定类变量"。可是,"性别"既不是"量",又不会"变",怎么会是个"变量"呢?"定类"又是什么意思呢?

我每次讲统计分析课,都会提这个问题,活跃课堂气氛,屡试不爽。一分钟前还显得有点沉闷的同学们,立刻脑洞大开,颇有创意地解释为什么性别是个变量,提出的解释,有"变性手术"、"人妖"、"太监";还有"性别程度"在人一生中会变化,例如,《红楼梦》中大观园戏班子的其他女孩子还不是"女性",在地上画"蔷"的那个妹妹才是"女性"。可惜,这些富有想象力的答案不正确。我似乎是明白的,但又说不清楚。热闹一番以后,同学们只好接受我鹦鹉学舌一般提供的答案,费心记忆,不求甚解。

产生上述困扰的根源之一可能是不妥帖的术语翻译。中文统计学教科书中的"定类变量",英文是 categorical variable。教科书也常用"名称变量"或"名义变量",英文是 nominal variable。把 variable 译成"变量",似乎毫无问题,其实并不妥当。"variable"

的意思是"可变者"、"可以变化的东西",引申一点,是"可以变化的属性"、"可以变化的事态"、"可以变化的状态"。毫无疑问,变化永远有度的差别,但variable字面上并没有"量"的含义。我觉得译为"变项"较少歧义。初学计量分析,不妨先使用"变项",学懂了再从众,使用"变量"这个听起来"高大上"的术语。

在社会科学研究中,"变项"就是个体的一个"可以变化的属性"。每个个体都有数不清的"可以变化的属性",性别是其中一个,其他诸如年龄、教育程度、收入,都是"可以变化的属性"。需要留心的是,变化(vary)有三层意思。第一,个体的某个属性日新月异,例如年龄。这个意义上的变化,是个体的属性"改变",是change,variable就是changeable。第二,虽然个体的某个属性在现实世界中一成不变,但在"可能世界"(possible worlds)中可以与现实不同。"可能世界"就是所谓"反事实情景"(counterfactual situations),就是英语的"虚拟语气"描述的情景。例如,在现实世界中,姚明是男的,但我们可以设想一个可能世界,姚明在那个世界中是女的。换句话说,第二种意义上的变化,指的是个体的属性"可以与现实不同"(it could be different)。第三,在现实世界中的任意一个固定时刻,个体的某个属性"因人而异"或"因个案而异"(it varies from case to case)。说明一句,这里说的case,即个案或案例,就是数据库的一个"观察值"(observation)。计量社会科学研究使用的多数是截面数据(cross-sectional data),也就是在某一个固定时刻搜集的数据。学者们假定,时间在他们做社会调查的这一刻冻结，仿佛他们有"抽刀断水"的神器神功，把变动不居的社会现实切出一个剖面。社会科学截面数据库中的变项所说的"变"，是第三种意义的"变化"，即因人而异的"变"。当然，我们研究第三种意义的变，归根结蒂是因为关注前两种意义的变。

这样，性别在什么意义上是个"变量"，我们就容易明白了。社会科学中的量化研究总是以一个样本（sample）为对象。除非一项研究专门关注男性或女性，那么抽取的样本中必然有男有女，性别在这群人中就是个"可变的属性"，因为性别"因人而异"。作为"因人而异"的属性，性别的"变化"可以被量化，也就是说，可以用数字记录下来。我们可以用任意一个数字（比如"1"）标记"男性"，用另一个数字（比如"2"）标记"女性"。学者用两个数字把样本中的人的性别记录下来，再把数字输入计算机能读的数据库，使数字成为带信息的数据点（data point），性别在这个数据库中就成了个"变量"，即"量化了的变项"。我们说性别是"定类变项"，意思是记录性别的不同数字只是符号，它们标记不同的"类型"（categories，即哲学课堂上听到的"范畴"）或"名称"（names）。作为符号或名称的数字没有数学性质，我们只能对它们使用"等号"和"不等号"，例如，只能说 $1=1$，$2=2$，$1\neq 2$，$2\neq 1$，其他运算符号，即大于、小于、加减乘除，都不能用。

知道了性别在什么意义上是个"变量"，我们看数据库时，不妨提醒自己一句："数，是数，亦非数"。

第一章 量 化

第二节 量化过程是测量与记录某些个体某些属性的变化

量化过程是测量。测量必须又切实又可靠，用术语说，是既"有效"又"可靠"。测量的有效度和可靠度首先取决于测量工具是否有效与可靠，其次取决于测量者对工具的操作是否符合规范。测量层级有高低之别，测量尺度有精粗之分。测量单位有两个向度，一是测量层级，二是测量尺度。

一、测量的切实度与可靠度

对属性的测量应该既有效（切实）(valid)，又可靠（reliable）。切实，指的是被测量的属性确实是研究者意图测量的属性；可靠，指的是测量结果经得起重复检验。测量是否既有效又可靠，首先取决于测量工具。用磅秤量体重，测量切实，因为称重设计制造磅秤就是为了称重；用磅秤量身高，并非绝对不可靠，但测量不切实，用公尺、市尺、英尺就切实了。用磅秤量体重，磅秤必须可靠。第一次站上去，70公斤，隔一分钟再站上去，还是70公斤，好，这磅秤可靠；第一次站上去，70公斤，隔一分钟再站上去，80公斤，不好，这磅秤不可靠。到市场买菜，用商家的秤称重，得到一个分量，用政府的市场管理部门提供的"公平秤"称，得到同样的分量，则商家的秤可靠，标志着商家人品可靠。需要注意的是，切实的不一定可靠，可靠的不一定切实，所以，找到既切实又可靠的测量工具，永远不是一件轻而易举的事。

这么简单的道理，被有些人搞得很复杂。有些教科书把validity译成"效度"，把reliability译成"信度"，难以理解。把validity译成效度，有些离谱，英语的valid，在这个语境中的意思就是切实，跟中文的"效率"、"效果"，相距很远，不过至少不误导。validity，译成"切实度"可能比较好懂。不过，在这个语境下，约定俗成，沿用"效度"或"有效度"，无伤大雅，还显得有几分"高大上"。把reliability（可靠性、可靠程度）译成"信度"，就不是一般的离谱，简直是恶作剧，因为"信度"更接近validity。这样的译法，应该是出自不懂统计分析的人之手。

与社会科学相比，自然科学的巨大优势是测量工具的有效度与可靠度都很高。可以说，自然科学的发展史，就是测量工具的有效度与可靠度不断提高的历史。相比之下，社会科学的测量工具还很原始，有效度总是有疑问，可靠度也没有保障。所以，用量化方法研究社会科学问题，固然要尽最大努力保障测量切实可靠，同时也要承认其局限，不要表现得过于自信。要做到不过度自信，不妨从对问卷的称呼开始。用量化方法做社会科学研究，起点是对人的某些社会属性进行量化，量化就是做社会调查，也就是问一系列问题，这些问题放在一起，就构成一张问卷（questionnaire）。有些做定量分析的专家可能嫌"问卷"太稀松平常，喜欢用术语，把问卷叫做"调查设备"或"调查工具"（survey instrument）。称为设备、工具，比"问卷"准确。不过，我第一次听到这个术语，没听懂，过了两分钟才反应过来。

第一章 量　化

在社会科学研究中，测量的效度问题比较普遍。换言之，切实的测量工具不多。一般来说，社会调查数据中，性别的测量切实；年龄，除了遇到某些官员和运动员，测量基本切实；其他测量都很难说切实。比如，教育程度，以上学的年数测量，切实度就没有保障。这个人上了 12 年学，那个人上了 10 年学，哪个人教育程度更高？上了 12 年学，教育程度不一定更高，他可能留级 3 年，实际上了 9 年。其他测量方法，比如，小学、初中，更是模糊。同样上 9 年学，"文革"期间是高中毕业，"文革"后变成了初中毕业。社会科学经常调查收入，但各种测量都既不切实也不可靠。知道这些基本事实，做量化分析时就不会太锱铢必较，太煞有介事。张中行先生有篇文章讲北大录取学生，说作文给分最主观，一位先生给 80 分，另一位先生可能只给 60 分，为了公平，就请几位先生分别给分，然后平衡。给分不切实，计分时斤斤计较，这是考试中常见的现象。我们用计量方法做社会科学研究，最好掌握个平衡。一方面，分析时当然得斤斤计较。另一方面，不要太把分析结果当回事。例如，社会科学研究中的回归系数，精确到小数点后三位，甚至更多，就显得过分。我们写文章时不能不随俗，但要清楚自己是随俗；正如在人生舞台上，要认真演戏，但不能入戏太深。

测量性别年龄等所谓的"人口学背景"（demographic backgrounds）已经很困难，测量态度、信念、价值观念，要做到既切实又可靠，当然更困难。知难而上，正确的做法就是做好定性分析，尽量准确界定想测量的属性，实事求是地在具体的文化语言情境内设计切实、可靠的测量指标（measures, indicators），也就是问卷中的问题。先想清楚自己到底想测量什么，为了保证设计的测量指标切实测量自己想测的属性，还要认真琢磨问题的字面意义和深层意义。字面意义契合，深层意义不一定契合，因为深层意义取决于文化背景、政治环境、社会环境。在一个国家切实的测量指标，到了另一个国家可能不切实。

为了提高测量的切实度，有个好办法是做试调查。试调查就像调试设备。社会科学中文问卷中的一些问题是从国外问卷翻译过来的，更要认真调试，防止水土不服。有些学者，可能主要是为了在学科顶级期刊发论文，喜欢借用欧美学者设计的问题，我对这个做法有保留。设计问题，最好还是根据定性研究，追求实质等值（substantive equivalence），比较有学术价值。追求字面意义等同（verbal equivalence），有利于发表文章，但发表的文章很可能无人理会。当然，如何取舍，见仁见智。

议论问卷设计，不举例子是空对空，举例子可能得罪人，不过，我还是举个例子。有张问卷有这么个问题："我们想知道您对下面各种说法的意见，您是非常同意、同意、不同意，还是非常不同意？（1）我觉得自己很有能力参与政治。"在美国，这个问题测的可能是内在政治效能感（internal political efficacy），就是觉得自己有参与政治的能力。但是，在美国的测量，假定了有诸多层级的选举，有诸多形式的竞选。觉得自己有能力参与政治，无非就是觉得有能力判断候选人是否能代表自己的利益、能去投票、能参加候选人的造势大会、能帮候选人拉票、能参选，政治参与主要就是这些内容。拿到中国来，语境不同，语义也就不同。说实话，我不大肯定这个问题测的是什么。比如，一个普通农民，说他觉得很有能力参与政治，表达的固然是内在政治效能感，但也许还有其他内容，比如政治雄心（企图心）。如果不做具体分析，简单认为美国公民与中国公民对这个问题的相同回答不仅字面等同，实质也等同，得出的结论也许就不成立。前些年，有人把是否"开会"当成中国人政治参与的指标，是个"经典"误会。

二、测量的四个层级

量化可以在四个测量层级（levels of measurement）上进行。最低层级的测量是定类测量（categorical measurement）或名义（名称）测量（nominal measurement）。"定类"的"定"，不是"确定"，只是标记。"确定"意义上的"定"，属于定性研究，在测量之前就已经完成，否则测量工具（问题）就无从设计。

第二个测量层级叫定序测量（ordinal measurement）。定序测量，是用数字标记不同的等级、序位、品阶、程度、强度。这里的"定"也不是"确定"，只是"标记"。等级、序位，"官分九品"，"人分九等"，社交圈分"上九流，下九流"，都是定性研究的结果，是设计测量工具的依据。例如，军衔是个等级体系，将官分上将、中将、少将，上将比中将地位高，中将比少将地位高，但上将跟中将之间的差距，和中将跟少将之间的差距，并不一样大。不言而喻，对军人的军衔进行测量，前提是已经对这个体系做了准确的定性研究。定序测量，只不过是用数字标记在个体军人那里观察到的、已经确定好的等级，再把结果记录下来。

第三个测量层级是定距测量（interval measurement）。定距测量，是用数字标记不同的"间距"或"间隔"（intervals）。再重复一次，这里的"定"不是"确定"，只是"标记"。定义"间距"或"间隔"的意义，也是定性研究的结果。例如，智商的变化范围，被心理学家界定为一系列间距，理论上，智商可以为"0"，但智商为"0"不等于"没有"智商。当然，有些"间距"的定义，不仅仅靠定性研究。例如，温度的变化范围，被科学家认定是一系列间距。摄氏0度，是温度的一个特定间距，不是"没有"温度。温度可以是摄氏0度、50度、100度，我们可以说0度到50度的距离和50度到100度的距离一样大，但我们不能说100度是50度的两倍。

最高层级的测量是定比测量（ratio measurement）。定比测量，是用数字标记可以完全数字化的属性。说一个属性可以完全数字化，意思就是，这个属性的变化，像数字一样，构成一个不间断的连续体（continuum）。这样的属性，最容易理解的例子是人的年龄。每个人的年龄都有个起点，就是生命的"0"点。生命的延续，是时间的不间断延续，这个延续过程可以用不断延续的数字标记。一个属性的变化，既有个具有真实意义的"0"点，变化又是连续的，其变化幅度就能以倍数计算，倍数就是比率，所以，这个测量层级叫做定比测量。我们可以说，50岁是25岁的2倍，因为年龄有一个真正的0值，而且年龄的变化是个连续体。

测量层级不同，测量时使用的数字的数学性质也相应不同。统计学教材里有张表，简明总结了四个测量层级使用的数字的不同数学性质。对于定类测量使用的数字，只能使用等号和不等号。定序测量使用的数字，除了等号和不等号，还可以用大于号和小于号。定距测量使用的数字，不仅可以用等于、不等于、大于、小于，而且还可以用加法和减法，只是不能用乘除，因为没有真正的 0 点。最高层级的定比测量所使用的数字，乘除也可以用。

四个测量层级使用的数字具有四种不同的数学性质

	=, ≠	>, <	+, -	*, /
定类	适用			
定序	适用	适用		
定距	适用	适用	适用	
定比	适用	适用	适用	适用

三、影响实际测量层级的两个因素

理论上，有四个量化层次，即测量层级。在研究实践中，采用哪个层级的测量，取决于两个因素。其一，被量化的属性能在什么层次上被量化，即被量化的属性或性质的可量化程度；其二，学者决定在哪个层次上测量，这个决定取决于研究的实际需要和研究资源。

有的属性只能在一个层次上被量化。例如，性别、国籍、民族、宗教信仰，只允许在最低的定类层次上被量化。当这样的属性确实在定类层级上被测量时，我们把它们叫做"名义变项"或"名称变项"（nominal variable）或"定类变项"（categorical variable）。重复一句，虽然我们用数字标记这些变项在个体那里的具体情况，但不同的数字仅仅是不同的名称，标记不同的类型、范畴，这里的数字没有数学意义。例如，性别因人而异，但"异"只有两种可能，要么男性，要么女性。我们可以选取任意的数字标记两个性别，比如，"1"指男性，"0"指女性。改成用"2"标记男性，"4"标记女性，完全可以。选用哪个数字标记哪个性别，完全随意，唯一的要求是，在进行量化或测量时保持一贯，决定用"1"指男性，保持一贯；决定用"0"指女性，也保持一贯。否则量化就乱套了。这里的数字仅仅是名称，也仅仅能当名称用。只能说：1=1；0=0；1≠0；不能说：1大于0，0小于1，因为男性和女性没有高低之分；当然更不能做任何数学运算。另一个例子是宗教信仰，有的人没有宗教信仰，有的人信佛教，有的人信基督教，有的人信天主教，有的人信伊斯兰教，我们可以分别用0、1、2、3、4来标记，但不能说0小于1、1小于2、2小于3、3小于4。温馨提示：定类变项里的数字是类型，只有差异，没有大小。但是，SPSS是电脑程序，只认得数字，不分辨数字的类型。第六章介绍的SPSS对数回归程序会自动把定类变项构建成哑变项（dummy variables）。"哑变项"是个有趣的译法，实在不懂为什么有人译为"虚拟变量"，我觉得译为"傻瓜变项"更传神。怎么个傻法呢？就是只懂得非此即彼。例如，我们有个简单的定类变项：1=A，2=B，3=C，A、B、C三类，类的数量用k标示，所以k=3。由于SPSS不够聪明，不懂这里的1、2、3没有数字意义，如果我们拿这个定类变项作自变项，看属于某类（例如A）对于因变项的影响与不属于该类对因变项的影响，必须构建k−1个"傻瓜变项"，这里就是3−1=2。一个变项命名为"A"，1=是，0=否；另一个变项命名为

"B"，1=是，0=否；不需要构建名为"C"变项，因为把"A"和"B"这两个傻瓜变项放进回归模型，就足够了，逻辑是，只有 A、B、C 三类，既非 A，亦非 B，一定是 C。如果定类变项的类型多，比如有 5 类（例如"文革"中的"黑五类"和"红五类"），要用来做自变项，那就需要构建 4 个（5-1=4）傻瓜变项。不定义的那个类，一般是最适合作为参照点的类。例如，宗教信仰是个定类变项，如果其中一类是"不信仰任何宗教"，这个类最适合当 k-1 公式中减掉的那个"1"，不用为它构建傻瓜变项。傻瓜变项的构建与使用，实际操作很简单，文字解说很麻烦。如果看不懂我的解说，最好动手做一做。

很多属性允许在两个甚至四个层次上被量化，例如，年龄可以在四个层级上测量。在定类层级，我们可以测量一个人是不是中年人。30 年前，有本很有名的书，后来改编成电影，叫《人到中年》，作者是谌容。假设我们看了电影，很受震撼，想专门研究中年人身体与精神健康状况，就可以在定类层级测量年龄。设计一个测量指标，叫做"是否中年人"，变项标签就是"中年人"，是中年人标记为"1"，不是标记为"0"。"非中年人"可能是老年人、青年人、小孩，没关系，我们只关心中年与其他年龄段的人的区别。这样测量，年龄就是个定类变项。也可以在定序层级测量年龄，划分大致的年龄段，例如：幼年、童年、少年、青年、中年、老年。还可以在定距层级测量年龄，用连续的年龄段测量，比如 18-27 岁，28-37 岁，38-47 岁。在定比层级测量年龄，就是问年龄或问出生年。同样是在定比层级测量年龄，可以采用不同的测量单位，测量单位越小，测量越精准。比如我们后面介绍的雇员数据，精确到月、日。总而言之，我们看一个变项的测量，先看它能容许的最高测量层级是什么，能在较高层级上测量的，一定也能在较低层级上测量。

一般来说，测量层级越高越好，测量单位越细越好。测量细了，数据可以粗略化；测量粗了，数据却无法精细化。我们可以把年龄粗略成年龄段，但无法把年龄段细化为年龄。但是，我们的研究可能不需要测量得过细。另外，决定测量层级时，要考虑成本，数据收集得越细，成本就越高。所以，选择测量层级与单位，取决于研究需要与研究资源。测量年龄，一般来说没有必要具体到出生于某年某月某日几点几分几秒，测得太细，就是暗示某些人的生命每分钟都重要，不妥当。设计测量就像织网，留多大网眼，取决于想捉什么样的鱼。想捞小鱼，就织得细一点；只捉大鱼，网眼就粗一点。这看起来是个常识，但是有些人不具备这个常识。比如，报道大贪官的不法所得，精确到人民币元、角、分，就是个笑话，这样做等于宣布这个数是假的。

不细致区分理论上存在的测量层级和实际应用的测量层级，容易发生一个混淆。比如，简单地称某个变项是"定比变项"，可能造成一种误解，好像这个属性本身只能在定比层级上测量。其实，"定比变项"的意思是"被在定比层级上测量的属性"，这个属性本身并非只能在定比层级上测量。例如，如果脱离具体的研究语境，脱离具体的数据库，泛泛地说"年龄是个定比变项"，就可能制造误会。再重复一次，一个属性的测量层级取决于两个因素，一是属性本身的变化许可怎样测，二是学者需要和能够怎样测。换言之，变项的测量有两个方面，一是变项的可测度，二是学者实际采用的测量层级。不要简单地说某个变项是个什么层级的变项，比如，不要简单地说年龄是定比变项。

顺便提一句，测量时要小心区分分析单位（unit of analysis）和测量单位（unit of measurement）。前面说过，分析单位，指的是测量的个体，个体可以是一个人，也可以是一个城市，一个国家。测量单位，则是指用什么度量衡。比如，测量重量，可以用公斤、市斤，市斤还有十两秤与十六两秤。中药店用十六两秤。还有，我国香港地区的海鲜餐厅，也用十六两秤，不知道就可能吃哑巴亏。记住测量的结果取决于测量单位，对于后面讨论回归系数很重要，如果不留意"测量单位"，就不能准确理解"一个单位的变化"（a unit of change）是什么意思。曾经有学生问，为什么很小（比如零点几）的回归系数"显著"，很大的（比如成百上千）的回归系数反而"不显著"。产生这个疑问，固然是因为不完全理解"显著"，显然也是因为没有注意"测量单位"。

总而言之，跟做其他事情一样，测量变项时，一要考虑可取性，二要考虑可行性。究竟在哪个层级上测量某个属性，首先取决于属性本身允许在哪个层级上测量，其次取决于学者的研究目的与测量资源。知道这两点，我们就可以树立一个观念：数据库里的数字，有的跟我们平常理解的数字是一样的，有的看起来是数，但很多情况下，又不是数。数据库里的数字具有不同的性质，有的是普通意义上的数，有的表示序列，有的只是名称。为了提醒自己，我们可以记住：数，是数，亦非数。还有，从上面关于测量的讨论，可以看到定性研究与定量研究本来就是科学研究的不同阶段，无所谓高低。我们做社会科学研究，关心人的哪些社会属性、经济属性、法律属性，这些属性本身允许用什么样的层级来测量，我们用什么样的层级来测量，都是通过定性研究决定的。

四、测量是个系统工程

测量是个系统工程，有很多步骤，很多程序，每个环节都需要认真对待，整个过程很脆弱，像下围棋，一着不慎，全盘皆输。如果没有参与过社会调查，很容易产生两个内在相关的错觉。其一，觉得数据库来得很容易，网上可以免费下载，无非是晚两年。实际上，量化过程非常复杂，无论是智力、财力、人力，都花费巨大。其二，觉得每个数据库都同样可用，同样有学术价值。是否有这两个错觉，是衡量学者量化研究素养的标尺。量化过程花费巨大是常项，作为量化结果的数据库的质量是变项。就社会学和政治学而言，国外学者参与的调查，优点是问卷中有较多变项可以做因变项；国内学者主持的调查，优点是操作过程更加可靠，有连续性，可以做初步的跨时段分析。无论使用什么来源的数据库，都要牢牢站稳常识立场，相信自己对事实的了解和直觉，然后小心谨慎地修正乃至放弃常识和直觉，不要迷信数据。这一点，后面会不断提到。

量化的两个特点，即花费巨大与质量参差，原因相同，就是量化是个复杂的系统工程。前面提到了，测量工具（测量设备）的设计要依据扎实的定性分析，工具设计好了，还要测试与调整。测量设备的操作（survey administration）也很复杂，录用、培训调查员是关键环节。调查员一定要诚实、认真、负责，不能偷工减料，更不能越俎代庖。社会调查过程，也需要有程序保证。有些学者在问卷中植入测谎题，检验调查员的诚实。社会调查在实地完成后，后续的是调查结果的编码、录入、清洗。每个环节都很麻烦，很费人力物力，也很容易出错。所以，我们免费获得调查数据，首先应该深怀谢意，知道不是"得来全不费工夫"；同样重要的，是心存疑虑，千万不要相信"得来全不费工夫"。

第三节 量化分析与科学实验和定性研究的关系

一、统计分析是科学实验的代用品

花这么多时间、智力、财力、人力做量化研究，只因为科学研究的利器是实验，而统计分析是实验的可靠代用品。做科学研究的目标是发现因果关系。人与其他动物的区别，就是人类能发现因果关系，能应用关于因果关系的知识提高生存能力。动物的生存也有策略，比如，狮子捕猎时有分工、合作，有埋伏、佯攻、拦截，这种集体行动能力，既是狮子的本能，也靠观察和练习。与动物相比，人的巨大优势是有更清晰的分工和计划，清晰的分工和计划靠的是对因果关系的认识，而认识因果关系离不开科学。人类可以搞登月工程，其他动物搞不了。登月工程的背后，是对巨大数量因果关系的科学认识，出一点差错，就会造成严重后果。例如，飞船重新进入大气层时会因为摩擦产生高温，正是靠对有关因果关系的准确认识，工程师们才能准确选择飞船外壳用的保护涂料、决定飞船进入大气层的角度，而这些决定直接关系到宇航员的安危。

哲学家对因果关系讨论很多，这些讨论，是很精巧有用的智力体操。不过，自然科学家的学术训练严谨，他们做研究的基本程序就体现了对于因果关系的深刻理解，所以，他们不大理会哲学家争论什么，除非他们自己也是哲学家。在我们这个时代，需要在认识因果关系上补课的，倒往往是哲学家，更准确些说，是叔本华嘲讽的"靠哲学谋生的人"。这些人，在思维上很容易两头落空，既不掌握科学研究的方法（天知道他们何以自信有资格指导科学研究），也未能保全常理和常识。他们心中的哲学，来自把鲜活的哲学思想变成标本的哲学教科书，而不是来自重要哲学家那些自成生态体系的经典著作。他们可以鹦鹉学舌，慢慢学会一套话语，虽然不懂话语的意义，但能运用纯熟。学这套话语的代价是失去常识，失去常理。

实际上，只要理智健全，单凭常识，我们也知道因果关系很复杂，认识因果关系很不容易。我们可以从最朴素的角度看因果关系。因，原因，是一个事件。一个人大汗淋漓，忽然跑进了一个冷窖，这是个事件；一个儿童八岁时开始进学校接受教育，也是个事件；儿童的教育持续了一段时间，也是个事件。果，结果也是事件。伤风感冒，是个事件；开始识字，是个事件；书本知识由少变多，也是个事件。一个事件先发生，另一个事件一定随之发生；一

第一章 量 化

个事件不发生,另一个事件一定不发生;二者相加,就是前一个事件与后一个事件一一对应(one-to-one correspondence)。逻辑学家喜欢用术语,把一一对应关系叫做当且仅当(if and only if,或 iff)。(其实,老老实实把"if and only if"译为"如果并且仅仅如果",比较好懂,但专家不喜欢,也许是觉得生硬,食洋不化;"当且仅当"不大好懂,至少不如"if and only if"好懂,但专家喜欢,好在一旦与英文对上号,"当且仅当"朗朗上口。这样的翻译有为渊驱鱼的积极功能。)两个事件一一对应,二者之间就可能有因果关系。注意,只是可能有因果关系。确立因果关系,需要科学程序;确立一一对应关系,也需要科学程序,不能依靠常识。原因是,单凭常识不能超越现实,在现实世界中,永远不可能观察到一一对应关系,现实世界永远是个多元嘈杂的混沌世界,无数事情同时发生。英国哲学家休谟有个著名论证,揭示常识的不足。他说,早晨,太阳升起,这是一个事件;过几个小时,夜间冰冷的石头变暖了,这是另一个事件。凭常识,我们觉得太阳升起继而高照是原因,石头由冷到暖是结果。但是,休谟说,这需要证明!理由是,在这几个小时中,宇宙间并非只有这两个事件,相反,有无数个事件在同时发生,凭什么说是太阳升起继而高照导致了石头由凉变暖?我主张石头变热的真正原因是鸟鸣,你怎么反驳?请注意,休谟并不简单怀疑常识,他只是提醒我们必须从怀疑走向相信,不能始终相信。另一位英国哲学家弗兰西斯·培根,是近代经验科学方法的创始人之一,他说:伟大的哲学始于怀疑,终于信仰。这句话让张中行先生纠结了一生。他觉得自己有始无终。不过,张先生是幸运的。有始有终，固然高明；有始无终，收获机会；无始有终，虚度一生。

回到正题。现实世界混沌一片，这是常识。凭借这个常识，我们就知道，试图认识因果关系，试图发现一一对应关系，必须排除三大干扰：一果多因，一因多果，虚假因果。要做到这一点，需要超越常识，需要开展科学研究。科学是一种认识方法，是严密的分析方式，主要手段是做实验，做实验是为了判断一个事件与另一个事件是不是一一对应。做实验时，科学家尽最大努力严格控制实验环境，让被假设为原因的事件发生，不让被假设为干扰因素的事件发生，然后看被假设为结果的事件是否发生。自然科学家以实验室为工作坊，甚至为家，原因就是科学研究离不开实验。

社会科学向往成为科学，准确点说，社会科学家羡慕自然科学家享有的尊重，但是社会科学以人的各种社会属性为研究对象，不可能成为精密的科学。严格意义的实验，基本上都不能用在人身上。用在人身上的实验，都是打了折扣的、不严谨的实验。例如，为了检验新药是否有效，现代医药学往往做双盲实验，双盲实验就是一种打了折扣的科学实验。双盲实验有个关键程序，就是实验组和控制组（对照组）的人，除了是否服药，其他方面最大程度相似。首先必须最大相似的，是两组人在生病这一点上最大程度地相似。两组人其他属性上的最大相似，依靠的是个抽样程序，抽样的目的是随机化（randomization）。随机化就是自然化，就是最大限度地反映自然状况，或者说，最大限度地保持做实验之前的自然状态。具体点讲，在双盲实验中，随机化，就是让两组个体，除了在自变项（是否吃药）和因变项（病情如何变化）上有系统的共同变化，其他方面的变化都是随机的。其他属性的变化是随机的，它们对于因变项的影响就可以互相抵消。（顺便说一句，比较研究方法，即求同法、求异法、求同求异法，也是实验的代用品。）例如，检验一种感冒药是否有疗效，对照组与实验组的人必须都患了感冒，并且是得了同一个类型的感冒，如果症状有轻有重，轻重的分布在两组人中要最大程度相似。我们知道，感觉得到了医治，可能产生已经得到医治的信念，如果对医治者有强烈信心，进而就会相信自己必将痊愈，这个信念可以激活人体的免疫系统，产生疗效。为了排除这种心理暗示作用，有个专门程序：实验组吃的真药与控制组（对照组）吃的安慰剂（placebo）外表完全相同；负责协助服药（或服安慰剂）的护士也不知道哪个是药，哪个是安慰剂，以免被善于察言观色的人发现自己吃的究竟是不是药。这么复杂的随机化程序，跟前面讨论的抽样程序相似，目的是保证实验组和控制组的人，除了在吃药与否上有区别，其他方面最大程度相似。在这样的安排下，如果吃药的那组人（实验组）与吃安慰剂的那组人（控制组或对照组），感冒症状的变化有"显著的"差异，那就证明感冒药起了作用，因为其他可能影响感冒症状的因素都被排除了（术语听起来比较吓人：都被控制住了！）。当然，差异可以是"症状减轻"，也有可能是"症状加重"。至于什么是"显著"，请看第四章。

双盲实验是打了折扣的科学实验，统计分析更是等而下之，只能算科学实验的代用品，类似义齿、义肢。社会科学研究，除了纯粹研究认知或反应问题的实验心理学,很难做严格的科学实验,连打了折扣的双盲实验也很难做,只能采用统计分析方法。我们可以设想,在市场经济下,与在计划经济体制下相比,各行各业劳动者的敬业程度比较高。这是个简单的假设,但不能做实验验证。有人建议设立"文革"省,就是划出特区,在特区内实行"文革"时的种种制度,请那些怀念"文革"的人搬到他们心中的人间天堂。这个建议,背后的假设是,那些口头怀念"文革"的人,只是停留在口头上,经不起检验,一检验就会暴露他们口是心非。如果能把这个设想付诸实施,是件很有趣的事,可惜这个设想只是笑话。

社会科学家能设计精巧的实验,然而不能付诸实施,只能用统计分析作为代用品,这不是他们的错,是因为作为研究对象的人极为特殊,有众多不可侵犯的权利。比如,口头怀念"文革"的人,有拒绝接受测谎的权利。公共健康研究也不能做实验。举个例子,我们常说抽烟会影响健康,导致疾病,心脏病也好、肺癌也好,反正是致命的病。但是,怎么证明这个假设?最科学的办法是做实验。我们可以设计一个科学实验,在人口中随机抽取 1000 对同卵双胞胎人士,把他们(她们)随机分为两组,实验组 1000 人,控制组 1000 人。分在实验组的每天必须定时抽一定数量品质相同的烟,分在控制组的则不准抽烟。为了控制非生理因素对健康的影响,这些双胞胎必须做同样的工作,住同样的地方,生活习惯也必须完全相同。这样的实验可以有力证明抽烟是否有害健康。但是,不言而喻,除非是在法西斯统治下,这样的实验没有可行性,根本做不了。可是,公共健康问题太重要了,学者们必须研究。于是他们退而求其次，利用统计分析作为实验的代用品。在现实中，有些人抽烟，有些人不抽烟，不用强迫，也强迫不了；有人得肺癌，有人不得肺癌；这一切都是自然发生的，相当于自然实验。量化研究，可以抽样，抽到的样本中，自然会有抽烟的和不抽烟的，被抽进样本的烟民的资深度自然变化（因人而异），进入样本的人的健康状况也自然因人而异，把这些实质相干的和理论上相关的信息收集起来，然后分析是否抽烟这个属性（其变化可以在定比层级测量）和患肺癌这个属性（其变化也可以在定比层级测量）有没有非随机的、系统的相关性，有没有一一对应关系。参见第四章和第五章。

二、定量研究的基础是定性研究

作为实验代用品的统计分析是否可靠，取决于量化的水平，而量化的基础是定性研究。所以，统计分析的质量，归根结蒂取决于定性研究的水平。任何研究都是从定性到定量：定性研究发现问题、界定问题向度、提出有关问题的各个向度之间关系的研究假设。换言之，定性研究的使命是分辨新现象，把新现象的个体的重要属性背后的向度界定清楚，把重要属性概念化，再把概念操作化，也就是设计切实可靠的测量属性变化情况的指标。定性研究的使命是寻新求异，不在乎代表性，只在乎典型性，可以而且应该采用定量方法论专家认为有重大缺陷乃至致命失误的方法。例如，专心致志关注一棵病树或畸形树，不关注千千万万健康树或正常树；专注研究一个奇特病例，不关注千千万万健康人；只关注一个基因变异的果蝇，不关心正常的果蝇；只关注一个从未见过的大熊猫，不关心其他动物。定量研究学者，可以要求定性研究学者说明他们的案例研究是什么属性的案例研究，但如果质问案例研究的发现有没有普遍性，是不讲理的外行挑衅，相当于问渔民是否收获了山珍。

重复一句，对研究对象的重要属性进行测量时，变项的名称是概念，而概念是定性分析的结果，不是自来就有的，也不是拍拍脑袋就能想出来的。例如，在动物学意义上，大熊猫是个法国传教士发现的，他会做定性研究，所以他率先分辨出大熊猫是个独特物种。雅安人民世世代代跟大熊猫住在一起，天天看见大熊猫，但是没有发现作为一个物种的大熊猫。定性研究每发现一个新物种、新现象、新属性，都开创了一个定量研究的新课题，甚至新领域。任何定量研究课题，因变项、解释变项、控制变项的界定，研究假设的提出，都离不开定性研究。鉴定出大熊猫是个新物种，动物学家就有了一个定量研究的新课题：大熊猫的种群生存是个实质相干的课题，因而，大熊猫的寿命是个值得研究的因变项，繁殖能力也是个很好的因变项，这二者的界定也是定性研究的成果。研究大熊猫的寿命和繁殖能力，理论上相关的自变项也是定性研究的成果，例如，营养状况、生命周期、生活习性，这些概念及其操作定义，都是定性研究的成果。再以我们后面介绍的雇员数据为例，教育程度、年薪、是否少数族裔、经理，都是定性研究的成果，不是做定量研究的学者拍脑袋想出来的。如果没有社会学家对美国社会进行定性分析，研究种族歧视问题，你看到的可能就是美国人肤色不同，脑子里不会有"是否少数族裔"这个概念。再举一个比较隐晦的例子，说明定性研究是定量研究的基础。社会科学调查问卷中的问题，都是测量概念的指标。但是，仅仅看这些指标，往往不知道设计问卷的学者究竟想测量什么。就政治学而言，"信任"、"效能感"、"权利意识"、"体制偏好"，都是概念；测量这些概念的指标问题，往往不包括这些概念或相近的词，否则就是主观测量。设计问卷的学者，如果照搬照抄现有问卷，自己也往往不知道那些问题究竟测量什么。他们的做法是毛主席嘲讽的"尾巴主义"，不是鲁迅先生提倡的"拿来主义"。例如，下面这个问题有时被借来测量外在政治效能感："我们想知道您对下面各种说法的意见，您是非常同意、同意、不同意、还是非常不同意？（1）像我这样的人，对政府的决定没有任何影响力。"这个问题预设公民个人有影响政府决定的制度渠道。如果这个预设不成立，它测量的就未必是外在政治效能感。

定性研究有长处，但在检验假设时会遇到无法克服的障碍，就是无法把研究对象随机化，无法把在个别研究对象那里获得的信息分成相对独立的碎片，进而尽量客观地分析碎片之间是否有系统的关系。定性研究的重要方法是访谈，我们需要向当事人了解情况，或者进行参与式观察。但我们往往不知道访谈对象讲的是真话还是假话。更大的问题在于，作为获取研究资料的方法，访谈对访谈对象有些不一定切合实际的假定，例如，假定访谈对象清楚自己当时要做什么事情，知道自己为什么这么做。实际上，很多情况下，有些人（甚至可以说是多数人）在做某件事情的时候并没有深思熟虑、认真盘算。然而，等你去访谈的时候，他会侃侃而谈，告诉你他当时是怎么想的、怎么盘算的，那往往是事后合理化的结果。比如你问访民一开始为什么上访、为什么来北京，他告诉你的那些自圆其说的故事多半有事后合理化的成分，而且他还认为自己是在很诚实地回忆，很诚实地讲给你听。这种事后合理化很难避免，因为它是人的自然心理倾向。但是，也有人有相反的心理倾向，不是事后合理化，而是事后不合理化，已经过去的事情，越想越觉得自己做得不对，越想越后悔。喜欢合理化的，是乐观派；喜欢不合理化的，是悲观派。叔本华有个说法，有助于说明心理特点的这个有趣差异："一件事可能喜庆结尾，也可能悲惨告终，机会各半。悲苦的人会因为结局悲惨而气恼或哀伤，却不会因为结局喜庆而欢欣；相反，喜乐的人不会因为结局悲惨气恼或哀伤，但会因为结局喜庆而欢欣。十个计划，九个成功，悲苦的人不因为九个成功而欢欣，却因为一桩失败而气恼。相反，十个计划，九个落空，喜乐的人却因为一个成功而欣慰喜悦。"（《人生智慧箴言》，商务印书馆2017年版，第23页）

定性分析不能以可验证的方式把研究对象和研究素材随机化，这是个短板。定量研究的长处，正在于随机化。采用量化方法，就要采用随机抽样。例如，如果我们想排除心理特点对进京上访的影响，随机抽样能有效保障各种心理特点的人有相同的被抽中机会。抽样程序提供了一个信心基础，就是我们可以相信心理特点对作为因变项的重要事件（进京上访是重要事件）的影响可以得到有效排除（控制），心理特点对于收集到的数据的干扰（制造的噪音）能在很大程度上相互抵消。

第一章 量 化

除了把作为研究对象的个体随机化，定量分析还可以把作为分析材料的数据随机化。定量分析不依靠完整的故事，不需要假定作为研究对象的人有基本的诚实、健全的心智、良好的记忆力，它只需要实质相干、理论相关的简单事实片段。一份问卷会问几十个乃至几百个问题，会问个人背景，还会问有没有做过这个事情、对那个事情怎么看。每个问题都简单，但精密的统计方法可以告诉我们，对这些问题的回答之间有没有系统性的关系，有没有某种程度的一一对应，如果有，我们再推断它背后是否有因果链条。在这个意义上，定性研究对研究对象（受访者）的要求很高，可能高到不合实际的地步；定量研究对回答问卷的人的预期很普通，更符合现实，问的都是简单问题，这些问题一般不会给应答者太大的压力，所以他们比较容易提供诚实的答案。很多时候，问卷应答者不知道问卷的问题背后是什么，不知道学者到底关心什么。当然，他们很可能也不关心做调查的人到底想研究什么。

量化有长处，也有短处。量化过程很像做一道复杂的菜，很容易出错，很难做好。走程序容易出纰漏，哪怕程序都走对，问卷也很可能遗漏问题或问题设计不当。花费巨大，质量很难保证。如果量化数据的质量没有保证，再高明的统计分析也无济于事。做统计分析的人有句行话，"垃圾进，垃圾出"（garbage in, garbage out）。意思是，如果数据是垃圾，分析结果一定是垃圾。打个比方，有的数据看起来是煤，其实都是煤矸石；有的数据看起来是金矿、铜矿、铁矿，实际上只是石头，炼半天还是石头。定量研究、定性研究没有理由彼此看不起，二者都是科学认识过程的一个环节。归根结蒂，量化的水平取决于定性研究的水平。怎样设计问题，怎样问问题，都取决于定性研究。有些做量化分析的学者，话里话外看不起做定性分析的学者。他们可能真不知道，也许只是假装不知道，量化分析的数据都是在定性研究基础上收集的。他们没意识到，藐视定性研究，是把自己置于必败之地。一方面，他们必须自己做定性分析，所以没有理由看不起定性方法；另一方面，如果他们不做，使用他人的成果，而他们依据的定性研究不高明，那么，根据不高明的研究收集数据，然后分析数据，无论分析的人技术如何高明，命运都是"出师未捷身先死"。更讽刺的是，他们死得不明白，因为他们死于被他们藐视的人的失误和不足。

除了"垃圾进，垃圾出"这个风险，定量分析还有个短板，就是容易显得肤浅。在科学研究中，实验确认原因与结果一一对应是个一环套一环的过程。学者不断设计和操作新实验，寻找一一对应关系背后的机制，即一环扣一环的反应链条，这个探索机制的研究过程更复杂，更精细，也是通过实验进行。我看过方舟子一篇文章，介绍一种癌症的发病机制，抄在这里："滤泡性淋巴瘤的发生是因为14号和18号染色体之间发生了易位，导致bcl-2基因过度表达，大量生产bcl-2蛋白质。bcl-2蛋白质的功能是防止细胞凋亡，它的过量生产导致细胞无法凋亡，成为不死的细胞，也就是癌细胞。治疗滤泡性淋巴瘤的一线药是利妥昔单抗，这是一种抗CD20的单克隆抗体。CD20是B细胞表面的一种蛋白质，利妥昔单抗与它结合，一种叫自然杀伤细胞的免疫细胞就会把这种B细胞当成外来细胞消灭，癌变的B细胞也跟着被杀死。所以它只能用来控制,不能治愈癌症。让染色体复位不可能,以后用基因疗法让基因表达正常倒是有可能"(方舟子的搜狐微博)。

方舟子这段话是陈述因果关系的好样品,可以提醒我们,声称社会科学是"科学",炫耀量化分析如何优越,很狂妄,也很浅薄。统计分析仅仅是实验的代用品,只能帮我们在确立一一对应上获得比较大的把握或信心。机制分析,是更重要的环节,但也是社会科学的量化研究经常忽略的环节。一些学者忽略这个环节,可能是因为不知道它重要,也可能是知道它重要但无能为力,只好选择忽略,满足于发现"显著"相关,闭口不谈因果机制。可见,采用量化方法做社会科学研究,有99个理由谦虚谨慎,只有1个理由感到自信。那就是,定性研究做不到随机化,量化研究可以做到随机化。随机化的重要功能是有助于消除研究材料中的噪音。

除了肤浅,量化研究也容易显得干瘪无味。现实丰富多彩,定性研究是简化现实,往往把有血有肉的活人变成干巴巴的人;量化研究往往更进一步,从简化走向过分简化,把干巴巴的人变成骨架。这是认识规律,深刻认识动物的前提是解剖。量化研究容易显得干瘪,不是量化研究本身有问题,但是一个不容否认的事实。例如,定性研究看到的是一个个真实的个体,然而定量研究看到的是一个个数字。做定性分析的时候,男女有别是常识。一个男生去访谈一个女生是一种情况,一个男生去访谈一个男生又是一种情况。但是,在做定量分析的时候,男女有别就变得非常简单了:男性是一个数,女性是另一个数。每个研究对象一旦进入了数据库,就变成了一个个的数,就失去了其独特性,就没有了英文讲的那个

uniqueness。定性研究看到的是一个个真实的个体，但我们关心的是个体的属性。定量研究看到的是一个个数字，但我们关心的也是个体的属性。一个人一旦进入了数据库，就变成了一串数，其中每个数标志出他（她）的一个属性。作为整体，个人是独一无二的，不能量化。但个人有很多属性，属性可以量化。个案研究的对象是独特的东西，但目的是找到有代表性的属性。定量分析建立在定性研究的基础上，一开始就关心属性，不强调个性、独特性，而是强调共性、普遍性。我们观察到的都是可以量化的东西，独一无二的东西是不能量化的。只要能够量化，一定不是独特的东西。这也是定性分析跟定量分析的一个非常重要的区别，定量分析不强调个性、独特性，而是强调共性、普遍性。

定性研究与定量研究各有所长，也各有所短。量化研究的长处显而易见：精确、普遍和可重复。定性研究论文，内容往往很丰富，这是个优点，但同时也可能成为缺点，就是缺乏点睛之笔，或英文所谓的"take home point"（值得记住的要点）。一个学者讲述了一个精彩的案例研究，如果同行学者问：这是什么东西的案例（yes, it's an interesting case, but a case of what?）。这位学者的研究可能扎根很深，但是，如果他还沉浸在获得丰富地方知识的喜悦中，还满足于不分轻重地深描所见所闻的一切，还自负地认为他看到的一切必定都是新的，他写的一切必然都是原创的，还没有开始从量化思考他研究的现象，就很可能被问住，尴尬地答不上来。相反，如果已经开始计量思维，就很容易回答这类貌似刁钻的问题。一个案例，至少是一个相干的因变项的案例，也是一个自变项与一个因变项关系的案例,还是多个自变项与一个因变项关系的案例。幸运的话,这个案例还可能是一个新发现的物种的案例。例如,第一个鉴定熊猫为一个物种的学者,可以很自豪地告诉你,这是熊猫的案例,这是熊猫,不是熊,也不是猫。在这里,因变项是物种。物种是变项:纵向看,物种是演化的;横向看,物种五花八门。

总而言之,探索因果关系的认识过程,很像哲学家笔下的"螺旋式上升",定性研究与定量研究像沿着多层停车场盘旋道上升的两个向度,定性研究决定方向,定量研究提供攀升的动力。这两种研究,也像接力棒,近年来越来越显赫的混合研究方法,无非就是强调不断换棒,不断让生力军接棒。社会科学中的定性研究(我把以思想实验为主要工具的理论研究算作广义的定性研究),沿着实质相干和理论相关两条路,一面寻找并鉴别值得解释的事件或属性(果),一面寻找可能有解释力的事件或属性(因)。定性研究,使命是产生研究兴趣、形成研究疑难、提出研究假设,最需要异想天开,最接纳胡思乱想,最富有创造性,最难清楚言说。但是,学者不能停留在这个阶段,否则就可能落入自掘的异想天开的陷阱,坐井观天,自弹自唱,自娱自乐,直至产生幻觉,相信天地真的只有这么大,自己天目已开,已经洞察宇宙真理。要打破这种自我迷信,超越胡思乱想,做定量研究,尽管并非"不二法门",毕竟是一条久经考验的科学道路。作为一种研究方法的统计,是帮我们去猜这个世界是怎么回事。也就是说,我们很想了解这个世界到底是怎么回事,但又没有办法直接搞清楚,所以只能去猜,用学术术语来说,只能去推测(infer)。统计分析实际上就是一个桥,让我们从可以知道的东西去猜测、去推测不可知道的东西。统计由此及彼，其实是据此猜彼。猜有三种，一是乱猜（guess），人人会，天天做，不必举例；二是天才火花迸发的神猜（conjecture），如数学里的哥德巴赫猜想；三是有凭据有理论的估猜（guestimate，即 guess 与 estimate 的连体）。

归根结蒂，统计分析是有根有据的猜测。猜测分两类，高明的算命先生猜测，一靠博闻强记、察言观色（目盲的辩声），二靠自己信以为真的理论，例如，梅花易数。统计分析也是猜测，一是根据概率论，二是已经到手的微型样本，猜测很大的、永远不可确知的总体。统计是一种思维方式。这种思维方式有两个组成部分，一是承认研究结果的不确定性，二是尽量提高研究结果的可信度。前一部分比较诚实，承认研究就是猜测，名为 estimate，实为 guestimate；后一部分比较虚伪，讨论起显著度来，煞有介事，仿佛显著的相关个个是宝。

重要的事说三遍，再总结一次。量化研究过程，首先把奇思异想变成"有根有据的猜测"（educated guess），把貌似深奥抽象的概念操作化，也就是在看不见摸不着的柏拉图笔下的"理念"与可以耳闻目睹的感觉材料之间架起索道，设计切实可靠的测量指标，测量、记录我们实质相干、理论相关的属性如何因人而异，利用统计学家千锤百炼的分析工具，检验变项之间是否有一一对应的相关关系，是否在"控制其他变项"的前提下有一一对应的关系。重复一句，要发现因果关系，首先要找到一一对应的关系。确立两个变项一一对应，实验方法最有效。统计分析只是实验的代用品，目的也是寻找一一对应，但方法不是靠在实验室内排除干扰因素的影响，是努力通过精密的分析，在表面混沌散乱的数据库中找到其变化一一对应的变项。归根结蒂，定性研究方法与定量研究方法都是认识世界的工具，它们之间没有任何矛盾纷争。所谓的方法论之争，只是碰巧比较擅长一种方法、不幸不大会用另一种方法的学者之间的意气之争。任何方法，善用者灵通，滥用者怠滞。定性方法，死亡陷阱是使用者狂妄自大；定量方法，死亡陷阱也是使用者狂妄自大。学术研究，正如人生的其他领域，变通是生路，固执是歧途。人固有一死，研究也难免走上绝路，但是，放平心态，理智清醒，耳目聪敏，即使不幸走上绝路，至少可以死个明白。

第二章
数 据

对蒙昧未开的幼儿、未经世事的少年来说，好奇无疑是把双刃剑，既驱动他们探险求知，也可能让他们遭遇危险。然而，一旦常识已有根基，阅历足以自保，好奇心就成了人生最稀缺、最宝贵的资源。对成年人而言，英语的"好奇害死猫"（curiosity kills the cat）只是句俏皮话，造成伤害的，十有八九是貌似好奇的贪、嗔、痴，甚至愚昧，不是"老顽童"的纯真好奇。天资相同（用统计行话说：控制住天资！），好奇心的有无、多寡、强弱、长短，是切实可靠的指标，标示精神力量的大小，正是这力量，驱动人的智力成就在正态分布线上滑动（详见第三章）。

听人讲到"数据库"，在电脑屏幕看到数据库，在计量实验室看到电话簿一般厚的"编码本"（codebook），平平的好奇心也会刺激出一系列疑问。当然，有疑问是一回事，能否克服虚荣，出口发问，另当别论；忍不住发问，能否得到可以听懂的回答，更须另当别论。我比较虚荣，当然也许只是内向，很少问人，但常常问自己。下列问题，都曾令我大惑不解：什么是数据？"数"和"据"放在一起是什么意思？data 不是材料、素材吗，怎么变成数据了？data 是复数，为什么不用单数 datum？单数的 datum 是什么？罗素的逻辑经验主义有个关键术语，sense data（感觉材料），能不能译成"感觉数据"？什么是数据库？数据库的"库"是超市仓库的"库"、图书馆书库的"库"，还是堆放矿石的露天仓库的"库"，或者干脆是"矿"而非"库"？电脑屏幕上的数据库，纵横交错的单元格里密密麻麻都是数字，怎样才能看懂它（how to make sense of it）？

第一节　SPSS 及其雇员数据

方法论讲起来很热闹，听起来很好玩，但是如果不实际应用，就只是看热闹，学不会。很多研究方法，就像数学，一听就懂，一做题就错。学游泳，不管教练多么高明，只听讲，不下水，永远学不会；学做菜，不管师傅多么高明，只听师傅讲，自己不下厨，不实践，永远学不会。学统计分析，像学游泳，也像学做菜。关于统计分析的视频课不少，但只相当于电视上的厨艺节目；书店里系统的统计教材很多，但也只像琳琅满目的菜谱。要学做菜，得亲自下厨，真刀实料，做好了，自己先品尝。这一章介绍的，一是 SPSS 统计软件，是装备齐全的厨艺工作坊，锅灶俱备，炊具齐全，菜谱（recipe）完备；二是 SPSS 自带的一个数据，相当于食材。

一、SPSS 是什么？

SPSS 是缩写，全称是 Statistical Package for the Social Sciences，即"为社会科学量身定做的统计软件包"。在流行的统计软件里，它最早采用 Windows 界面,易学好用。当然,因为容易学,常被以专家自居的人认为是业余水平的工具。对此,我不介意,业余水平也是很高的水平,票友的水平,未必比专业差。我讲课,一直用 SPSS。除了图省事,也有理论根据:无论学什么,除非是超天才,像莫扎特那样出手不凡,否则总是先业余,后专业。一开始就以"专业人士"自居,摆出"专家"姿态,是自套枷锁,自讨苦吃。当然,开会或者写论文,不妨声称自己使用 Stata,甚至 R。统计软件,越难学的越灵活,越好学的越死板。专家用户喜欢 Stata,因为用户可以自己写程序,还可以变相卖程序。有的老师喜欢用很专业的软件教初等统计分析,我对此有保留。我看过一个中央电视台的书法节目,有个书法家用《九成宫醴泉铭》讲欧体楷书,开篇就讲一个"青"字写得不规范,很怪诞,显然是玩深沉。

SPSS 的中文教程很多,都能用,但都不简明,让人头大。SPSS 的英文用户手册更吓人,十来个软件包,每个软件包一本手册,每本编写得像百科全书,面面俱到,包罗万象,像原始森林,漫无目标地探索,很容易迷路。这一章提供一张 SPSS 主要功能的极简图。自学统计分析,务必以实用为导向,需要什么,就学什么;不妨采取实用主义态度,"急用先学,立竿见影",其他一概忽略不计。学研究方法,实用主义是不二法门。微软的 WORD,超过 90% 的功能,是我们平常不用的。用文艺点儿的话说,对待任何方法,都得认真兑现宝玉对林妹妹的承诺:"任凭弱水三千,我只取一瓢饮。"

SPSS 是完整的统计软件,录入数据、转换数据、分析数据、制作图表，各种功能应有尽有，包打天下。SPSS 的菜单跟微软的 WORD 非常接近，最左边的选项是"文件"（file），"文件"下第一个选项是"新建"（new），第二个是"打开"（open），打开下面有四个子选项：第一个是"数据"（data），第二个是"句法"（syntax），即指令，第三个是"输出"（output），就是分析结果，第四个是"脚本"（script）。毫不奇怪，这里有个术语障碍。搞专业的人喜欢给非专业的俗人（layman）立障碍、设绊子，好像生怕别人掌握自己的专业知识。syntax 在英文里指句法，这里指"命令"或"指示"（Stata 把指令命名为 do file，即操作文件，比较好懂）。至于 script 指什么，我现在也不清楚，从来没用过。结论：专家求严谨，创造"黑话"，我们只求会用，要把术语转换成日常语言，把"黑话"变成"白话"。

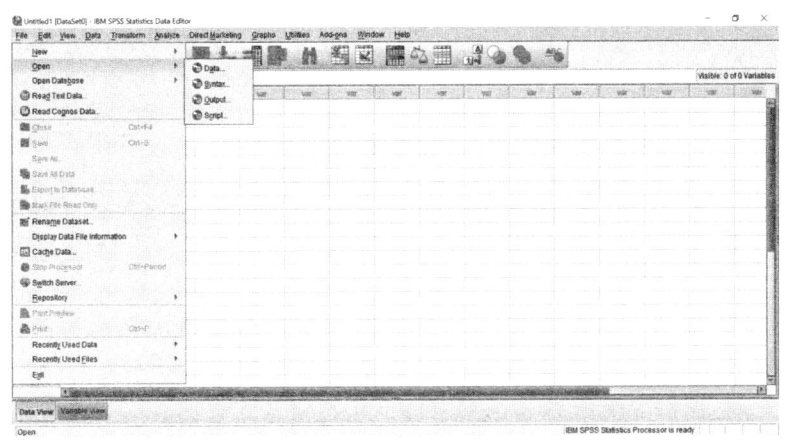

第一，新建数据文件，就是录入数据（data entry），说得堂皇些，就是构建新的数据库。选择"data"。先输入变项信息，例如，受访人编号：ID。变项信息包括"名称"（name）、"类型"（type）、"标签"（label）、"值"（values）、"缺失值"（missing）、"测量"（measure）等信息。温馨提示：构建新数据库，要耐心细致地把这些后台信息准确完整地输入，不能马虎，否则做数据分析时很容易出问题，会浪费很多时间。这些信息里最重要的是变项名称，要简明易记。转换数据时，尤其要及时把全部后台信息准确输入，不要拖延，一拖就忘，忘了再回忆，事倍功半。这一点，说起来容易，做起来难。原因之一是，一般来说，转换数据时，我们已经在做分析，很容易赶进度，生怕把时间花在貌似不重要的事情上。总而言之，做计量分析千头万绪，千万不要过分相信自己的记忆力。

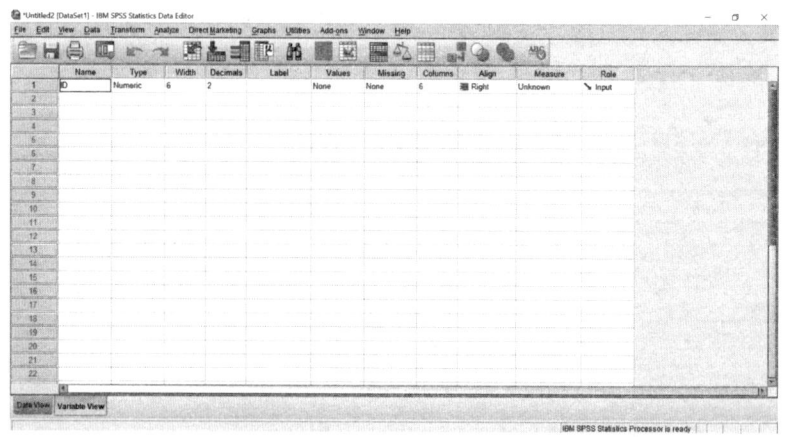

把全部变项信息输入完以后，开始根据问卷调查结果和编码本，逐一输入收集的信息。例如，第 1 号受访人：编号是"1"，但是在屏幕上显示的是"1.00"，看起来有点怪，这是因为 SPSS 有个默认设置，所有的数字都精确到小数点后的两位。

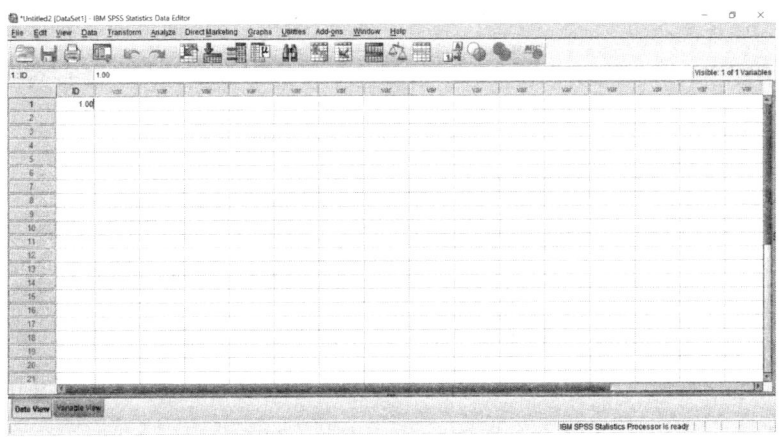

如果追求完美的视觉效果，可以在变项视图修改小数点的位数。

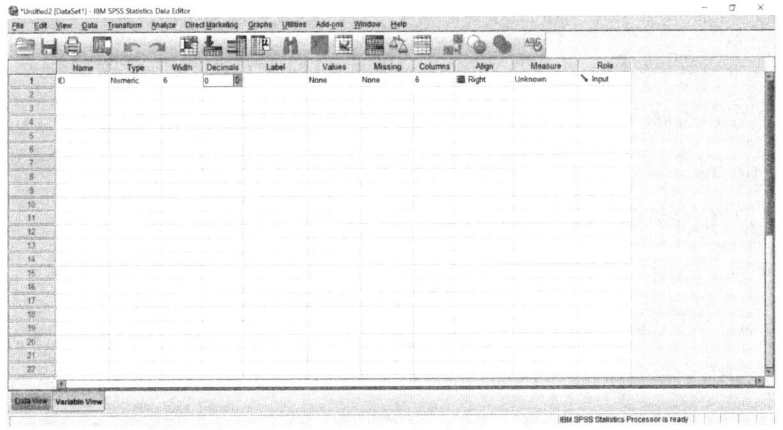

数据录入很容易出错，所以需要清洗数据（data cleaning）。检查数据是否干净，最简便的办法就是看看频次表（frequencies），看

有没有异常值。发现异常，就得查找原始问卷核对。大型调查，往往找很多人分别录入数据，最后"合并文件"（merge files）时需要格外小心。我有次帮朋友分析数据，觉得结果很怪诞，怀疑是数据合并时出了错，复核了一下，果然有错。

第二，转换数据（data transformation），包括重新编码、取对数、算平方。如果把数据分析比作做菜，那么转换数据相当于切菜。切法很多，每个切法都有菜单。最常用的是"重新编码"（recoding）。例如，设计问卷时，为了避免"引导"应答人，问："你对这个事情是很满意、满意、不满意，还是很不满意"。为了减少数据录入出错的概率，把四个答案依次编号为，1、2、3、4。但是，分析数据时，我们关心的是满意度，按照我们习惯的思维方式，关心满意度，那么最大数字就标记最满意。这时，可以重新编码，把原来的编码颠倒过来，把1、2、3、4，分别改为4、3、2、1。信息没有变，处理的时候不容易把自己绕进去。两个温馨提示：一是保留原来的数据，尽量不要使用"重新编码为相同变项"（recode into same variables），因为这个功能会覆盖原始数据。原始数据务必单独保存，即使覆盖了也不是世界末日，不过，还是尽量避免麻烦，使用"重新编码为不同变项"（recode into different variables）；二是及时更新变项标签等后台信息。计算新变项（compute variable）也常用，例如，数据中有年龄这个变项，为了检验年龄与某个因变项是否曲线相关，要把年龄与年龄的平方作为自变项同时纳入回归模型，这时候用"计算"来生成一个新的变项。举个具体例子，人从小到老，从零岁到一百二十岁，需要的关照量跟年龄是U形曲线相关：很小时，需要很多照顾；在一个转折点前，年龄越大，需要的照顾越少；但是，过了某个转折点，年龄越大，需要的照顾越多。构建简单相加量表（simple summation index）时，也需要用"计算新变项"这个功能。

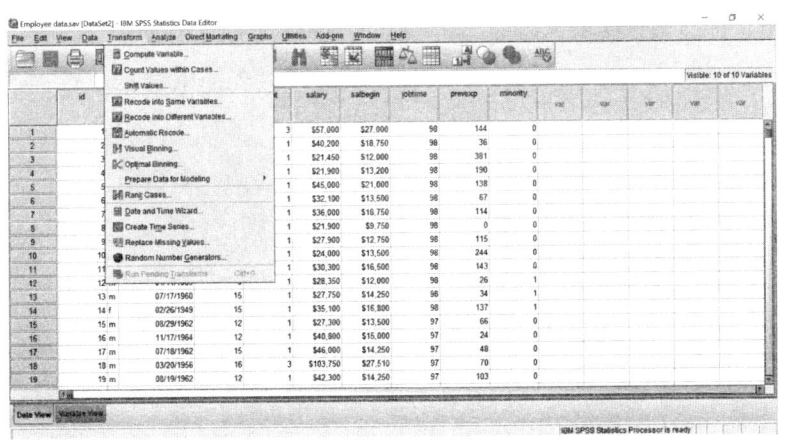

第三，制图（graphs）。制图菜单的第一个选项是"图构建程序"（chart builder）。还有一个是"遗产对话"（legacy dialogs），就是较早版本的制图菜单。新版本的菜单功能强大，自然就比较啰嗦。SPSS 比较体谅年龄大、不愿意学新东西的老用户，比如本人，把这些画图命令保留下来了。这是聪明的营销策略，比微软高明。微软的 WORD，每次"升级"，对于老用户都是一次不大不小的灾难，很多常用的功能忽然找不到了，被转移到莫名其妙的地方。新增的很多功能，默认设置往往毫无道理，对用户是不折不扣的骚扰。当然，SPSS 的工程师把较早版本的制图程序称为"遗产"（legacy），大概也不无调侃之意。

最后，分析（analyze）。分析菜单像菜谱或食谱（recipe）。菜谱不是菜单。菜单是点菜用的，菜谱是做菜指南，比如，做红烧肉有若干步骤，把这些步骤详细写明，就是一份菜谱。量化研究中常用的菜谱是"描述统计"（descriptive statistics）。在"描述统计"中，常用的功能是"频次"（frequencies）、"描述"（descriptives）和"交叉表"（crosstabs）。量化研究应用最多的菜谱是"推理统计"（inferential statistics），其中最常用的是"回归"（regression）。把 regression 这个词译成"回归"不是十分妥当，第四章有专门讨论。我会介绍两种回归方法，一是"最小二乘回归"，二是"对数回归"。此外，我还会简单介绍一下降维（dimension reduction）中的因子分析（factor analysis）和量表（scale）。

二、雇员数据简介

已经建好的数据文件，有两个视图。SPSS 有个自带的雇员数据（Employee Data），很简单，很好玩，本书主要以它作例子。雇员数据在下图所示子目录中可以找到。

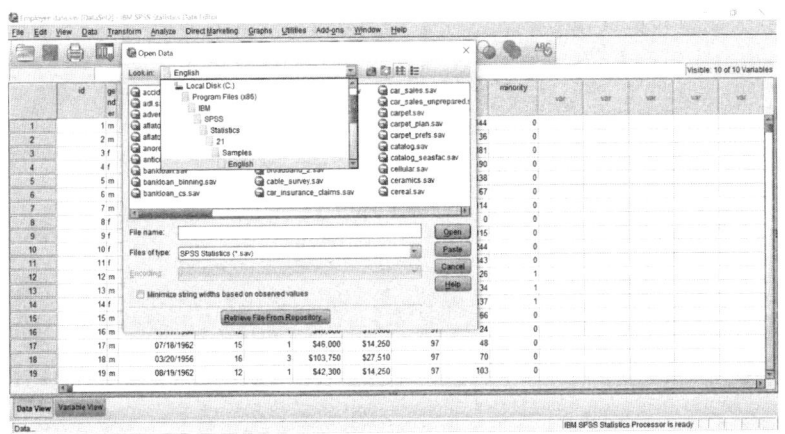

数据库分前台与后台。数据视图（data view）相当于前台，SPSS 程序读的是这些数字，计算机只懂得数字。从左往右看，每一行记录一个案例，一个个体，SPSS 称之为观察。从上往下看，每一列记录一个变项（variable）。下图显示的是雇员数据。

变项视图（variable view）相当于后台信息，告诉我们数据库的数字到底是什么意思，是学者的备忘录。

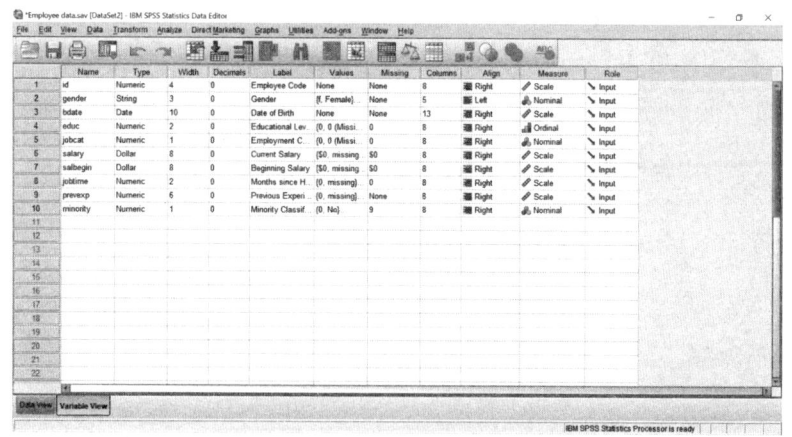

第二节 雇员数据详解

后面几章主要使用雇员数据，在此对它做点详细介绍。

一、样本量与变项量

重复一句，看数据库的数据视图，要注意从左往右是一行（row），每一行记录一个个体的若干属性，第一行记录是第一号人，第二行记录是第二号人。雇员数据共 474 行，记录了 474 个员工的若干属性。样本量 474（N = 474）。雇员数据是样本，言外之意，这个企业肯定不是只有这 474 人，我们可以设想这是个很大的企业，员工上万甚至十万，这 474 人只是个概率样本。

同时，看数据库的数据视图，要注意每一列是一个变项。雇员数据一共 10 列，是雇员的 10 个侧面。现在看看我加工过的数据，先看数据视图，10 个原有变项排在前面。

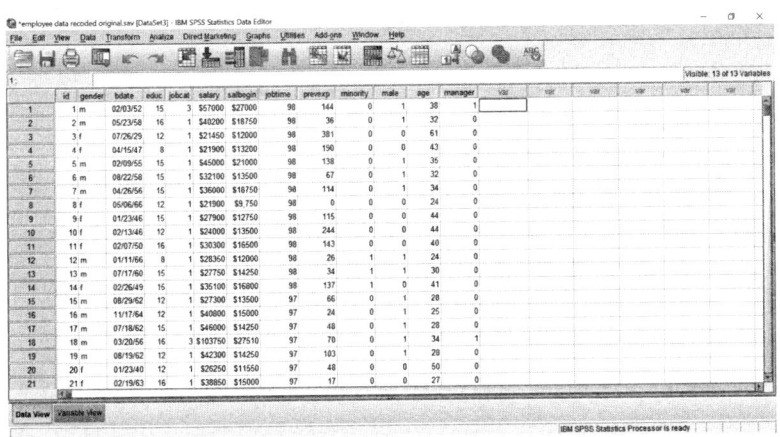

下图是变项视图，每一行展示一个变项的具体信息。

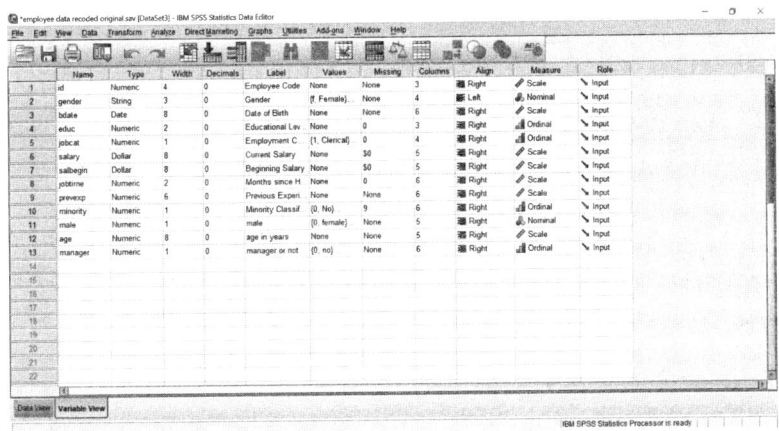

第 1 行，变项名，ID，变项标签，employee code，雇员编码。这个编码是抽样时随机指定的，没有实质意义，但必不可少，一是录入问卷发生错误时可以根据这个编码纠错，二是可以用来构建多层数据。

第 2 行，变项名，gender，变项标签，gender，性别。男性标记为 M，女性标记为 F。

第 3 行，变项名，bdate，变项标签，date of birth，生日，采用美国的特有记录法：月/日/年。IBM 系统以前要求文件名不超过 8 个字节，所以变项名称必须简略。现在的 SPSS 已经没有这个限制，但我们还是习惯于尽量缩短变项的名称。

第 4 行，变项名，educ，变项标签，educational level（years），教育程度（以年为测量单位）。测量单位是年，所以，教育程度变化一个单位，就是增加一年或减少一年。

第 5 行，变项名，jobcat，变项标签，job category，工作类型或工作岗位。这个变项有三个取值，"1"指普通职员（clerical），"2"指保管或保安（custodial），"3"指经理（manager）。这里的 1、2、3 表面看起来是数字，我们也可以认为 3 大于 2，2 大于 1，但不能认为 3 跟 2 之间的距离和 2 跟 1 之间的距离相等。保管或保安的平均工资比普通职员高一些。用"分析"下拉菜单的"描述统计"里的"探索"看一下这三类岗位的频次分布和平均年薪水平，就会知道这 474 个人里面，普通职员有 363 人，平均年薪是 27838 美元，保管员有 27 人，平均年薪是 30938 美元，经理有 84 人，平均年薪是 63977 美元。我们可以设想这个公司是超市，普通员工可能就是管收钱的，保管或保安的责任大一些。

第6行，变项名，salary，变项标签，current salary，现时年薪。测量层级是定比，测量单位是美元/年，也就是说，年薪变化一个单位，就是每年增加一美元或减少一美元。

第7行，变项名，salbegin，变项标签，beginning salary，起始年薪。

第8行，变项名，jobtime，变项标签，months since hire，在本公司的工作月数。

第9行，变项名，prevexp，变项标签，previous experience (months)，来这家公司工作以前的工作时间（以月为测量单位）。

第10行，变项名，minority，变项标签，minority classification，是否少数族裔。1=是；0=否。1是少数族裔，在美国指有色人种，包括非裔、拉丁裔、亚裔；0是非少数族裔，就是欧裔（Causasian，直译是"高加索裔"），白人。

把行与列一起读，就读出了数据库的一条条信息。例如，第一行的信息如下：第一号雇员，男，生于1952年2月3日，上过15年学，经理，年薪57000美元，在公司工作了98个月，到这家公司以前有144个月的工作经历，非少数族裔（白人）。这条长信息，由九个数据或信息点组成。每条信息的句法相同：主语（第一号雇员），系动词（是），宾语（行与列交叉格的信息）。例如，第一条：第一号雇员是男性；第二条：第一号雇员的生日是1952年2月3日。每一行构成一个观察，即个案或案例。

我对原始雇员数据做了点加工，转换了三个变项，依次解释如下。

第11行，变项名，male，变项标签，male（男性）。这个变项是对原始变项 gender 的重新编码，把变项名 gender 改为 male（男性），男性＝1，女性＝0。温馨提示：为性别变项命名，可以把自己重点关注的性别标记为1，作为参照的性别标记为0，这样容易记住变项的内容。比如，如果关心的是性别由"女"变为"男"对于年薪的影响，就是以女性的状况为参照，以男性的状况为观察点，就应该把变项定义为"男性"，看到"1"，就知道是"男性"。如果自变项"男性"与因变项"年薪"的回归系数是正数，例如1000，意思就是"当性别从女性变为男性时年薪会增加1000美元"。当然，这里的"变"是因人而异之变，不过我们感兴趣的是可能世界中一个个体"日新月异"之变。所以，这个回归系数的意思是：相对于女雇员而言，男雇员的年薪高1000美元。

第12行，变项名，age，变项标签，age（年龄）。原数据的生日，无法直接分析。我假定调查是1990年1月1日做的，计算出年龄。SPSS 的"转换数据"（Transform）菜单，有转换日期为年龄的选项。

第13行，变项名，manager，变项标签，manager（经理）。我把 jobcat 这个变项转换成了 manager，经理＝1，非经理＝0，做法是把原始数据里的"1"和"2"重新编码为"0"，"3"重新编码为"1"，使用"recode into different variables"。我做重新编码，是因为普通职员和保管员的年薪差不多，从收入角度看，二者是一类，即"非管理人员"或"非经理"。这个编码例子，也证明做量化收集信息时越细越好，当然，是在一定的限度内。

二、 实质上相干的变项

雇员数据收集了雇员九方面的信息。为什么是这九个？为什么没有收集其他信息？一定是根据定性研究。比如，定性研究发现：人生在世，无论男女，无论肤色，必须有生活资源，为了获得资源，必须工作，为了找工作，必须接受教育。对这个现象进行分析，我们就确定了人类社会生活的一些基本属性，比如，性别，教育，分工（工作类别），年薪，种族。需要提醒一句，这些属性的鉴别与界定，貌似常识，但追根溯源，都依靠定性研究。

我们观察一个公司的雇员，注意到我们感兴趣的三个现象。第一，有人年薪高，有人年薪低；我们对此有兴趣，因为人人都愿意拿高年薪，换言之，年薪高低并非自主选择，也不是全凭运气（随机），有系统原因。

第二，同是雇员，有人是经理，有人不是经理。

第三，同是雇员，有人教育程度高，有人教育程度低。

从社会科学角度看，雇员数据中有三个变项是实质相干的变项，可以作为定量研究的因变项。

第一，年薪。钱很重要，"钱不是万能的，没有钱是万万不能的"。这就是实质相干。我们观察到年薪因人而异，有兴趣了解造成差异的原因，猜测是因为教育程度不同，进而猜测教育程度与年薪的关系是水涨船高，正相关。

第二，是否经理。权是经理岗位，经理有权，有权者有钱。

第三，教育程度。教育学家的研究可以以公民的教育程度为因变项。

三、理论上相关的变项

选定了实质相干的因变项,下一步是根据现有理论和研究兴趣选自变项。从社会科学角度看,以年薪为因变项,至少有四个理论上相关的变项可以作自变项。

第一,性别。研究假设是,男性比女性年薪高。男女同工同酬(pay equity)在很多国家仍然只是个理想。对男女平权有兴趣,可以分析性别对年薪的影响。

第二,教育程度。研究假设是,教育程度越高,年薪越高。事实是否与理论相符,需要验证。有人可能觉得这个假设不是假设,学历高工资高是理所当然,其实不一定。1990年代,我国就出现过所谓"脑体倒挂"现象,形象的描述是"搞导弹的不如卖茶叶蛋的","博士最傻,教授最穷"。

第三,是否经理。经理工资高,可以算是天经地义。

第四,族裔。研究假设是,是否少数族裔对年薪有影响。在美国,白人是多数,亚裔、拉丁裔、非裔这些是少数族裔。少数族裔与白人相比,年薪是相同、较高、还是较低?这个问题值得研究。

四、这是什么东西的案例?

做定性分析的人,经常遇到一个挑战。开会报告论文,讲了一个案例,听众常问,你这个案例是什么东西的案例。如果没有准备,往往答不上来。原因是,我们有时太醉心于自己的故事,觉得故事的每个方面都重要,结果就分不清轻重。分不清轻重,就不知道我们讲这个故事到底想说明什么。比如,雇员数据中有474个雇员的信息。如果专门研究其中一个雇员，那就是做了一个个案研究。我们如果做个案调查，细致了解了他很多方面的情况，会远远超过数据里的九个侧面，例如，身高、体重、婚姻状况、子女状况、父母状况、成长经历、兴趣爱好。如果有人问，这个个案是什么东西的个案？我们就可能卡壳。要顺畅回答这个司空见惯然而又有三分挑衅的问题，采用定量思维分析方式很有用。定量分析，至少需要一个因变项，一个自变项。只要有一个因变项，一个自变项，就有了一个研究假设，也就有了一个好答案。换言之，每个研究假设，都是对于这个问题的答案。比如，你关心年薪，年薪是因变项，你关心教育程度对年薪的影响，教育程度是自变项。你的案例就是雇员教育程度与年薪之间关系的案例。

上述讨论假定我们已经清楚一个分类，即"雇员"与"雇主"。这个分类，也是定性分析的结果，不能视为当然。在这个语境下，我们遇到那个有点挑战性的问题，可以给出更多答案，例如，这个个案是雇员的个案；是雇员年薪的个案；是雇员教育程度与其年薪的关系的个案；是雇员的教育程度在控制了族裔与性别的影响后如何影响年薪的个案；是雇员是否任经理的个案；是雇员教育程度影响任经理的概率的个案；是雇员的教育程度在控制了性别、族裔、工作岗位的影响后如何影响任经理的概率的个案。回答得越细致，越具体，说明定性研究越深入，越有明确的目标。

回顾一下，我们会发现我们对雇员数据的看法已经发生了变化。一开始看雇员数据，看上去都是数字，越往后，我们在数字中看到的信息越多。康德说，认识世界，既需要感知，也需要概念。

变项、测量，都是概念。概念组成思维方式。学统计分析，就是通过掌握概念形成统计的思维方式。

第三节　数据与数据库

一、数据是信息

数据都是数字，然而，如第一章所述，在量化研究中，数字被当作形容词或名词使用，当符号用，标记不同测量层次的信息。数字变成数据的过程，就是量化。所以说，数据不是数字，是通过对我们感兴趣的某些个体的某些属性进行量化收集到的信息。每个数据都标记样本内一个个体的一个属性的具体情况，或者说，都记录一个个案在一个变项的具体状况，这个变项有若干可能的状况，但这个个体在社会调查进行的那个时间点（截面），被观察到处于一个特定的状况。"数"是符号，"据"是事实、是信息，以"数"标"据"，是为数据。换个说法。数据库中任意一行与任意一列的交汇点或交叉点是一个数据点，一个数据。数据点由两个向度界定，一个向度是个体，另一个向度是属性；换言之，数据是信息点，每个信息点由两片信息界定，一片信息回答：是样本中的哪个个体？另一片信息回答：是被量化的诸多属性中的哪个属性的哪个状况？数据点，一方面是关于某个个体的记录，另一方面是记录该个体的某个属性，记录某个个体在某个变项上的实际情况。再换个说法。读数据库，就是读一个个的数据，每个数据是关于某个具体的人的具体信息。数据是行和列的交叉点，行告诉我们是哪一个人，列告诉我们是哪一个属性，具体数字告诉我们属性的具体情况。总而言之，单个数据（信息点）的基本句法是：某某个体是如此这般（an individual is so-and-so）。

二、数据库是数据矿

数据集（dataset）由数字组成，每个数都携带着信息，这些数凑在一起，构成一个数据集。数据集，数据的集合，常被称为数据库（data bank）。在正常状态下，所有仓库，不管多大多复杂，都是人为摆放的，一切存品都有迹可循。例如，图书馆的书库，应该井井有条，藏书可以按图索骥，书籍与编号一一对应。然而，数据库、信息库的特点，与此恰好相反。信息虽然是人为收集的，但其结构自然形成。所以，要理解什么是数据库，最好把它叫做数据矿。数据集，表面是库，实质是矿；表面秩序井然，实质结构不明，有待挖掘探索，有待深入分析。

量化的成果是数据矿。矿，意味着数据的结构极其复杂。例如，关于中国的社会调查数据，上千行，成百列，纵横交错，数据点以十万计；每一列，即每个变项的全部情况，构成一条数据线。一般来说，如果被测量的属性在各个个体的分布是正常的、自然的，测量层级越高，数据线的形状越接近正态分布的钟形线（详见第三章）；两个变项分别形成的数据线可能（并非一定）构成一个数据面（详见第四章）；三个和三个以上的变项各自形成的数据线可能（并非一定）构成一个数据体（详见第五章）；数据体可以有很多面，很多层次。简单推理几步，就不难想象数据体的结构有多么复杂。

数据矿是人造的天然矿,矿山有什么,不挖不知道;不会挖,无收获,并非每人都能挖得有价值的矿石。数据挖掘(data mining)就是采矿,是数据分析的第一步。挖出了金矿,研究也只是万里长征迈出第一步,后续是处理、冶炼、提纯、设计、打造、包装,每个环节都需要相应的技术,尤其需要"动脑筋"。我在俄亥俄州立大学读博士时,教我统计的 Aage Clausen 教授有句口头禅:Use your head!(动动脑子!)分析数据,关键是发现数据的结构,一定要动脑筋。大型数据库像个大矿,可以用来做很多文章,关键是你能不能把这些结构性的东西"挖掘"出来。一个大矿,可以做几篇大文章,还可以做很多中小文章,关键就看能不能找到宏观、中观、微观结构。

三、 怎样读数据库?

我们再巩固一下读数据的要领。在电脑屏幕上看数据库的数据视图,有行有列,纵横交错,满目数字,密密麻麻,令人晕眩。先镇定一下,区分纵横,记住行记录个体,列记录属性(attribute)。温馨提示:请注意这里讲的是数据视图(data view),不是变项视图(variable view)。

每一行标记一个具有若干属性的个体,用术语说,个体就是案例或个案,是个观察或观测。数据库的行数,就是个体的总数,就是样本量。

每一列标记一个属性(变项)在各个个体身上的种种情况。重复一句,列中的每个数字,标记一个个体在某个属性(方面)的一种情况。同一列的数字,跨行时的情况,标记的是某个属性在不同的个体身上的具体表现。

一般来说,在原始数据库,有多少列,大概就有多少个变项。不过,即使是原始的数据库,列数与值得分析的变项数也不是一回事,因为还有些列记录的是抽样信息(各级抽样单位、应答人编号)、调研过程信息、权重。(顺便提一句,"权重"这个词很不好理解。它的英文是 weight,权重其实就是分量。抽样时,有两个县,A 县有 100 万人口,B 县有 10 万人口,如果在每个县都根据抽样程序抽了 400 个人,就需要加"权重",原因是 A 县的 400 个人和 B 县的 400 个人的分量不一样。一个是从 100 万人里面抽了 400 人,每人代表 2500 人,如果我们把代表力比作重量,样本中每个人的重量是 1/2500;另一个县,从 10 万人里面抽了 400 个,每人代表 250 人,每个人的重量是 1/250。分析时,要加重那些 100 万人里面抽出来的人的分量,让他们以一当十,每人的重量也变成 1/250,这就叫加权。)如果构建多层数据,抽样信息必不可少。经过"深加工"的数据库的列数,普遍多于原始数据库的列数,因为学者会"转换"原始数据,构建出新的变项。

读数据库,可以分三步。先快速浏览各列,仿佛阅兵先看各军兵种的方队。然后,注目一行,称其为"某人"。再后,从左往右逐一读列与行纵横交错形成的单元格,读时先说主语,"某人",然后说"是"(就是英语的 to be 的单数第三人称,is),再补足"如此这般",即描述语(description,有的语言哲学家把这个词译为"摹状词",离"怪译"只半步之遥)。"如此这般",指情况,情况是属性的一个具体状态，作为变项的属性永远具有两个或更多个可能的形态，具体状态由变项的操作定义和测量层级共同界定。例如，在一个数据库中，性别是属性，具体状态有两种，男性，女性；量化时采用"男性"为性别属性的变项标签，"1"标记男性，"0"标记女性；读数据库第一行，"某人"，第一列是"男性"，第一行与第一列的交叉格里是"1"；解读如下：某人，是，男性。从左往右依次读下去，可以不重复"某人"与"是"，只加上"并且是"。读的交叉格（数据点）越多，我们看到的"某人"的"面目"越清晰。比如，读虚构的阅兵数据，我们可以读出这样的句子：某人，男性，36岁，身高180厘米，体重75公斤，上过12年学，党员，少校军衔。这个结构，类似太史公"本纪"和"世家"的开篇结构，如："项籍者，下相人也，字羽。初起时，年二十四。"

设想一个供电脑绘制人物使用的数据库，我们可以读出这样的句子：第一号人物，秃顶，八字眉，深目，蓝眼，高鼻，阔嘴，缺一门齿，一寸髯，扇风耳。考考你自己：三分钟还原上述九个变项的名称和测量层级。

四、怎样拥有真正属于自己的数据库？

量化研究像炼金，没有矿，无米之炊；只有矿，空守金山。1997年，我开始重新学习统计分析，准备应用。夏天在加州大学圣地亚哥分校开会，墨宁（Melanie Manion）教授告诉我：没有属于自己的数据，不会真懂统计分析。那时，我以为她的意思是，学者必须自己做社会调查，收集数据。现在，我终于懂了她的话，很愿意模仿一句,把双重否定句改为肯定句:要学会统计分析,一定要有真正属于自己的数据库。拥有真正属于自己的数据库,有两个不同的意思,相应有两个不同的实现渠道。第一个意思是,拥有"完全自主知识产权",与此相应,获取这种数据的路径是,自己设计问卷,主持调研过程,自力更生,无中生有,进而后厂前店,自产自销。借香港优良的学术环境,我尝试过这个做法,有收获,不过困难重重,其中滋味,不足为外人道。

拥有真正属于自己的数据库,还有第二个意思,就是对数据库有"独到的理解",与此相应,获得这种数据的路径是巧用外源,"贪天之功,化为己有"。第二层意思更有普遍性,很多学者走这条路,只是需要提升到"自觉层次"。限于研究资源(智力、财力、人力、许可),绝大多数学者不可能凭一己之力做大规模调查。但是,我们可以善用其他学者慷慨分享的数据,关键词是"善用"。善用,首先是透彻理解这些数据,设身处地,重构问卷设计过程,体会那些学者到底想研究什么,有什么假设和猜想,为什么要问这些问题,为什么如此这般问。做到了这一点,从技术角度看,这个数据就变成了自己的。

不过,仅仅如此,还远远不够,下一步更重要。一般来说,学者收集数据,首先自用,其次共享。这个顺序天经地义,无可抱怨。所以,通过共享渠道获得的数据,必然是已经延后的,是别人已经分析过的。好在数据库是数据矿,仓库有可能被洗劫一空,矿山却永远不可能完全采空。仓库的劫余,也可能是最值钱的货物,不过发生概率很小。相比之下,余矿可能是最宝贵的钻石,发生概率较大。还有，主持大型社会调查的，往往是貌似紧密实则松散的研究团队。参与设计问卷的专家可能有十几个，甚至更多，他们往往只知道自己想要什么。每个学者贡献一份完整的问卷，或一个完整的问题组，但往往只被采纳一部分。所以，最后操作的问卷，貌似完整，实际上可能是一堆残肢断臂，无头无尾。这是普遍现象。调查规模越大，参加问卷设计的学者越多，最终获取的数据越庞杂。结果往往是，调查成功，但是连参与设计的专家也往往不知道数据库里有什么，也无法把数据库吃透。此外，有的时候，有些专家在分享数据时会保留一些关键变项。如此一来，可以免费下载的共享数据库，数千个案，数百变项，但有趣的变项不多，大杂烩，是矿，然而是复合矿，有多种矿石，然而看来像贫矿。

世间万物，优点缺点，归根结蒂取决于观点。明显残缺不全的庞大数据库的突出缺点，可能也是个奇特优点，就是剩余价值（二次利用价值）大。例如，如果设计问卷的学者照搬了西方学者设计的问题，指标问题实际测量的东西与学者设想的可能不同。但是，这些问题，中国人能听懂，"有意义"（make sense），如果这意义清晰一贯，那么这些问题就是可靠的测量指标；如果能分析出这些可靠指标测量的究竟是什么，就找到了它们"切实"测量的属性；乍看起来"可靠然而无效"（reliable but invalid）的数据，就获得了新生；二次利用，就成了真正的首次利用。有地位、有资源做昂贵社会调查的资深学者，也许并不总是清楚自己究竟要问什么；获得数据后，也并不清楚知道数据矿里究竟有什么。年轻学者和研究生，差钱，或者干脆没钱，很难获得自己的数据，但完全可以努力把别人的数据据为己有，把它变成真正属于自己的东西。所以，属于自己的数据库不一定是自己建的，但其中一定有自己的"附加值"。数据库是金矿，对矿洞了如指掌，就是附加值，能鉴别矿石、高效冶炼、巧妙提纯、精美设计、巧手打造、得体包装，都是附加值。单个数据点是散珠，把有趣的数据点以有趣的方式串起来，做成珍贵的珍珠链，也是附加值。当然，消化需要功夫，消化他人收集的数据，像拾麦穗，也像定性研究，需要设身处地，推己及人，也特别需要有耐心。年轻人不缺乏动力，但往往缺乏耐心，运气青睐有耐心的人。

总而言之，学习与应用统计方法，必须拥有真正属于自己的数据，也就是对数据库了如指掌。最理想的情况，当然是自己设计问卷、自己主持调查。但是，最理想的，永远离现实最远。在现实中，通常是退而求其次。好在只要有追求，退就是进。分析共享数据，从聊胜于无，到远胜于无，直至发现他山之石。真正属于自己的数据，并非必须自己收集；自己辛苦收集的数据，未必真正属于自己：这是定量研究的辩证法。数据的所有权，并非必然属于收集者，甚至往往不属于收集者：这是定量研究的优越性，是定性研究通常不具备的优点。谁吃透一个数据库，谁就是它真正的主人；吃透一部分，就是部分主人。只要用心，就可以通过分析共享的数据做出优秀的研究成果，成就甚至可以超过收集并慷慨分享资料的资深学者。

第三章
单变项分析：由点到线

学术界有个并不罕见的现象，就是有些学者特别热衷收集数据，然而并不投入同样的热情分析数据。这种冷热失调，表现在很多方面。例如，热衷买书而懒于读书，下载论文却不爱细读文献，投身做实地调查（就是很多人不假思索说的"田野"）但疏于彻底消化观察与体验，喜欢起草文章然而厌倦反复修改直至完成。说这种现象不罕见，不是针对他人，我自己就是这个"有些"中的一员，为了自保，也得说不罕见。这个现象背后的缘由（用统计的行话说：系统的、非随机的、可能是原因的要素），不用细致琢磨，也能猜出，甚至感同身受。避难就易，正如趋利避害，实乃人之天性。用心细想，还能看到深层的原因。一方面，我们面临种种压力，外有考核，内有抱负。另一方面，我们的才能、精力、时间永远不足以匹配我们的目标、计划、任务，我们的账本永远是"祖国山河一片红"。眼高手低，不仅仅是心理的自然落差，更是生理的自然状态。我们可以把手抬得比眼高，但那不是自然状态，要付出努力。压力内外交困，永远力有不逮，身处这种矛盾中，难免着急，难免焦虑。既然难免，那就不奢望避免，不过还是要设法管理，毕竟谁也无法长期生活在焦虑中。于是，我们自觉不自觉地发明种种妙法，安抚自己，暗示自己做得还不错，还算成功，甚至还很成功。妙法之一，就是做比较轻松然而又堂而皇之的事。无论怎么说，"调查""田野"都"高大上"，起草论文，不仅带来发表的希望，还最容易产生成就感：万事开头难嘛。这些比较轻松的正经事制造的成就感，虽然只有"替代价值"，效果类似"代糖"，然而会让我们陶醉。结果是，一不留神，略一放松，就会疏忽或看轻更重要却不那么轻松愉快的工作，即反复分析数据，反复琢磨实地所见所闻，反复修改辛辛苦苦写成的文字。

第一章与第二章，各自讨论了一串问题，合并起来回答了一个问题：数据是什么？这两章的内容，绕一些弯子，不过总的来说是一马平川。第三章至第六章，联合起来讨论一个问题：怎样分析数据？与前两章比，这四章的内容，不仅弯子数量剧增，而且平路不再，处处沟沟坎坎。幸好有统计软件代劳，我们不必记公式，做计算，分析数据算不上严格意义上的攻坚。不过，分析数据很像整理一团乱麻，头绪多；很像漫游山林，歧路多，悬崖多。分析过程也很像下棋，一着不慎，全盘皆输。虽然我们可以无限次悔棋，从头再来，但输棋毕竟令人沮丧。苏东坡有句名言："胜固可喜，败亦欣然。"听起来达观之至。不过，棋圣聂卫平有妙评：其一，苏大学士下棋，一定是胜少负多；其二，由他的胜负观，可以判断他的棋艺不可能精进。数据分析关乎我们的学问，学问关乎利益，我们对它不能采取苏东坡的名士态度。好在我们也不必以聂卫平为榜样。当然了，前面说过，说"不必"，只是婉辞，其实是"非不为也，是不能也"。

第一节　从个别到一般

数据分析五花八门,但万变不离其宗。宗,就是变项之变。理解一种数据分析的关键与捷径,是想通一个问题:在这里,变项之"变"是什么意思?毛泽东主席晚年有句名言:"路线是个纲,纲举目张。""文革"过去40年了,我斗胆套用"最高指示",将其篡改为:变项之"变"是个纲,纲举目张。下面我们试试,看伟大领袖的教导灵验不灵验。

一、从个体属性到样本统计值

第二章提到了一个虚构的个案研究,是从多方面了解一位雇员的情况。研究一个人,可以写文章,写书,前提是那个人必须十分重要,比如乔布斯。研究乔布斯,没有人敢问:这是个别情况,整体情况如何?代表性如何?普遍性如何?为什么研究他,不研究别人?

但是,一般来说,单个研究对象的分量轻,就必须靠数量取胜。公司的一个雇员,分量自然很轻,若干分之一而已,芸芸众生中的一员,过江之鲫中的一条。仅仅研究一个雇员,肯定不敢写研究报告,因为没有人会对一个雇员有兴趣。一定会有人问:这是个别情况,总体情况如何?用术语说就是:这是个体属性,总体参数如何?回答这个问题,并不像看起来那么容易,要分两步走:第一步是从个别走到特殊,第二步是从特殊跳向一般。

第三章　单变项分析：由点到线

从个别走到特殊，就是从单个数据点走向样本的数据轮廓线，就是单变项分析（univariate analysis）。单变项分析是分析数据点的分布状况，是由点到线。在这里，变项之"变"，指的是一个属性以如此这般的样式因人而异，或者说，一个变项的分布在诸多个体中呈现如此这般的态势。一个属性因人而异，有两层意思。一个人与另一个人在某个属性上彼此不同，比如身高不同，这是"因人而异"的第一层意思。但是，统计分析关注的不是一个人，也不是两个人，是很多人，是众人。一个属性各个可能的值的分布在众人中因人而异，这是"因人而异"的第二层意思。所谓分布，就是各个可能的值在众人中各自实际出现了多少次。这样是很抽象，举个例子。身高是人的属性，作为变项，身高有多种可能的情况。根据吉尼斯纪录，成年男子身高，最低55厘米（侏儒），最高240厘米。也就是说，以厘米为单位，身高这个变项有将近200个可能的情况，因为55-240之间有将近200个身高刻度。在一个人群中，比如一个1000人的样本中，变项的每个可能情状出现在一定数量的个体身上，这个出现次数叫频次（frequency）。第二层意思的"因人而异"，表现为若干个频次的组合，组合形态就是分布样式（pattern of distribution）。温馨提示：pattern 指有迹可循的形态与趋势，大体上相当于中文里最广义的"规律性的东西"。

我们再以雇员数据为例说明"分布"的意思。在雇员数据中，年薪（current salary）是变项，各个可能的年薪点构成一个标尺。雇员年薪的跨度是157500到135000，分析年薪的分布，就是看各有多少雇员拿某个年薪。SPSS可以做直方图（histogram），直观展示一个变项各个值的实际分布。雇员年薪的分布图，横轴从左到右是一串年薪点，若干年薪点组成一个年薪刻度（年薪区间），每个年薪区间的员工组成一个年薪组，每个年薪组的人数用一个长方柱标示，长方柱的高度就是纵轴标示的人数。我们可以想象一条线，把这些长方柱在顶端连结起来，那就是年薪分布的轮廓线。图上的钟形轮廓线是正态分布轮廓线。雇员年薪的分布不是完美的正态分布，是 positively skewed（正偏态分布或右偏态分布）。（图表右上角报告的是：平均值 = 34419.57；标准差 = 17075.661；样本量 = 474。）

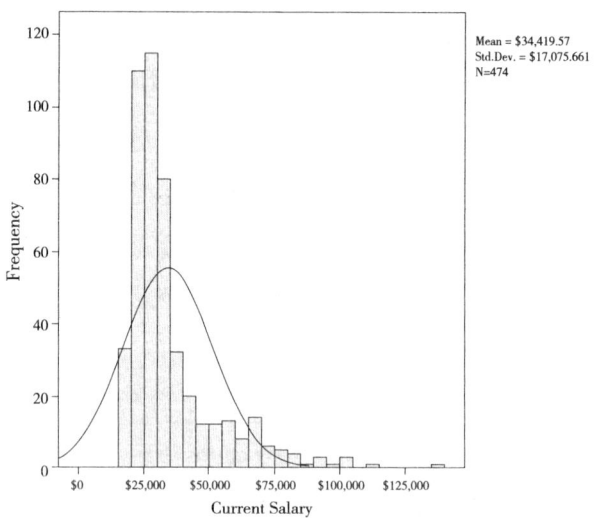

我们可以按下述方式理解年薪的实际分布轮廓。年薪是从低到高，所以我们容易把年薪标尺想象成一把竖着的尺。我们现在改变习惯想法，想象把标尺平放，变成一个横轴。标尺从左到右的刻度,标记从低到高的年薪点。每个刻度都是一个年薪点;有一个员工拿这个年薪,我们就在该刻度上放一个微型人像,代表一个员工;有两个,就放两个人像,叠罗汉;罗汉组人数越多,代表该组的那根直柱越高。这样,有多少个年薪点,就叠出多少组罗汉,每个罗汉组人数不同,代表罗汉组人数的直柱的高度相应不同。

在上图中,我们可以看到雇员年薪的实际分布轮廓与钟形的正态分布曲线有较大的差距。年龄的分布在人口中十分接近正态分布,只要样本是概率样本,而且样本量超过一千,那么样本中个体年龄的分布就很接近正态分布。例如,"中国调查"(China Survey)的样本量是 3989 人,年龄(age)的分布如下图所示(有兴趣获得数据的朋友,可以参阅下面这个网页:https://pols.tamu.edu/data-resources/)。(图表右上角报告的是:平均值 = 45.99;标准差 = 15.633;样本量 = 3989。)

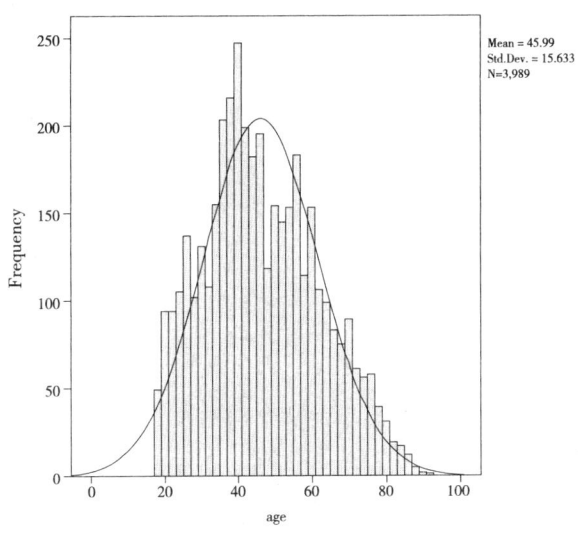

温馨提示：寻找"样式"，是人类的智力本能。人脑天生倾向于找"样式"，奇石（如少奇石）、奇山（如毛公山）、奇景（如三峡卧佛山），都是人脑既本能也自觉地寻找样式的结果。寻找样式极为重要，是认识规则性、规律性样式的第一步。

二、 从个别到一般？ Too simple！

先玄谈几句。黑格尔的一生，与"三"缘分很深。他18岁考进图宾根神学院（Evangelisches Stift Tübingen），室友是哲学神童谢林和天才诗人荷尔德林。一间卧室走出了德国文化史上声名显赫的"图宾根三士"。潜心神学时，黑格尔的志向是参透圣父、圣子、圣灵的"三位一体"。他后来专攻哲学，然而未忘却神学初衷，他的辩证法关键词就是"三"。翻开他的《逻辑学》（杨一之译）、《小逻辑》（贺麟译），看看目录，就知道"三"是黑格尔哲学的灵魂符号。黑格尔钟情于"三"，与老子心意相通。《道德经》第42章这样开篇："道生一，一生二，二生三，三生万物。"

黑格尔的本体论以三为核心，认识论也以三为核心。他认为，认识过程经历三个阶段，分别关注个别（个体）、特殊（殊相）、一般（共相）。不知道出于什么原因，也许只是嫌弃黑格尔的三段论繁琐，或者只是厌恶三段论背后的三位一体，以黑格尔学生自居的唯物辩证法哲学家把老师的三段论简化成了二段论。"特殊"（殊相）消失了，认识过程变成了从个别到一般。这样的简化是过分简化，认识过程并不是简单地从个别到一般，人类其实没有那么强大的认识能力。例如，第一章提到一个问题："请问这个个案是个什么的个案？"表面看，这个问题就是要求学者的认识从个别上升到一般（to generalize），回答这个问题，就是说出"个别"所属的"一般"究竟是什么。实际上，认识过程绝非如此简单，从直接可见的个别，走到虽然难见但毕竟隐约可见的特殊，比较容易；从依然隐约可见的特殊，跳向根本不可见的一般，极其困难。

统计分析过程，契合黑格尔的三段论。作为一种由此及彼的概率思维方式，统计分析历经两个阶段：一是从个体的属性走到样本的属性（统计值），这一步是从可见到半可见；二是从样本的属性（样本统计值）跳向总体的属性（总体参数），这一步是从半可见到不可见。换言之，统计分析历经三个阶段：(1) 个别（个体），界定与测量个体属性；(2) 特殊（殊相），描述样本统计值；(3) 一般（共相），推测总体参数。从个别到特殊，是根据个别的数据点计算出样本统计值；从特殊到一般，是根据样本统计值推断总体参数。学者永远无法直接从个别到一般，必须经过"特殊"这个中间阶段，而且还只能是惊险一跃，永远冒着坠落悬崖的风险，永远没有抵达一般的十足把握。忽略特殊（殊相）这个关键环节，自信可以从个别直接上升到一般，只是头脑过于简单的一厢情愿。

三、从样本统计值到总体参数：惊险的一跃

统计分析的目的是由样本推断总体。我们知道了雇员数据这个样本中474名员工的工资分布接近钟形，那么总体的员工的工资分布是什么形状？从个别可以轻松愉快地走到特殊，连点为线就可以。但从特殊走不到一般，也跑不到一般，只能跳到一般，是惊险的一跃，类似三文鱼逆流而上，不走运就会自投罗网，跳进守河待鱼的棕熊嘴里。这一跳，是从经验世界跳向概念世界，从半可见的

样本跳向不可见的总体,从可确知的样本统计值跳向不可确知的总体参数。更重要的,是从非黑即白的常识观念跳向万事皆可能的概率世界观,从确定性跳向不确定的可能性。

就雇员数据而言,这惊险一跳是根据474人样本做出下列推论:假设这个公司是正常的公司,是市场经济中一个自然的公司,那么,雇员的工资分布会呈现正常的、自然的分布形状.意思是,大多数人的年薪靠近平均年薪,略高或略低于平均年薪,只有少数人的年薪远离平均年薪,低于平均年薪很多或高于平均年薪很多。

正常分布,英文是normal distribution,译成术语,变成了"正态分布"。

第二节 正态分布

正态分布是统计分析的圣杯(holy grail)。圣杯分三部分,相当于正态分布的三个版本:杯座是1.0版;杯身是2.0版;杯中酒是3.0版。3.0版是酒,但不仅仅是酒,还有耶稣赋予它的意义;3.0版正态分布中的数是数,但不仅仅是数,还是概率。对于正态分布,一知晓,二理解,三参悟,是典型的黑格尔认识论的三段论。整个过程,都需要发挥想象,自行脑补很多内容,智慧空间很大,发挥理解力的自由度很高,参详正态分布,可以悟道。在任何搜索引擎上输入"正态分布",normal distribution,都可以找到很多正态分布图,大同小异,下面这个图信息最全,出自Charles

第三章 单变项分析：由点到线

Locurto（ed.），Sense and Nonsense about IQ（NY：Praeger），p. 5。

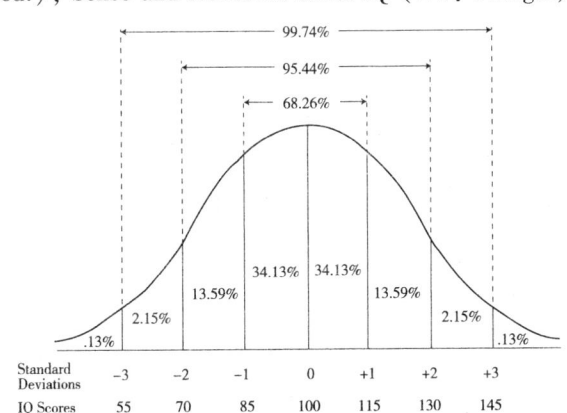

"SENSE AND NONSENSE ABOUT IQ"
Charles LOCURTO – Ed.Praeger（NY）1991 – Page 5

我们先咬文嚼字，破除迷信。正态分布就是正常分布，自然分布。我把浑然天成的正态分布区分为两个角色。一个角色是分布者或分配者（the distributor），我们可以称之为自然、自然力、天、天地、天意、上帝、造物主、命运，总而言之是超越人力的力量；既然是自然分布，分布者就是自然，也可以称为上帝、造物主、天地。另一个角色是被分布者（the distributed）。分布对象分三个层级：（1）个体的某个属性；（2）抽样误差；（3）概率的指标值。被分布者分为三个层级。第一层的被分布者是天地万物的各种具体属性，即个体的各个具体属性。第二层的被分布者是抽样误差，即样本统计值与总体参数之间的差距，它们半具体半抽象。第三层的被分布者是概率的指标值，即代表概率的数字。这样说很抽象，下面我先概述正态分布的三个版本，然后借助思想实验和雇员数据分别详细描述。

1.0版的正态分布，被分布者是个体的某个属性的各个可能发生的值。正态分布图的高度与坡度分别由该属性的平均值和标准差界定。根据平均值和标准差，可以计算出个体属性各个具体值的标准值。标准值是个相对值，它标志的是一个具体的值与平均值之间的距离。这距离可能是0，即等于平均值；可能是负数，即低于平均值；可能是正数，即高于平均值。换言之，标准值的平均值是0，标准值有正有负。标准值等于0，意味着被标准化的具体值等于平均值；标准值小于0，是负数，意味着被标准化的具体值小于平均值；标准值大于0，是正数，意味着被标准化的具体值大于平均值。标准值的绝对值越大，意味着被标准化的具体值与平均值的距离越大，发生的概率越小；标准值可以趋向负无穷（negative infinity），意味着被标准化的具体值发生的概率趋近无穷小，但永远不等于0；标准值也可以趋向正无穷（positive infinity），也意味着被标准化的具体值发生的概率趋近无穷小，但永远不等于0。

2.0版的正态分布，被分布者是样本统计值与总体参数的差别，即抽样误差，正态分布图的高度与坡度由抽样误差的平均值（根据定义，该平均值是0）和抽样误差的标准误界定。根据抽样误差的平均值和标准误，可以计算出单个样本统计值的抽样误差的标准值。标准值是个相对值，它标志的是一个具体的样本统计值与总体参数之间的距离。这距离可能是0，即等于总体参数；可能是负数，即低于总体参数；可能是正数，即高于总体参数。一个样本统计值的抽样误差的标准值的绝对值越大，意味着它发生的概率越小。

3.0版的正态分布，是把前两个版本的后半部分集中在一起，便于记忆。在 3.0 版的正态分布中,被分布者是概率,或者说,是概率的指标值,即个体属性的标准值和抽样误差的标准值。为了表述清晰,可以比较三个版本。在 1.0 版正态分布中,被分布者是个体属性的值,显示在正态分布图上,平均值居中,小于平均值的值在平均值左侧,大于平均值的值在平均值右侧。在 2.0 版正态分布中,被分布者是从小到大的抽样误差,显示在正态分布图上,平均值(0 误差)居中。在 3.0 版正态分布中,被分布的是概率,正态分布图把概率一分为二,以正态分布图的最高点为界,左侧一半,右侧一半,五五开。

温馨提示:以上概述是对下文详解的总结。能看懂概述,就可以跳过详解。此外,区分三个版本的正态分布,如文献中无先例,算我杜撰,如果有,证明我言出有据。同样,区分正态分布的分布者与被分布者,如文献中无先例,也是我杜撰,如果有,算所见略同。杜撰不是创新,戏说不可能说出新内容,只能尝试新"说"法(不是可以当"观点"讲的"说法"),而"说"法无论怎么新,其实都卑之无甚高论。杜撰这些区分,显然不符合列宁痛批过的思维经济原则,只是权宜之计,最多算有点启发作用的教学仪器(heuristic devices)。

一、1.0 版正态分布:个体属性的正态分布

前一节展示的直方图,是实际数据的分布。现在开始从实走向虚,看虚构数据的分布。为了简化从实到虚的过渡,或者说,为了架个半截桥,我设计了一个游戏,美其名曰"单人牢房思想实验",共三个版本,版本越高,牢房条件越差,囚徒收获越大。初级版,

坐一等牢房，条件最好，收获最基本；中级版，坐二等牢房，条件较差，收获较大；高级版，坐三等牢房，条件最差，收获最大。版本的差异，标志是玩具的多少。1.0 版，玩具多，最好玩儿；2.0 版，玩具只剩下一部电脑，一个软件 SPSS，一个数据库，好玩儿度损失九成九几（高于 99%）；3.0 版，玩具统统没收，监狱不再实行"怀柔政策"，但仍然人道，不克扣饮食，不打强光，不放噪音，容许安睡，像金庸先生的杰作《笑傲江湖》描绘的西湖梅庄地牢，梅庄四友奉命善待任我行和被向问天掉包顶替任我行的令狐冲。这两位奇才，是三等单人牢房的受益者：任我行悟出了化解异种真气反噬的办法，令狐冲学会了用吸星大法驱除异种真气。

（一）坐一等单人牢房，摆出中国成年男子身高的正态分布

个体属性的分布有点不好理解，正态分布更不好理解，为了安心理解个体单个属性的正态分布，我设计了这个单人牢房思想实验。个体属性的主体是个体，属性是变项，都是直观的。实验场景如下：假设你被关进了单人牢房，再假设你被关的原因是做了个问卷调查。你对中国成年男子的身高有兴趣，但中国人口太多，你做不了普查，不能一一测量所有中国成年男子的身高。于是，你精心设计了概率抽样程序，抽到了一个 10000 人的中国成年男子概率样本。由于是概率样本，而且样本量超大（按：超大，不是因为你不懂抽样，是因为我需要 10000 人的样本），你对样本的代表性很有信心。在这里，中国成年男子是总体，总体中每个人的身高是自然的、正常的；换言之，身高这个属性在总体成员中的分布是自然的、正常的；再换个说法，身高这个变项在总体中的因人而异是自

然的、正常的。因为你有一个样本量很大的概率样本，你有信心认为样本内各男士的身高是自然的、正常的，所以，样本的情况虽然与总体有些微差异，但可以忽略不计。

抽完样，你一一测量样本中男士的身高，以厘米为测量单位。假定中国成年男子的身高在0.8米至2.4米之间，也就是说，0.8-2.4米这个区间包括了身高这个变项所有可能的值。假设你以厘米为测量单位，也就是测量时精确到厘米，不关心更细小的差异。这样，你获得的调查数据中有161个以厘米为单位的身高，或者说身高这个变项具有161个可能的值，如160厘米、171厘米、173厘米。测量单位是厘米，所以，171.5厘米不是身高的可能值，按照四舍五入的原则（就是英文说的round up），它会被记录为172厘米。测量单位确定后，测量后再做四舍五入。任何测量都做四舍五入，没有绝对的测量，绝对的测量无法完成。精密度永远是有限的。精确到纳米级，仍然是有限的。你测量各位男士身高时，问年龄，也顺便询问他们父母的身高，也以厘米为测量单位。这三个身高数据，你用SPSS一一输入数据文件，即扩展名为sav的文件，建立了一个中国成年男子身高数据库。数据库有10000个观察，分别记录在10000行；数据库有五个变项，记录在五列，分别是：受访人编号、身高、年龄、父亲身高、母亲身高。温馨提示：为了获得一点实践经验，不妨做个样本为10人的小型身高调查。麻雀虽小，五脏俱全，各个环节都认真做，自然别有体会。顺便说一句，这个数据库不包括性别，性别在这项研究中是常项。在社会科学研究中，年龄是个重要的自变项，因为年龄改变一切。表面看，年龄在这项研究中是常项,所有的调查对象都是成年人;实际上,成年包括18-120岁的所有年龄。以身高为因变项,年龄是个重要自变项:一是因为有"二十三,窜一窜"的说法;二是因为人老了,自然会"缩骨法",会变矮;三是不同世代的人平均身高不一样。收集年龄信息,费用增加一些,但很有必要。你没收集教育程度的信息,因为教育程度与身高没有理论上的因果关系,你没兴趣检验读书用功就长不高的假设。至于还应该收集哪些信息,即问卷中还应该包括哪些变项,各位可以自行设想。

你被关,是因为做了这个身高调查,为了让你配合审讯,狱警准许你带电脑,但电脑上只有一个软件,即SPSS,也只有一个数据库,就是你辛辛苦苦建的这个身高数据库。坐单人牢房很无聊,为了避免精神失常,你得做点智力游戏打发时间。但是,你不想分析数据,因为你知道靠分析数据打发不了多少时间。假设负责看管你的狱警知道你无辜,同情你,虽然不能放你走,也不能给你买书,但愿意给你采购游戏需要的材料。再假设看管你的狱警好奇心很强,虽然不懂统计分析,但对中国成年男子身高很好奇。为了消磨时间,你童心大发,设计了如下游戏。

你设计的游戏是,用最直观的方式,向狱警展示,身高这个属性在中国成年男子人口中呈近似正态分布。当然,你跟他说正态分布,他听不懂。你跟他说,正态分布展示的,是各个可能的身高在10000人中的分布样式,即各自出现了多少次。你这样说,他也听不懂。为了让他亲眼看到正态分布,你请他采购下列物品。购物清单如下:

第三章 单变项分析：由点到线

（1）161根外径1.1厘米、内径1厘米、高度2米、无色透明的玻璃管，玻璃管一端封好，另一端开口，可以往里投玻璃球。玻璃管上带刻度，0.99厘米为一个刻度，从封好的一段标起。为了方便计算，每十个刻度标一个数字，10、20、30，以此类推。

（2）一个特制的底座，上有161个直径1.1厘米、连续排列的圆槽，161根玻璃管可以在底座上从左往右排成一横排，玻璃管开口的一端朝上；每个圆槽，从左往右，依次标上数字，从80厘米到240厘米。

（3）10000个无色玻璃球，直径0.99厘米，可以顺利放进玻璃管，像叠罗汉一样摞起来。

（4）161个小瓷碗，内装161种颜色，颜色按冷暖次序排列，从左往右，从最冷到最暖。每个小碗都有木托，木托上写着碗中颜色标示的身高，最冷色代表80厘米，最暖色代表240厘米。

玩具配齐，游戏开始。你只能自己玩，狱警忠于职守，守在外面。

你在电脑上打开身高数据库，只关注"身高"这个变项，从上往下看，看到一个记录，比如，173厘米，就拿一个玻璃球，找到标注173厘米的那个小碗，蘸上里面代表173厘米的颜色，投入标着173厘米的玻璃管中。放心，颜色是特制的，一遇玻璃就干，不遇玻璃不干，你不用担心投得五彩缤纷，也不用担心液体颜色在碗中凝固。

为了避免一个数据点投两次，避免"一稿两投"，你保留了原始数据，命名为height data original.sav；再另存一个数据文件，命名为 height data analysis.sav，投球时使用后一个数据库。投完一个球，就把那个已经投过的观察从数据库删除，存盘；再投一个，再删除一个观察，再存盘；反反复复，不厌其烦。反正有的是时间，乐得消磨光阴。温馨提示：分别存数据，分析结束及时存盘，是个良好的研究习惯。你很善于利用时间，坐牢也充分利用每分钟提高自己的研究素养。

你周六被关，周日备好玩具，从周一到周五，每天有兴趣时就投，周五晚上终于投完了 10000 个球。大功告成，先佩服一下自己的耐心和毅力，然后安然酣睡。一夜无话。次日早晨，你请狱警进来，让他定睛细看你的杰作。不出你所料，也正如你之前反复跟他保证的，他看到彩球的分布大致如下。

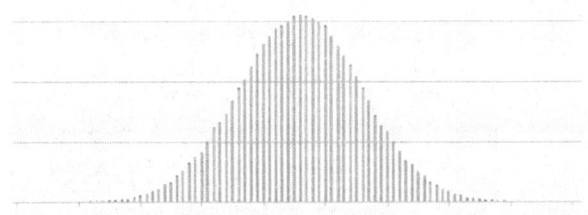

游戏的下面这个部分，你可以跟狱警一起玩。先看装球最多的那个玻璃管，也就是正中间那一根，里面装的玻璃球的颜色所标记的身高，就是这 10000 个男士的平均身高。如果这个玻璃管标志的身高是 160 厘米，也就是说，这 10000 个男士的平均身高是 160 厘米。以正中间这根玻璃管为中心，往左看，逐根看，不要跳跃，会看到玻璃管里的球数逐渐减少，标志逐步减小趋势的曲线平滑舒展。越往左，球的颜色越冷，标示的身高越矮；仍然以正中间这根玻璃管为中心，往右看，逐根看，不要跳跃，也会看到玻璃管里球的数量逐渐减少，标志逐步减小趋势的曲线平滑舒展，越往右，球的颜色越暖，标示的身高越高。你跟狱警借他的警棍，他很坦然地借给了你。你用警棍当教鞭，从最左边那根玻璃管开始，把161根管中摆在最上面的161个玻璃球平滑连接起来，虚拟画出一条轮廓线，其状如钟。你告诉狱警，这就是统计学家讲的钟型曲线（bell-shaped curve），是正态分布的外形。

接着，你参照玻璃管的标记（即10、20、30等标记）和刻度，把每根玻璃管装的球的数量数清楚（这里，是数一数，不是统计统计），仍然从最中间那根开始，以里面的球数为基数。然后，左右开弓，依次把左右两侧玻璃管里的球数，加进基数；从左侧最临近那根开始，先左后右；左一右一，左二右二，左三右三，以此类推；总球数达到6826时，停下，先看停止时左边那根玻璃管所标示的身高，你看到的是145厘米，用这个身高减去平均身高，145-160=-15，-15的绝对值是15；再看停止时右边那根玻璃管所标示的身高，你看到的是175厘米，用这个身高减去平均身高，175-160=15，15的绝对值是15。你以漫不经心的口气告诉狱警，15这个数，有个"高大上"的名字：标准差（standard deviation）。然后你大胆预测，说，接着往下数，总球数达到9544时，左侧那根玻璃管标示的身高是130厘米，右侧那根玻璃管标示的身高是190厘米。你瞥瞥狱警，他的眼睛一定瞪得像铜铃。如果他表示不信，你可以邀请他打赌，他可能表示愿赌服输。

接着玩下去，在刚才暂停的那两根玻璃管上做标记，左边的

145厘米那根写上"-1",右边的175厘米那根写上"+1"。然后,继续左右开弓,一左一右,把两侧一根一根玻璃管内的球数加入6826,加到总数9544时,停下;看看停止时左侧那根玻璃管的球所标示的身高,如你所料,是130厘米,用这个身高减去刚才标了"-1"的玻璃管标示的身高,即130-145=-15,得数的绝对值与刚才计算出的标准差相同,是15;看看停止时右侧那根玻璃管的球所标示的身高,如你所料,是190厘米,用这个身高减去刚才标了"+1"的玻璃管标示的身高,即190-175=15,得数的绝对值与刚才计算出的标准差也相同,是15。你再大胆预测,说,接着往下数,总球数达到9974时,左侧那根玻璃管标示的身高是115厘米,右侧那根玻璃管标示的身高是205厘米。你再邀狱警打赌,他大概愿赌不服输。

继续玩下去,在刚才暂停的那两根玻璃管上做标记,左边的写上"-2",右边的写上"+2"。然后,继续左右开弓,一左一右,把两侧一根一根玻璃管内的球数加入9544,加到总数9974时,停下;看看停止时左侧那根玻璃管的球所标示的身高,如你所料,是115厘米,用这个身高减去刚才标了"-2"的玻璃管标示的身高,即115-130=-15,得数的绝对值与刚才计算出的标准差相同,是15;看看停止时右侧那根玻璃管的球所标示的身高,如你所料,是205厘米,用这个身高减去刚才标了"+2"的玻璃管标示的身高,即205-190=15,得数的绝对值与刚才计算出的标准差也相同,是15。

最后,在刚才暂停的那两根玻璃管上做标记,左边的写上"-3",

右边的写上"+3"。然后,你再做个大胆预测:10000人中,身高介于80至115厘米的,一共13人;身高介于205至240厘米的,也是13人。再邀请狱警打赌,他大概不会打赌了。验证一下,果然如此,你成功扮演了一次诸葛亮,狱警口服心服。

游戏结束。狱警不仅好奇心得到满足,也对你的神算本领佩服有加,迫不及待透露了他早上听到的好消息:你被关,纯属误会,无罪开释(难怪他敢把警棍借给你!)。你高兴之余,出狱前没忘记跟狱警炫耀一下你的数据分析能力。你用一秒钟让SPSS做个中国成年男子身高直方图。结果令人振奋,电脑上直方图的形状与你花五天时间完成的手工分布的形状完全相同!你再用一秒钟让SPSS计算身高的平均值和标准差,结果也与你耐心计算的结果相同,平均身高160厘米,标准差15厘米。当然,回头想想,你可能也不免有三分沮丧,本来可以两秒钟做完的分析,硬是耗费了一星期。

你出狱时,跟狱警约定,如果他愿学统计分析,你免费教他,报答他助你一周不无聊。你告诉他,统计很有趣,例如,你可以让SPSS一秒钟把观察到的10000个身高的观察值变成10000个标准值,还可以根据一个身高的标准值在网上(例如https://measuringu.com/pcalcz/)检索到这个身高发生的概率。狱警听后,大喜过望,他身材伟岸,205厘米,素以身高自负,喜欢在朋友圈中吹嘘自己千里挑一,以生不逢时的姚明自居,但时常遭遇冷嘲热讽,苦于拿不出科学根据。你告诉他,以后再遇到挑战,可以告诉对手,他的身高的标准值是3,就是高于平均身高3个标准差,他的身高在中国成年男子中发生的概率大约是0.135%,四舍五入,说千里挑一不算夸张。

写到这里，我想起小学一年级的同桌，姓郑，名字也记得。我们上算术课，学加法，郑同学有个辅助工具，大概是他姐姐给做的，就是一根白线，上面串了100个截成一寸长的高粱梃子，这是他的计算器。（按：高粱梃子是带高粱穗的那节高粱秆，光滑细长，可以做盖帘，也可以编成门帘。杨绛先生在《干校六记》里提到，她和女友阿香辛辛苦苦用秫秸编门帘，第二天就被老乡顺手牵帘，不见踪迹。她们用的可能就是高粱梃子。）郑同学视力奇特，写的字比小蚂蚁还小。他做加法时，眯着眼睛，严肃认真地拉动一个个高粱秆。我也有这么个计算器，是姐姐给我做的，不过，我没用过，也不明白为什么郑同学需要用。我相信，数学好的朋友看到我费尽上述周折才弄懂正态分布，心中的感慨，与我当年对郑同学的好奇，必有异曲同工之妙。

（二）理解智商的正态分布

在装玻璃球的思想实验中，我使用的是个想象的大样本，万人样本，拿它充当总体，作为总体的代用品，只是为了解释正态分布这个概念。近似的好处是比较容易理解，缺点是过分简单化，令人觉得正态分布"不过如此"。套用毛泽东主席一句睿智的话，对统计分析，应该"战略上藐视敌人"，但是对于统计分析的具体概念，特别是"正态分布"这个核心概念，要"战术上重视敌人"。不论什么时候，哪怕是在讲台上讲了若干年统计分析，如果认为正态分布"不过如此"，也一定是犯了轻敌的错误。正态分布不仅是直观的对象，还是理解的对象、想象的对象、参悟的对象。下面我们仍

第三章 单变项分析：由点到线

用贴近生活实际的现象作例子，看看智商。不过，这里，不必装玻璃球，只需要相信心理学家的定义。下面这个图很专业，总结的信息较全，前面已经展示过，现在可以加倍仔细地看。

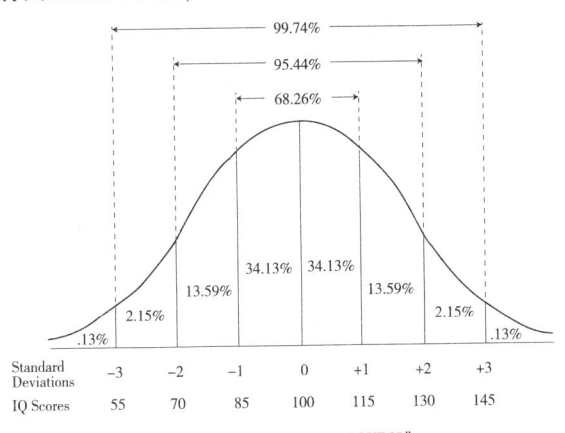

"SENSE AND NONSENSE ABOUT IQ"
Charles LOCURTO – Ed.Praeger（NY）1991 – Page 5

大家都关心的智商（Intelligence Quotient）是个理论建构。心理学家约定，全人类的智商是正态分布。就是说，假定你有无穷的资源、无穷的时间，每天只做一件事情，就是给人家测智商，测完一个人的智商就记下来，再去测下一个人，再记下来。这样无穷无尽地测下去，聚沙成塔，最后把所有测到的智商放在一起，就很自然地形成一个正态分布。心理学家还约定，有智商平平的人（average person），他们的智商（IQ score）是100。心理学家的第三个约定是，人类智商的标准差（standard deviation）是15。也就是说，高于平均智商一个标准差的智商是115，高于平均智商两个标准差的智商是130，高于平均智商三个标准差的智商是145。往低于平均值的方向看，低于平均智商一个标准差的智商是85，低于平

117

均智商两个标准差的智商是 70，低于平均智商三个标准差的智商是 55。如果有闲情逸致，可以把前面提到的关于中国成年男子身高的思想实验移植到这里。把 19 根同样粗细的无色透明玻璃试管排成一排，准备 1000 个玻璃球，球的直径比玻璃管直径略小，可以放进玻璃管，准备 19 个颜色，从最冷到最暖，分放在 19 个小碟子中。在定距层级上测量智商，55—59，60—64，等等。每个间距由一种颜色标志，55 最冷，145 最暖。然后，测量随机抽取的 1000 人的智商，测完一个，就拿一个球，蘸上相应的颜色，把相应的球投入相应的试管中，最后会看到，彩球的分布构成正态分布。

（三）平均值与标准差

1. 平均值的发生次数是正态分布图的高度

在关于中国成年男子身高的思想实验中，161 根管中的 10000 个彩球组成的分布，与正态分布图高度近似，这个分布可以作为理解正态分布的起点。正态分布的态势由两个向度界定，一是高度，二是坡度，分别由平均值和标准差界定。SPSS 一秒钟就能算出平均值和标准差。你让 SPSS 算这一万人的平均高度（mean height），结果是 160 厘米，你会看到装了最多玻璃球的那根管所标记的高度正是 160 厘米，平均身高的人数最多。这根管的顶端，就是正态分布的最高点。

2. 标准差是以平均值为起点下滑或上行的坡度

你让 SPSS 算一算这一万人的标准差，计算结果是 15 厘米。网上有很多计算标准差的公式，不赘述。需要解释的是标准差的含义。标准差的"差"，是偏移（deviation），偏移意味着有参照点，偏移总是相对于某个参照点偏移。在正态分布中，参照点是中心点，也就是平均值。相对于平均值这个中心点，可以向两个方向偏移，一是低于平均值，二是高于平均值。标准差是从左右两侧偏离平均值的坡度。身高的标准差是15厘米，这个15厘米的信息量很丰富，信息层次很多。现在，我们用思想实验的虚拟数字把标准差的信息具体化。首先，标准差是个标杆，它告诉我们，在10000个男士中，34.13%（3413）人的身高介于平均身高加或减一个标准差之间。具体来说，34.13%（3413）人的身高介于平均身高减一个标准差之间，即160厘米至145（160-15=145）厘米之间；34.13%（3413）人的身高介于平均身高加一个标准差之间，即160厘米至175（160+15=175）厘米之间。两组人相加为68.26%，也就是说，6826人的身高介于145厘米至175厘米之间。

我们可以把频次（百分比）直接换算成概率。用频次的语言说，这10000人中，34.13%的人的身高在平均身高160厘米至超过平均身高一个标准差即175厘米之间；用概率的语言说就是，10000名男士中的任何一位，身高在160-175厘米之间的概率是34.13%。同理，这10000人中，68.26%的人的身高在平均身高加减一个标准差之间，也就是说，10000名男士中的任何一位，身高在145-175厘米之间的概率是68.26%。延展一步，样本中的任何一位男士，身高处在平均值与平均身高加减两个标准差（130厘米到190厘米之间）的概率是95.44%。换言之，在这10000人中随机抽到一位，他的身高在130厘米到190厘米之间的概率是95.44%。为了习惯这种转换，我们可以换个角度看，10000人中，

0.13%的人的身高低于平均身高三个标准差（160-45=115）甚至更矮（最低身高是80厘米），意思就是，10000人中的任何一个人身高在115厘米或更矮的概率是0.13%；同理，0.13%的人的身高在高于平均身高三个标准差（160+15*3=205）甚至更高（最高身高是240厘米）之间，意思就是，10000人中的任何一个人的身高在205厘米或更高的概率是0.13%。以此类推，在10000人中，2.15%的人的身高是在低于平均身高三个标准差即115厘米（160-15*3=115）至低于平均身高两个标准差即130厘米（160-15*2=130）之间，意思就是，对于10000人中的任何一个人来说，身高在115至130厘米之间的概率是2.15%。同理，在10000人中，2.15%的人的身高在高于平均身高两个标准差即190厘米（160+15*2=190）至高于平均身高三个标准差即205厘米（160+15*3=205）之间，意思就是，对于10000人中的任何一个人来说，身高在190至205厘米的概率是2.15%。

把身高的例子置换成智商，看起来十分直截了当，其实这两个例子有重大区别。根据心理学家的定义，人类总体的平均智商是100，标准差是15，智商在人类中呈正态分布，意思是，古往今来的全体人，34.13%的智商介于平均智商减一个标准差之间，即100至85之间；34.13%的人智商介于平均智商加一个标准差之间，即100至115之间；二者相加为68.26%，也就是说，68.26%的人智商介于85至115之间，亦即任何一个人的智商介于85至115之间的概率是68.26%。身高的例子与智商的例子的重大区别有两个。其一，身高的例子是样本，虽然10000人，毕竟是样本，而智商的例子是总体，是数不清的古往今来的人，还包括未来的人。其二，身高的例子中，变项的值的可能性的数量是有限的，80厘米至240厘米之间，161个可能的值，变项的值有可以达到的极限，最高是高于平均身高5.333个标准差，也就是说，240厘米的标准值是5.333，5.333这个标准值标志的发生概率小于万分之一（网上可以找到很多z-score calculator，可以把标准值转换成概率）；最低身高，是80厘米，低于平均身高5.333个标准差。在智商的例子中，智商的可能值是无限的，智商可以无限趋近0，也可以无限趋向无穷高。

3. 标准值标示观察值发生的概率

思考正态分布的平均值与标准差，大致相当于阅兵时看各个方队。看标准值，则是看单兵。计算一个个体某个属性（如身高）的标准值（standardized score，即"标准分数"，亦称"z分数"），就是用这个个体某个属性的实际值（实际身高）减掉平均值（平均身高），然后除以该属性的标准差（身高的标准差）。网上能找到很多计算标准值的公式，不赘述。这个算法告诉我们，标准值就是以标准差为单位，衡量一个值与平均值之间的距离。换言之，标准值就是相对值，标志一个个体在样本中的相对位置。我们知道，测量某个属性，一定要使用一个确定的测量单位。例如测体重用公斤，测身高用厘米。我们必须参照测量单位，才能明白测量结果的意义。但是，不同测量单位测出的结果不能直接比较，相当于不能直接比较苹果和桔子。例如，一个人体重100公斤，身高160厘米，我们不可能根据这两个数字判断此人在体重方面和身高方面的相对位置，也就是与他人的差距。解决可比性的方法是找到一个通用的测量单位。假定身高与体重这两个属性在众人中都是正态分布,那么,身高与体重的标准值就是二者通用的测量单位。标准值标示的是变项的一个值出现的概率,是超越具体测量单位(如公斤、米、年)的通用测量单位。例如,一个人的体重是100公斤,假如100公斤的标准值是1.96,那么意思是他的体重属于最重的2.5%;假设160厘米正好是一群人的平均身高,那么他的身高标准值等于0,是典型的平平;身高平平,体重偏重,这位先生需要减肥。

再换个说法,标准值以平均值为基准线,所以平均值的标准值是0。一个值低于平均值,它的标准值一定是负数,低于平均值的幅度由标准值的绝对值标志;同样,一个值高于平均值,标准值是正数,高于平均值的幅度由标准值的绝对值标志。看标准值,先看正负号,判断是高于还是低于平均值,然后看绝对值,看高和低的程度。在身高思想实验中,中国成年男子的平均身高是160厘米,标准差是15厘米。如果一位男士身高恰好160厘米,那么他的身高的标准值就是0;如果他不到160厘米,比如是145厘米,那么他的身高的标准值就是-1;如果他高于160厘米,比如是175厘米,那么他的身高的标准值就是1。我们可以把标准值转换成相对应的概率。比如,姚明的身高是226厘米,标准值是4.4,对应的累积概率是十万分之五,意思就是每十万中国人只有五人与姚明身高相同或更高。当然,这里的平均身高与标准差都是虚构的,纯粹是为了计算方便。在雇员数据中,员工年薪差别很大,看一个员工的标准年薪,就能判断他的年薪在全体雇员中的相对位置,标准年薪是0意味着他拿的正好是平均工资,如果是正数就说明他年薪高于平均，如果是负数就说明他年薪低于平均。

用 SPSS 和雇员数据计算年薪的标准值，即标准化的年薪，可以参照下图标示的步骤。

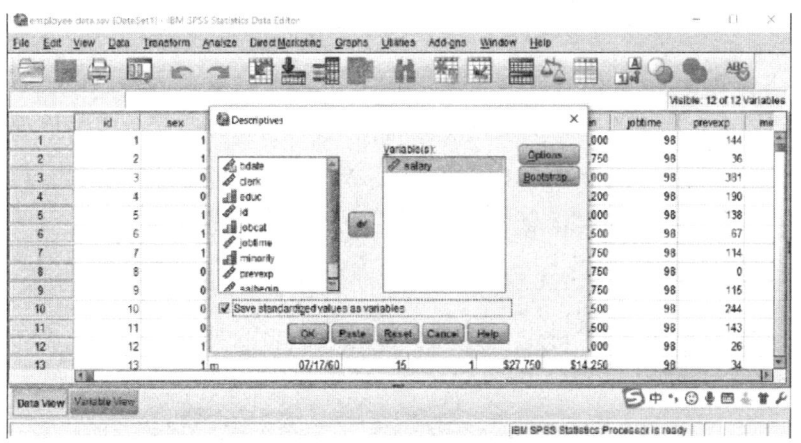

用文字描述上述简单操作比较啰嗦。选择"分析"（analyze）下拉菜单的"描述统计值"（descriptive statistics）子菜单的"描述"（descriptives），选中 salary 这个变项，在"将标准值另存为变项"（save standardized values as variables）上打勾，就会生成一个新的变项 Zsalary。这个时候，某个雇员的年薪是高是低就一目了然了。如果是正数，就表明他的年薪高于平均值，如果是负数，就表明他的年薪低于平均值。不管是正是负，绝对值越大，那么他的年薪与平均值的距离就越大。比如第一位雇员的年薪是 57000，他的标准值是 1.32，表明他的年薪高于平均值 1 个标准差再多一点；第二位的年薪是 40200，他的标准值是 0.34，表明他的年薪比平均值稍微高一点。

4. 标准值的正态分布：平均值是 0，标准差是 1

如果某个属性各个可能的值在总体中是正态分布，那么这些可能的值的标准值的分布也是正态分布。不仅如此,标准值的平均值是0,标准差是1。为了理解标准值的正态分布,我们先看看两个在样本中观察到的标准值的分布。下图是雇员数据中年薪的标准值(Zscores: Current Salary)的分布,图中的钟形曲线描绘的是完美正态分布。年薪的实际分布显然不那么"正态",是"偏右"的。温馨提示:如果年薪确实是正态分布,年薪135000美元出现的概率极低,它的标准值是5.89,出现的概率小于十万分之一。如果有理由认为这个雇员是异数(outlier),比如他持有大量股票,可以算"雇主",可以把他从数据中剔除。(图表右上角报告的是:平均值=2.8E-15;标准差=1.0000;样本量=474。)

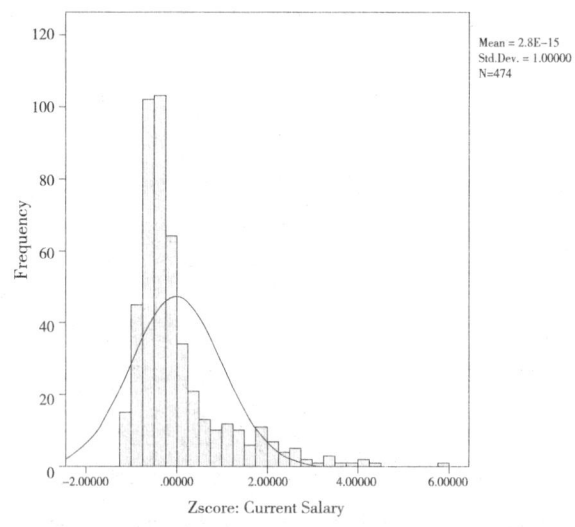

下图是《中国调查》年龄的标准值的分布,图中的钟形曲线描绘的是完美的正态分布,它与标志年龄实际分布的直方图十分接近,这说明中国调查样本中的成年人的年龄十分接近正态分布。

(图表右上角报告的是：平均值=-2.42E-16；标准差=1.0000；样本量=3989。)

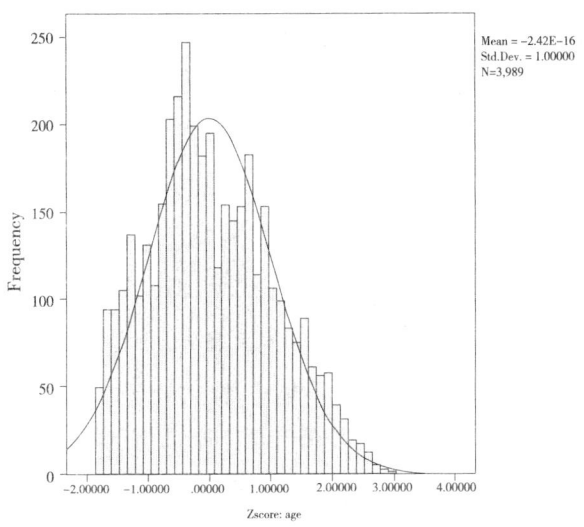

5. 理论上，标准值可以无限趋近负无穷与正无穷

标准值标志着概率。标准值与概率一一对应，根据标准值，可以准确知道它出现的概率，这是理论定义，是世界观，不是经验发现。标准值的绝对值越大，相对应的概率越小。换言之，标准值之所以标准，是因为标准值与概率一一对应，也就是说，每一个标准值对应一个固定的概率。如果想精确地看标准值与概率的对应情况，需要用标准值的分布表，这个分布表任何统计教科书都有，网上也能找到很多。物以稀为贵，统计分析中，概率以小为贵，大概率不值得重视，小概率值得注意，就是所谓显著。回到智商的正态分布上，我们到火车站随便找个人，这个人的智商高于145的概率

是多少？看看智商的正态分布图，我们知道，145 的智商在右侧高于平均值 3 个标准差的地方，三个标准差对应的是 0.13%，就是千分之一点三，这个百分比就是这样高智商的人在人口总体中出现的概率。物以稀为贵，人也以稀为贵，所以我们对智商高于 145 的人肃然起敬。在大街上随便找个人，这个人智商在 100 到 115 之间的概率是多大呢？是 34.13%。三分之一是大概率，不稀罕。找一个智商在 70 到 100 之间的人，比找一个智商在 100 到 115 之间的人更容易，因为概率上升到了 47.72%。大街上随便拉一个人，他的智商在平均值±1.96 个标准差之内的概率是多少呢？查一下表格就知道了，智商在平均值和高于平均值 1.96 个标准差的那个数值之间的概率是 47.5%，智商在平均值和低于平均值 1.96 个标准差的那个数值之间的概率也是 47.5%，那么智商在平均值±1.96 个标准差以内的概率是 95%。95%是统计上非常重要的指标。除了 95%，统计上还有一个常见的指标是 99%，这个时候的标准值是±2.575。

理论上，概率可以无限趋近 0，也可以无限趋近 1。实际上，社会科学研究最多关心万分之一（即概率为 0.0001）和万仅一失（即概率为 0.9999）。一个员工，年薪是最低的万分之一，发生概率是 0.0001，相对应的标准值是-3.719；一个员工，年薪是最高的万分之一，发生概率是 0.0001，相对应的标准值是+3.719。

二、2.0 版正态分布：抽样误差的正态分布

（一）坐二等单人牢房，做出抽样误差的正态分布

1.0 版的正态分布，弧线下是无数个数据点，是对无数个个体的某个属性（变项）的无数观察，比如对人的身高或智商的观察。

正态分布的 2.0 版，弧线下也是无数个数据点，但每个数据点是一个抽样误差，2.0 版的正态分布是抽样误差的正态分布。抽样误差的分布，叫抽样分布（sampling distribution）。这样说很抽象，不好理解。对付抽象的东西，最有效的办法就是把它具体化。具体化就是用实例思考，可能就是文艺家笔下的"形象思维"，比用概念思考容易。实现具体化，就是做思想实验。

理解抽样误差，可以做的思想实验有如下五个要点：（1）有一个总体，例如人类总体；（2）总体的参数是已知的，例如人类平均智商是100；（3）根据一个概率抽样程序从总体中抽取样本，样本量固定不变，抽到一个，就计算一次样本统计值，例如，抽取一个1000人的概率样本，计算这个样本的平均智商；（4）这个样本统计值（样本的平均智商）与总体参数（人类的平均智商）的差别是抽样误差（sampling error）。抽样误差可以是0，即样本统计值等于总体参数；可以是负数，即样本统计值小于总体参数；也可以是正数，即样本统计值大于总体参数；（5）抽取无数个样本，计算出无数个抽样误差，这些抽样误差的分布是正态分布。温馨提示：样本统计值可以是平均值、回归系数、净回归系数。

这个思想实验只能想想，不能操作，因为所有的假定条件都不现实。人类总体不存在，也不可能抽无数个样本。我设计了一个至少理论上可以实际操作的思想实验，是单人牢房实验的升级版。假设你又被关了单人牢房，是二等的。狱警不同情你，不帮你买玩具。你只有一部电脑，不能上网，不能打游戏，上面有 SPSS，有雇员数据。天天无所事事会精神失常，所以一定得找点事情干。比

戏说统计：文科生的量化方法

较有趣的事情就是以雇员数据为总体，从中抽概率样本，算统计值，算抽样误差，记录抽样误差。比如，你专门计算平均年薪。你天天抽样、计算、记录，不放你，你就不断做。一周以后，说是冤枉了你，放你走了，你已经积累了一万个抽样误差，做了一个数据库，于是做了个分布图，你看到一个十分接近正态分布的图形。该哭还是该笑，你自己决定。

正规的统计教材，都是从个体属性的正态分布直接过渡到抽样误差的正态分布。我脑筋转得慢，给自己搭了座桥，虽然只是一根独木，走起来总比腾跃容易些。这个独木桥就是样本统计值的分布。假设雇员数据是总体，用 SPSS 抽样，样本量每次大约为总体的 20%，抽完后计算样本的平均年薪，记下来；再抽样，再计算样本的平均年薪，再记下来；抽 100 个样本，计算 100 个样本统计值（平均年薪）。我十年前就设计了这个实验，当作业布置过，没有学生肯做。前年，管玥在整理我的讲稿时，当了一次鲁迅先生赞赏的"傻子"，真的抽了 100 个样本。

与亲手摆出正态分布的游戏比，这个抽样游戏比较无聊，但效果不错，有助于树立对抽样理论的信心。智力游戏，肯玩的不多，能玩的很少，玩好的更少。若不信，问问讲授欧洲近代哲学的大学教师，几个人通读过康德的三大批判，就全明白了。陆游的名句："纸上得来终觉浅，绝知此事要躬行"，表达的是大智慧。下图是 100 个样本平均年薪的分布图。（图表右上角报告的是：平均值 = 34454.60；标准差 = 1677.126；样本量 = 100。）

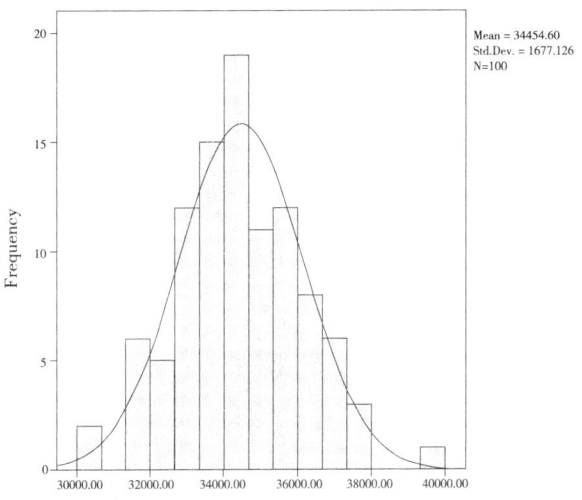

这100个样本统计值的分布，已经有几分接近正态分布。如果抽样的次数足够多，比如抽1000个，这些平均值就会高度接近正态分布。这个图就是我说的独木桥。我们不是从个别到一般，而是先从个别到特殊，再从特殊到一般。不是从个体属性的正态分布一步跳到抽样误差的正态分布，而是先经过样本统计值的近似正态分布。

抽样误差是样本统计值与总体参数的差别。在现实中，总体参数通常是未知的或不可知的，抽样误差当然也是不可确知的。在这个思想实验中，我们把样本当总体。雇员数据中的平均年薪是34419，它就相当于总体参数，于是我们可以计算出每个样本统计值与总体参数的差异，即抽样误差。下图是100个抽样误差的分布图。(图表右上角报告的是：平均值 = －6.54E－13；标准差 = 1677.097；样本量 = 100。)

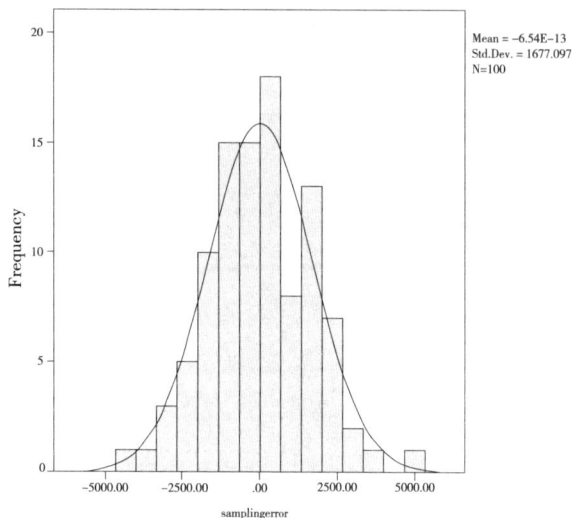

(二) 抽样误差的平均值与标准误

抽样误差的平均值一定是 0。在这里，样本统计值（平均年薪）的抽样误差的标准值的平均值相当于 0。抽样误差的标准差是 1677.097，由于这个标准差是抽样误差的标准差，所以叫标准误 (standard error)。根据抽样误差的平均值和标准误，可以计算出各个抽样误差的标准值，这个标准值标示的是这个抽样误差出现的概率，也就是这个样本出现的概率。

如果你有兴趣，可以做这个抽样分布游戏的升级版，为第四章讲的显著度检验做准备。仍然是抽样，不过，抽到样本后，计算两个变项之间的关系，例如教育程度与年薪的回归系数，这个系数也是样本统计值。雇员数据中教育程度与年薪的回归系数充当总体参数。这样可以算出抽样误差，然后做出抽样误差的分布图。甚至还可以计算100个净（偏）回归系数，算出净（偏）回归系数的抽样误差，然后看抽样误差的分布。

三、3.0版正态分布：概率的指标值的正态分布

（一）坐三等单人牢房，领悟概率的指标值的正态分布

正态分布的用途是帮助我们判断一个观察值或一个样本统计值出现的概率。换言之，真正有用的正态分布，是概率的指标值的正态分布，也就是说，在真正有用的正态分布中，被分布者是概率的指标值，例如观察值的标准值和后面提到的t值。理解这一点，需要苦思冥想。若想保证长时间苦思冥想，心无旁骛，最好的办法仍然是坐单人牢房，这次坐三等的，牢房条件最差，但收获最大。思想实验大致分三步。

第一步，回忆最直观的概率指标值，即个体属性的标准值。在雇员数据中，年薪的标准值或标准年薪，就是概率的指标值。我们看到一个雇员的标准年薪，就知道该员工的年薪在全体员工中的发生概率。标准值标志的是观察值在总体中的发生概率，标准值的绝对值越大，观察值偏离平均值的幅度越大，发生的概率越低。1.0版正态分布的被分布者是样本中诸个体某一个属性的可能值，这些可能值的标准值标示其发生的概率。下图是年薪的标准值的分布。（图表右上角报告的是：平均值=2.8E-15；标准差=1.0000；样本量=474。）

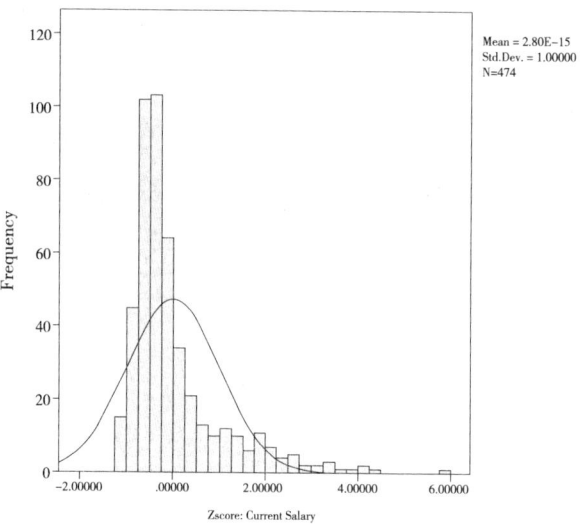

也可以看看中国调查中年龄的标准值的分布。

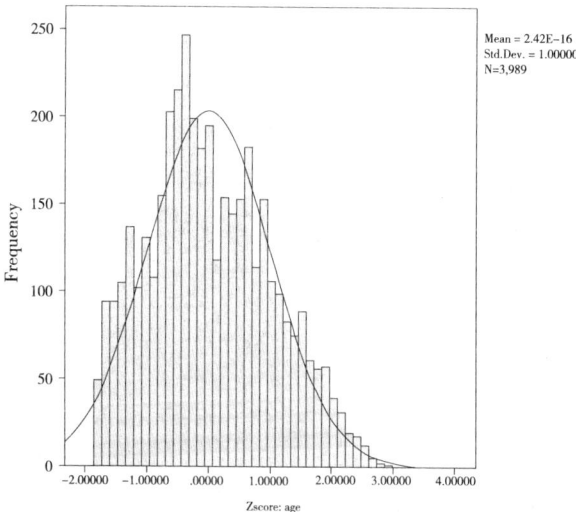

第二步，根据一个样本统计值的抽样误差的标准值，就可以得知该样本的发生概率。下图就是100个抽样误差的标准值的分布。（图表右上角报告的是：平均值=3.47E-17；标准差=1.0000；样本量=100。）

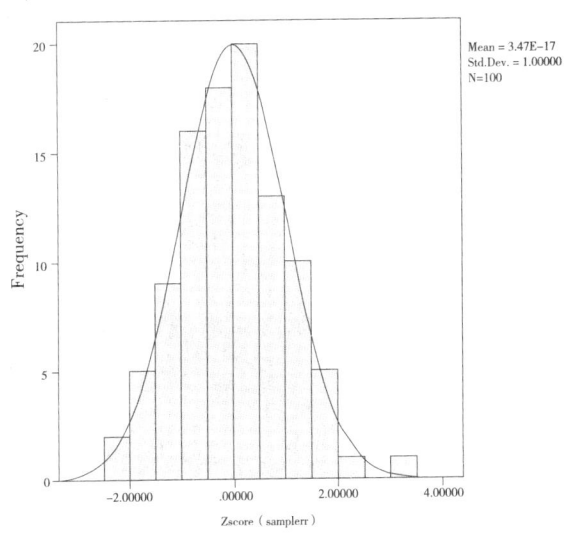

第三步，也是最后一步，是惊险一跃。想象一般意义的标准值的分布，这是正态分布的3.0版，被分布者是标志概率的标准值，它们的平均值是0，标准差是1。标准值可以是个体属性的标准值，可以是抽样误差的标准值，也可以是检验指标（如t值）。每种情况下，标准值都直接标记一个相应的概率。

前面提到了黑格尔的三段论，这三步就是个很好的三段论。第一步，是理解概率指标值的个体或个别（individuals）。第二步，是理解概率指标值的殊相或特殊（particulars）。第三步，是理解概率指标值的共相或一般（universals）。

（二）正态分布中的万变不离其宗

正态分布中有变有不变。被分布者的抽象层级会变，可以是个体属性，可以是抽样误差，还可以是其他的概率指标值。不变的是研究者要寻找的信息，即某事发生的概率。还有一个不变者，是分布者，分布者是"自然"，自然做出的分布是正常的，于是，个体属性的分布是正态分布，抽样误差的分布是正态分布，其他的概率标志值的分布也是正态分布。

第三节 参悟正态分布

马克思主义哲学活的灵魂是具体问题具体分析。这句话，大学哲学考试及格的朋友都能记得，但大约也只是记得而已，不会认真琢磨"活的灵魂"是什么意思。活的灵魂，一是有确切的内容，否则称不上灵魂；二是活生生，不死板，否则就只是供瞻仰的偶像，供使用的标本，供宣扬附和的教条。活的灵魂，既是"禅"，也是"参禅"，还是"禅悟"，是三者的"三位一体"。统计分析也有活的灵魂，就是正态分布。

作为统计分析活的灵魂，正态分布既缥缈又灵活，很不容易把握，有三个特点。第一，正态分布描述的是总体，总体是无限的，一时数不清，永远数不清。即使总体已经封闭，作为认识对象仍然永远开放。例如，恐龙的总体已经封闭，但恐龙研究永远开放。第二，正态分布描述的既是静态也是动态，既是剖面，也是过程；单个正态分布是剖面，如果把多个正态分布图叠加起来，这些正态分布图的高度（平均值）与坡度（标准差）的变化描述的是变化过程。第三，正态分布是个筐，可以装三类物品：（1）单个变项（个体的属性）的实际值；（2）抽样误差；（3）概率的指标值。正态分布的这三个特点，使它既是世界观，也是思维方式，还是人生智慧。

一、 世界观： 万有不齐天地事， 大道之行是中庸

重复一句，正态分布，英文是 normal distribution，我觉得译成"正常分布"比较好。正态就是正常状态，正常就是自然，自然就是天成。远观宇宙万象，中观万事万物，近观各色人等，我们看到三大趋势：一是万有不齐，二是静态趋中，三是动态平衡。

第一，万有不齐。启功先生有副对联："万有不齐天地事，一无可寄古今情。"例如，人与人不齐，先天的各种禀赋，身体的如身高、体重、速度、体力、耐力；智力的如理解力、记忆力、分析力、计算力、推理力；心理的如耐心、恒心、平常心；在人群中的分布都不齐。表面属性不齐，内心更加不齐。万众一心，只是掌权者的幻想。庄子故作惊人之语，说万物齐一；孟子实事求是，承认万物不齐。假如这个世界是齐的，那认识世界就很容易了，因为认识了任何一个人就等于认识了全人类。然而，世界是不齐的，万有不齐，是正态分布世界观的第一个核心内容。

正态分布世界观的第二个核心内容是"大道之行是中庸"。无论观察哪个属性的分布，都可以看到多数人平平，聚集在平均值周

围，远远高于平均值的人很少，远远低于平均值的人也很少。动态看，越靠近普通平凡，人数越多；离平平越远，人数越少；趋向杰出不凡，人数越来越少；趋向低差末流，人数也越来越少。"物以稀为贵"，是片面真理，巨人固然稀少，侏儒同样稀少。两头小，中间大，万有不齐，主流平平，是自然的分布，正常的分布，就是术语说的正态分布。

正态分布的第三个内容是动态平衡。正态分布有高度，即平均值的个案数；平均值是个点，偏离平均值，一端滑向低于平均，另一端滑向高于平均，坡度或陡或缓，但永远不平。不平，就无法站稳，只能在动态中求稳。这是就一个个体而言。总体的状况，也是动态平衡。例如，中国人的年龄是正态分布，近年发生的"老龄化"就是正态分布的形状发生了改变。

强调正态分布是世界观，有三层意思。第一，世界本来如是，不以人的意志为转移，如是观之，就是实事求是。第二，正态分布是诸多世界观的一种，是精微、科学、通达的一种。世界是一，世界观是多。讨论世界本身究竟是什么样子，有趣，但可能无用。永远有用的，是我们相信世界是什么样。不论什么世界观，只要有人信，对这些人就有用。当然，对一些人有用，对另一些人可能无用，甚至有害。地心说是一种世界观，日心说是一种世界观。二者相比，日心说更符合事实，但这并不意味着地心说就只能进入垃圾堆。我们在日常生活、文学艺术中说旭日东升，夕阳西下，仍然是地心说。第三，选择世界观，主要对专门从事认识的学者、科学家有意义。科学研究不能停留在常识水平。正态分布是数学家直觉到的概念，先悟出来，然后推理出来。说它是世界观，就是承认它像孔子、老子所说的"道"、佛教所说的"禅"、基督教新约所说的"太初有道"的道。正态分布图，就像基督教的十字架、道教的太极图、佛教的万字图，是观察、理解、参悟的对象。信徒参透了这些神圣符号的含义，就掌握了信仰的核心。正态分布有接近常识的一面，也有超越常识的一面。常识能帮我们应对日常生活，但不能助我们深入准确地认识世界。超越常识，意味着把正态分布变成自己的思维方式。

二、概率思维方式：万事皆可能，无物是必然

正态分布是概率思维方式。概率思维跟日常思维不一样。我们似乎生活在一个很确定的世界里，是就是，不是就不是。日常思维是确定的，要么真，要么假，真就是真，假就是假。学生去上课，不会想到教学楼有可能塌。与日常思维不同，概率思维认为世界是不确定的。以概率思维方式看世界，没有百分之百的确定性，每栋楼都有可能塌掉，只是塌掉的概率不一样，绝大多数楼塌的可能性很小，小到我们忽略不计，习以为常，如果不发生地震，根本意识不到。

概率思维方式有三个要点。第一，概率是可能性，与现实不同，现实是已经实现了的可能性，二者有质的不同；可能性与不可能也不同，不可能是逻辑荒谬，例如圆的方。

第二，万事皆可能。任何事情都可能发生，只是可能性有大有小。尚未发生的，过去可能发生，未来可能发生。覆盖着各种可能性的正态分布，是个盖不严的天罗，理论上一网打尽，然而是开放

的一网打尽，钟形曲线的两端总是开放的。这种不穷尽，是真正意义的一网打尽。天网恢恢，疏而不漏，不漏，就是因为开放，一张永远张开、无限向四面八方延伸的网，当然不会有遗漏。如果天网确定、撒实，那就一定有漏：今天撒实，就覆盖不住明天才出现的新现象。理论上，人的身高是从无限趋近 0 到无穷大。吉尼斯纪录，记录的是实际观察，不是实际发生，更不是可能发生。

第三，无物是必然。已经发生的并非必然发生。概率思维不承认必然规律，不承认绝对真理，承认"上帝掷骰子"。任何假设，可能真，可能假。我们可以非常有信心拒绝一个假设，但我们永远也不知道它到底是真是假。理由是，我们是根据样本推断总体，但我们永远得不到一个完美的样本。不管抽样怎么科学，都不可能抽到一个百分之百代表总体的样本。我们只能做出尽可能精确的埃菲尔铁塔模型，但不可能做出完美模型。概率的思维方式是承认没有绝对真理。可见的只有样本统计值，总体参数永远不可见，只可根据样本统计值推测，猜测的准确度永远达不到百分之百。每猜必中，非神即妖。温馨提示：第四章会谈到，关于犯一类错误（弃真）的风险与犯二类错误（纳伪）的风险之间的关系，经常发生的误解是二者的总和必为百分之百，此消彼长，一一对应。发生这个误解的根源，是没有真懂正态分布，没有形成概率思维方式，仍然习惯于非黑即白的日常思维方式，非对即错。在统计分析中，对错永远是相对的。

三、人生智慧：安于平平，追求不平，适可而止

正态分布蕴含了丰富的人生智慧，最重要的是三条：安于平

平,追求不平,适可而止。

第一条,凡是不能凭一己之力改变的,务必安于平平,这一条最重要。人世间,平平者最多。平平者是主流,突出者是少数。每一个禀赋,如颜值、身高、体力、脑力、心力,在人群中都是正态分布;多个禀赋的组合,例如才智与相貌的组合,在人群中也是正态分布。天道无私,人有其长,必有其短;有其短,必有其长。勿以其长自傲,勿以其短自卑。没有十全十美的人,是因为全才不合乎自然,所以有天妒英才之说。天赋如此,后天条件也如此。人生可取之物,从衣食住行条件,到品阶、地位、名誉,都是正态分布。人人都有无数个属性,在一个属性上分布不佳,会在另一个属性的分布上得到补偿。多数人各方面都平平,少数杰出人物多个方面平平,这是自然,不足为虑。少数在单属性或属性组合上幸运高配的,一不应沾沾自喜,因为并非自己之功;二应该谨慎努力,不可浪费自然的赏赐,暴殄天物是罪过。人生的关键是发现和发扬正态分布对自己有利的属性,躲避和弥补正态分布对自己不利的属性。

第二条,追求不平,我们可以靠后天的努力提高自己在社会的相对地位。不足追求平平;平平追求卓越。正态分布是个富有张力的分布,它的每个点都是相对的,都靠比较来界定。测量智商,表面是测绝对的智商,其实是比较,是找一个人的智商在人类智商正态分布图上的相对位置。衡量相对位置的标尺,归根结蒂是发生的概率,例如,智商等于145,意思是高出平均智商三个标准差,意味着千里挑一。后天努力在人群中也是正态分布,勤奋、灵活、创意、远见、格局，都是正态分布，这些正态分布是个人努力的空间。

正态分布的张力，体现在平均值与标准差上。可以说，平均值和标准差是驱动人生的两条鞭子。这两个概念逼迫你跟其他人比，让你不能满足于只跟你心中的绝对标准比。平均值是悬在我们头顶的一条皮鞭。如果别人用人生的各项重要指标的平均值猜我们，每猜必中，那我们活得就未免过于平庸。活出精彩，活出特色，就是有点出人意料之处。颜值低于平均值，不妨在其他方面出人头地。比如，貌不出众，饱受无视，然而，一语既出，四座皆惊。这反衬效果，一下子就会把你的"显著度"推到三个标准差之外，当然，是往平均值的右侧推。标准差是另一根鞭子。你参加了两次考试，满分都是100分，第一次考了60分，第二次考了85分。哪次考得较好？如果从绝对标准看，当然是第二次，更接近满分。但是，如果用平均值和标准差来衡量，就不一定了。比如，第一次考试全班的平均分是30分，标准差是15，你考了60分，高于平均值两个标准差，标准值等于2，也就是说你是全班成绩最好的百分之三，你很厉害。第二次考试全班的平均分是70分，标准差也是15，你考了85分，高于平均值一个标准差，标准值等于1，也就是说你是全班成绩最好的百分之十五，没什么了不起。

考试是这样，做其他事也是这样。我们每个人一辈子都在跟平均值和标准差打交道。平均值让我们不甘落后。达不到平均值的时候，不甘落后，希望达到平均值，跟上大流，关心自己离平均值还有多远。达到了平均值，就希望超过它，不甘心平庸，不满足于平平，怕被人说平平，因为平平就是庸碌。所以说，标准差让我们不随大流。超过了平均值以后，愈发可能不甘于平庸，于是关心超过了多少个标准差，关心把多少人甩在了身后，怕被赶超。远远超过了平均值，又怕被嫉妒，担心"木秀于林，风必摧之"。在日常生活中也好，在学习和工作中也好，最难判断的就是我们的相对位置，而平均值和标准差可以帮我们确定自己的相对位置。在这个意义上，我们关注平均值和标准差，就是希望知道自己在这个世界上的位置，也是希望改变我们的地位。人生的苦闷在于，无论我们做什么，都既纠结于平均值，也纠结于标准差。

正态分布的张力，亦即平均值和标准差这两条鞭子，决定了人生的路虽然众多，但轨迹只有三条，方向只有两个。以平均值为原点，从标准值0出发，第一条路是原地踏步，平平来，平平去。这条路看似平坦，其实难走，是一条似有若无的线，走钢丝，既需要把持自己的定力，也需要维护自己的实力。世上充斥着各种奇形怪状，时刻发生着种种匪夷所思，都在无声证明着平平的宝贵。平凡，是个可贵的品质；正常，可以是自然，可以是幸运，也可以是伟大成就。

第二和第三条路都是偏离平均值，不过方向相反。第二条路是由平均值向左侧偏离，顺坡而下，进入夹在平均值与标准值-1之间的宽阔草场。这个地带，占正态分布全疆域的34.13%，坡度平缓，慢慢下行。这个地带相当舒适，比上（平均值）略有不足，比下绰绰有余。滑出这个舒适区，就进入了夹在标准值-1与-2之间的狭长地带，占正态分布全疆域的13.59%，下行坡度变陡了，大有一失足成千古恨之势。继续滑，进入夹在标准值-2与-3之间的夹缝地带，占正态分布全疆域的2.15%。奇妙的是，这时下滑的坡度又变平缓了！实际风险剧增，但反而不再让人觉得危险。最后一步，是落入标准值-3以外的深谷，仅占正态分布全疆域的0.13%。更加奇妙，这时不仅下滑的坡度平缓舒展，而且永远延续；深谷永不见底，然而宛如平地。

从平均值出发的第三条人生路径，是往右行。这条路径，一迈步，就遇到一大惊奇。原来，在概率的正态分布图上，这条路貌似顺坡而下，实为逆势而上。在这里，概率的正态分布图掩盖了人生智慧最关键的真相。为了展现真相，我们可以对概率的表现形式进行改造。

改造方法是把概率转换成发生率的自然对数（logit），详见第六章。Logit的分布图如下。

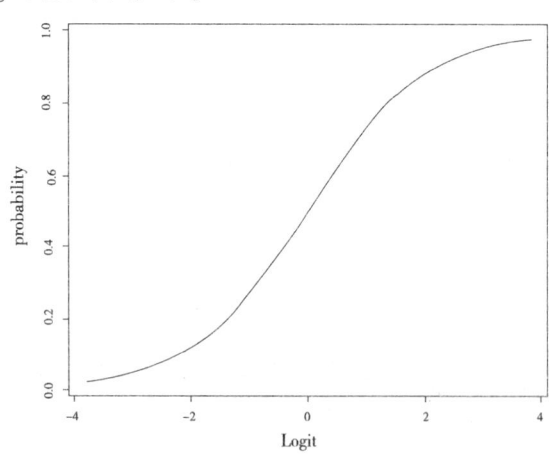

这个右侧改头换面的概率正态分布图，精准描绘了人生从平均

值出发的第三条路径。由平均值出发，右行，貌似下行，实为爬坡，进入平均值到标准值+1的高原草场。这个地带也相当舒适，比上不足，比下有余，唯一的缺点是比较拥挤，人多嘈杂。继续攀爬，勇敢闯出舒适区，就进入了夹在标准值+1与+2之间的狭长地带，占正态分布全疆域的13.59%。这里上行坡度变陡，是竞争的场地，越临近标准值+2，竞争越激烈，让人产生一失足成千古恨的戒惧。不畏艰险，继续攀登，进入夹在标准值+2与+3之间的夹缝地带，它只占正态分布全疆域的2.15%，是强者的战场。奇妙的是，这时上升的坡度变平缓了！剑客们出手招招狠辣，剑锋直指咽喉，然而外表彬彬有礼，反而不让人觉得危险。最后一步，是登上标准值+3以外的巅峰，只占正态分布全疆域的0.13%。此时，不仅上行坡度平缓舒展，而且永远延续；山外有山，天外有天，然而让人觉得如履平地。上升固然永无尽头，下滑也不过是稍事休息。至于这里究竟是高处不胜寒，还是一览众山小，还是二者兼而有之，我没有体会，不妄自推测。我有体会的是从平均值出发，到右侧大约第三个标准差的过程。在这个过程中，追求卓越，要克服同伴压力。标准差就是同伴压力，告诉我们离平均值有多远。我们不妨把平均值想象成长江的中心，偏离平均值一个标准差，还是主流；偏离两个，就是支流；偏离三个，就快到岸边了。有一年温总理开记者招待会，说"行百里者半九十"，现场翻译译成：Half of the people who have embarked on a one hundred mile journey may fall by the wayside（大意是：你跟一伙人走100里，走到90里，同行的人只剩下一半）。这个翻译引起了争议，有人说，行百里者半九十，意思是，走 100 里路，走了 90 里，只是走了一半。不过，现场翻译的解释更适合帮助我们理解标准差。季羡林先生有句名言：世间的学问，学好了，都有用，学不好，都没用。什么叫学好？学好就是周围的人少了。学到一定程度，周围只有三五个人了，那你很了不起。学到一定程度，周围还有三百万、五百万人，没什么了不起。标准差就是个标杆，告诉我们距离平均值有多远，抛离了多少同伴。从平均值出发，往右走一个标准差，你超越了 34.13% 的同伴，走到第二个标准差，你只能再超越 13.59%，走到第三个标准差，你超越的更少，只有 2.15%。这是自然的，你不能有任何抱怨。标准值是相对位置，也是同伴压力，标准值越高，同伴越少，但每个同伴释放的压力越大，因为竞争对手实力更强。这是无可奈何的事。苏轼感慨"高处不胜寒"，就是这个意思。独步古今，独孤求败，现实中有，但概率极小。

　　正态分布蕴含的第三条人生智慧是适可而止，就是承认自己有极限，一方面努力突破极限，另一方面适时接受自己的极限。现实永远有余地，不绝对，永远不是 100%，所以，留有余地是人生智慧，不要"身后有余忘缩手，眼前无路想回头"。"比上不足，比下有余"是常态，也是成就。追求是人为，人为可以在一定程度上逆天，但永远不可能胜天，要适可而止，否则可能遭天弃，甚至遭天谴。宋人方岳诗云："不如意事常八九，可与语人无二三。"这两句诗很容易引起共鸣，因为它们说的是人生常态。所以，人生的智慧在于准确判断自己，欣然接纳自己。

　　总而言之，正态分布就是正常分布，正常分布就是自然分布，自然分布就是命运。年轻时要努力奋斗，因为自己的位置是不确定的，自己的潜力是未知的。但是，一定要注意，人生的舞台有很多，人的能力有多面，千万不要觉得人生只有一条路。你在这一条路上可能平平，在另一条路上却可能优秀。一方面要坚韧不拔，另一方面要灵活机动，才能找到你最擅长做的事。此外，还要考虑到时间这个至关紧要的向度。我们最重要的资本是时间。时间资源在人口中也是正态分布，不同年龄段的人应该奉行不同的人生哲学。年轻，意味着年富力强，时间资源超过平均值两三个标准差，理当奋斗向上，百尺竿头更进一步。中年以后，时间资源已经是平平，比上不足比下有余。需要从安身到立命，而立命的前提就是承认命运，接受使命。这个时候，要清楚一点，任何人在这个世界上都永远只有个相对位置，你可以在某个时刻人类第一，但你不可能长期保持那个位置。另外，任何一个人都不可能超越全人类，想超越全人类，注定失败。有的人老了还想搞点新花样，"不知老之将至"。一般来说，声称不服老，只是欺骗自己，像小孩做游戏，自娱自乐。我们尊重这样不服老的人，但是不能相信他们真会兑现承诺。

四、正态分布的禅机

1990年代，解释学风行一时。然而，如同众多的哲学，风行的只是气味，一些专家讲的，也不过是钱钟书先生说的，是包过茶叶的纸。理解正态分布，确实需要在解释学所说的解释循环中走几圈。第一步，带着先见（成见、偏见），即已经获得的印象、理解、领悟看正态分布的解说；第二步，根据第一步的所见、所理解、所领悟，修改（不一定改对，所以不能用修正）作为起点的先见，走到新起点；第三步，站在新起点上，重复先见—新见—新先见的过程。

有个成语，"八仙过海，各显其能"，意境就是邓小平睿智的"猫论"："不管白猫黑猫，捉到老鼠就是好猫。"不管什么方法，能过河就是好方法。你有神通，一步能跨过，很好；我没有神通，摸着石头走，照样能过河。这里介绍的，其实就是几块关键的石头。说得堂皇些，是架一个跳板。对，是个跳板，不是桥。桥需要两端踏实，跳板只需要一端踏实，算半座桥，断桥胜于无桥。跳板弹力，在板材不变的前提下，取决于跳板长度，跳板越长，越靠近彼岸。彼岸不是实地，是概率世界，是不确定性的思维世界。正态分布是个理论假设，我们永远没有办法构建出一个真实的正态分布，也就是永远无法找到一个坚实的桥墩。有跳板，可以借力，不用使蛮力，少一些硬生生直跳的风险。实的桥墩，其实也不那么实，是比较实，比较接近现实，比较接近常识。跳板的基座，是初级版单人牢房思想实验。跳板，是中级版单人牢房思想实验。惊险一跃，是高级版单人牢房思想实验。理解正态分布，从个体到殊相，比较容易；从殊相到共相，是惊险的一跃。跳的人无数，跳过去的不多，摔昏的也不多，多数是悬在半空，半通不通，似通非通。站在讲台上教统计，以其昏昏使人昭昭的，恐怕也不乏其人。自己如坠五里雾，想带学生拨云见日，当然不可能。量化研究论文的作者，少数人恐怕也是仿佛懂，会操作，死记硬背，鹦鹉学舌。

对正态分布，从认知，到理解，再到参悟，有三分像张中行先生在《禅外说禅》这本奇书中讲述的参禅过程（本人没有参禅体会，借用比喻而已）。

第一阶段，看雇员数据的年薪分布和中国调查的年龄分布，看山是山，看水是水。正态分布图一般画出平均值左右四个标准差，这一部分可见，超过的部分是虚线，不可见。在这个阶段，我们看正态分布图，能看到可见的部分，看不到不可见的部分；看到的就是得到的，入眼也入心；看不到的无限延长的两端，理论上存在，但是图上不显，我们看不见，看不见就是得不到，不入眼也不入心。

第二阶段，想象中国成年男子身高的虚拟然而可见的分布，重点脑补两端，即左右的0.13%。一是把左侧的身高从80厘米推向0；二是把右侧的身高从240厘米推向无穷大；身高为0的概率无穷小，可以想象，不能想见；身高无穷大的概率同样无穷小，可以想象，不能想见；看山不是山，看水不是水。眼与心分工，然而不分体。我们并不闭目沉思，其实，即使闭目，也仍然能看见正态分布图。这个阶段，正态分布图上可见的，视而不见，入眼不入心；不可见的，不入眼却入心，或者说，入心，尽管未入眼。

第三阶段，看山是山亦非山，看水是水亦非水。不是眼在看，是心目在看，看到的是理论意义的概率正态分布。正态分布图上，可见的，入眼亦入心；不可见的，入心亦入眼。肉眼依然明，心眼业已开。

总而言之，正态分布既有可视可见，又有只可思议，还有不可思议，从直观到神秘，一应俱全。正态分布难以理解，难以领悟。它表面上简单直观，骨子里深奥抽象。从感知正态分布，到理解正态分布，再到领悟正态分布，是通向统计分析之神的智慧关。统计分析是概率论和计算技术支持的证伪思维方式，打不通智慧关，就是没有跃过龙门。不建立概率思维方式，不领悟证伪思维，即使会应用量化研究方法，也只是照猫画虎，未得妙趣。深奥，就是不直观；抽象，就是不具体。然而，正态分布图又是一个直观具体的形象。理解正态分布，如同参禅，历经三个阶段。对待正态分布，诚实的态度是，直观部分，浅易说；思辨部分，清楚说；不可思议部分，努力说。这一章，我挖空心思，想到了极限，承认局限。读不懂，一定是我没说清楚，没说清楚，一定是我说不清楚；说不清楚，一定是我理解不透，参悟不深。我没有青年维特根斯坦那份自信，把自己的局限视为人类的局限。不过，我有足够的自信说，现实生活中，学校课堂上，正如寺庙的经堂，常见的是不尽诚实、偷懒耍滑的神秘主义。对禅宗的没落，尤其对主张"顿悟"的禅宗各派的没落，张中行先生分析得既透彻又同情，他的见解适用面很广。

最后，仿效黑格尔，搞点神秘主义：正态分布是平均值、标准差、概率的三位一体。

第四章
双变项分析：由线到面

双变项分析是分析两个变项之间的关系。从单变项分析到双变项分析，是从关心某个变项的变化方式（pattern of variation），到关心两个变项的变化样式之间的共变样式（pattern of covariation）。对两个变项的共变，可以进行两种分析。一是相关分析（correlation analysis），只考察两个变项是否一起变，不考虑两个变项之变化的时间顺序，不关心孰先孰后，不考虑孰为因、孰为果；二是回归分析（regression analysis），除了看两个变项是否共同变化，还预先设定哪个变项是原因，哪个是结果。

双变项相关分析与回归分析都是共变分析，都关注三个问题：（1）是否共变，covary；（2）共变的方式；（3）共变的强度。

第一节 相 关

一、"相关"与"相干"

相关就是相互关系、相互关联，很好理解。但是，如同统计分析里的很多术语，"相关"周围也有不少迷雾，需要做三点澄清。

首先,中文的"相关",既是名词也是形容词,英语的名词是correlation,形容词是correlated。

其次,英文的relevant,通常也译为"相关",为了避免混淆,本书把relevant译为"相干",以示"理论上相关"不同于"实质上相干"。这样做有胶柱鼓瑟之嫌,但对于初学者来说不无必要。

最后,辩证法的基本观点之一是万事万物普遍联系,这个观点被教条化,教条被普及,无意中为准确理解统计分析中的相关制造了一个障碍。所以,我们还得明确区分"相关"这个词的绝对意义与相对意义。绝对,就是说一不二。辩证法认为万事万物普遍联系,这是绝对的;关系有远有近,这是相对的。按照辩证法的观点,"八竿子打不着"仍然相关,第九竿子可能就打着了;"风马牛不相及"也相关,山川河流海洋都可以跨越;今天不相及,未来可能相及。有个名为"蝴蝶效应"的比喻:此时此刻此处龙卷风,与几周前彼处蝴蝶飞舞相关,这个"相关",貌似科学,其实是辩证法,聪明过头(too clever by half)。在逻辑或数学意义上,普遍联系的观点不成立,两条平行线之间没有关系,就是没有关系,斩钉截铁。平行线,相当于国人绝交时说的那句绝情话:"你走你的阳关道,我过我的独木桥。"在数学或逻辑意义上,恰成十字(90度角)的两条线也没有关系,两条线相交的点是抽象的,相当于国人声明彼此不相干、不干涉时说的"井水不犯河水"。

二、相关有正有负

相关有正有负。如下图所示,左侧是正相关,水涨船高;中间是负相关,此消彼长,或此起彼伏;右侧是不相关,一团和气。

(x-axis＝横轴；y-axis＝纵轴；positive correlation＝正相关；negative correlation＝负相关；no correlation＝不相关)

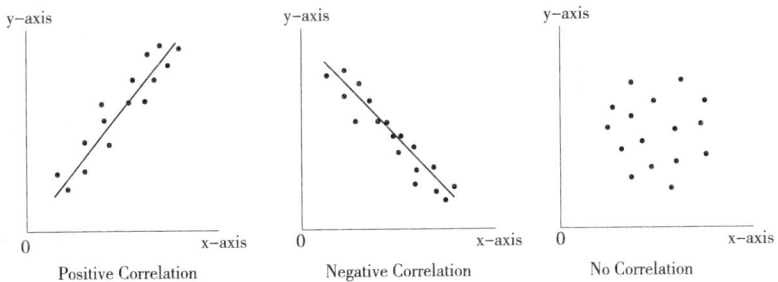

Positive Correlation　　Negative Correlation　　No Correlation

三、相关有强弱之分，有是否显著之分

最常用的相关系数是 Pearson's r，取值范围是从"-1"到"1"。判断相关性的强弱，看相关系数的绝对值。例如，相关系数-0.8 与相关系数 0.8 的绝对值都是 0.8，它们标记的相关强度相同。在社会科学中，一般把衡量相关是否"强"的切分点（cut-off point）设定成绝对值为 0.7。选择 0.7，是因为 0.7 的平方是 0.49，我们后面讲回归分析时会提到，这个 0.49 意味着根据一个变项在各个个体的值猜测另一个变项在各个个体的值，可以把仅仅根据变项的平均值做猜测出现的总误差减少 49%。雇员数据中的教育程度与年薪的相关系数是 0.661，算比较强的相关。

社会科学学者重视相关的强度，但更重视相关是否显著（significant）。相关分析有两步。第一步是明确区分"显著的"相关与"不显著的"相关，第二步根据一个精密的程序检验一个相关是否显著。不过，检验相关系数是否显著，不容易找到直观的例子。幸好，检验相关系数是否显著实质上就是检验回归系数是否显著，我们不妨先看看怎样检验回归系数的显著度。

第二节　回　归

统计分析使用最多的工具是"回归"。统计里面讲的"回归"是追本溯源的意思，就是说，这个事情已经发生了，我们要追究它发生的原因。我们看到了一个很重要、很有意思的结果，就想再往前推，这就是回归。

一、回归分析是追本溯源

学计量方法，遇到术语不能望文生义，回归分析也是个好例子。如果望文生义，那么"回归"就是回来、归来。但是，统计分析说的回归，不是回来、归来。"回归"的英文是regression，很难懂，美国学生也头大。据说最早使用这个词的是位人口学家，他注意到一个现象，如果父母的身高都特别高，子女的身高不是一味地越来越高，而是会向人口平均身高"回移"，往回移动，类似于退化（regress），不是进步（progress），不进反退。举个例子，姚明的身高超过了他父亲和母亲，姚明夫人的身高超过了姚明的母亲。但是，因为姚明与他夫人的身高都靠近了中国人身高的最大值，如果人类的身高有个回归（退化）（regression）规律，那么，如果姚明有儿子，他儿子的身高就很可能不如他，会往中国人的平均身高"回归"。现代统计分析中继续使用"回归"这个词，不过抽去了它原有的人类身高"回归平均值"的含义，只保留了原研究中最重要的思维方式，即根据父母的身高推测子女的身高，或者反过来说，把子女的身高追本溯源到父母的身高。

知道了回归分析就是追本溯源，一些晦涩难解的术语就比较好懂了。例如，我们注意到成年中国人的身高因人而异，对这个现象很有兴趣，想探讨它背后的原因，那么成年中国人的身高的变化就是我们想解释的结果，也就是回归分析的"因变项"（dependent variable，也译作"依变项"或"依赖变项"）。"因变项"是个体（个人）的一个属性，该属性的变化（"因人而异"）是"因为"或"由于"（"依赖"或"依靠"）其他属性的变化（"因人而异"）。根据我们的具体研究兴趣、测量工具、研究资源，我们选择在某个测量层级测量身高；选定了层级，还要选择测量精度。经过测量的身高，记录到数据库，就成了我们想解释的因变项。

探讨身高因人而异的原因，就是分析个人（个体）哪些属性的变化（因人而异）能解释身高的变化（因人而异）。那些可能是"原因"的属性，就是"自变项"（independent variable，也译作"独立变项"）。所谓"自变"，不是说没有原因，只是说在确定的语境中，学者假定这些属性的变化"不依赖"因变项的变化，同时假定因变项的变化依赖这些属性的变化。就身高而言，自变项包括父母身高、身体发育时的营养状况、健康状况、锻炼状况，究竟选择个体的哪些属性作为可能"相干的"（relevant）自变项，究竟怎样测量这些属性（把它们量化），取决于定性研究、已有的定量研究和灵感。

一句话，回归分析就是追本溯源，就是把因变项的变化"回溯"或"溯源"或"归根"到自变项的变化，或者说，就是探索因变项的变化是否（以及如何）与其他变项的变化相关（correlated，相互关联）。学者希望找到的相关关系，不是黑格尔辩证法说的"普遍联系"，不是"东拉西扯"的关系，而是"系统的"（systematic）、"非随机的"（non-random）；"显著的"（significant），即"值得关注的"，不是"不显著的"（insignificant），即"不值得留意的"。如果因变项的变化与自变项的变化之间的相关是显著的，那么自变项就可能是（并不必然是）因变项的"原因"。显著相关是有因果关系的必要条件，但是有显著相关并不意味着必然有因果关系。找到了显著的相关，只是研究万里长征的第一步，之后要探讨"机制"，即因果链条。

回归分析中还有很多令初学者丈二和尚摸不着头脑的术语，比如"控制变量"、"偏回归系数"、"回归系数的标准误"、"共线性"、"逻辑斯蒂回归"。这些术语背后是高深的数学，要达到"专家的懂"，十分困难。但是如果我们不迷信自己的智力，不自封天才，只想达到"用户的懂"，那就不需要高等数学，关键是建立清晰的逻辑思维。这些术语背后是巧妙的思维方式，只要想透，不玩深沉，都可以用日常语言说明白。作为用户，只要记忆力不差，脑筋灵活，能同时在脑子里点亮几盏灯，就能迅速找到生门，闯出九宫八卦阵，登上高处鸟瞰它，满怀对专家的敬仰，恰当有效地运用他们千锤百炼的回归分析技术。

二、回归分析是预设因果关系的相关分析

我们从最简单的双变项回归分析（bivariate regression analysis）

开始。双变项回归分析关注的变项之"变",与相关分析一样,也是指两个属性之间是否以及如何共变,不过,这两个属性,一个被预设为原因(自变项),另一个被预设为结果(因变项),这里的共变是一先一后、先呼后应的共变。相关是相互关系,是双向的,两个变项只分彼此,你是你,我是我;不分先后。回归分析是单向的,不仅分先与后,还分因与果。换言之,相关分析不预设变项之间有因果关系,不区分因变项与自变项;回归分析则预设变项之间有因果关系,区分因变项与自变项。因永远在前,果永远在后。回归分析是由此及彼,参照自变项的信息,猜测因变项的值。回归的目的是改进预测的准确度,把标志猜测误差总量的平方和减到最低程度。回归分析,是看因变项与自变项是否以及如何先后呼应。这里的是和否,也是"显著"与"不显著",判断工具是显著度检验。如果确定有显著呼应,再看呼应程度的高低正负,这些由回归系数标记;未标准化的回归系数可以是任何数,标准化的回归系数在"-1"到"1"之间。温馨提示:如果无法根据数据分辨事实上的时间先后,可以分辨逻辑次序的先后。截面数据是某个固定时间搜集的数据,不能区分哪个变项时间上在先,但可以考虑逻辑在先。所谓逻辑在先,就是在特定场景下不能想象一个变项在时间上先于另一个变项。例如,一个变项是对个人家庭经济情况的判断,另一个变项是对中央政府可信任度的判断,前者逻辑上先于后者。

(一)正态分布时,平均值是最准的猜测

做数据分析,一是为了解释已经发生的事,二是为了预测未来可能发生的事,二者是一回事。做分析,目的是做猜测。既然是猜测,我们当然希望猜得越准越好。胡乱猜不行。"有根有据的猜测",就是educated guess,要有基础。喜欢看侦探片的朋友一定知道,优秀的侦探都会说他的判断是educated guess,虽然也是guess,但这里是educated guess,不是乱猜。做单变项分析,也能发挥这个作用。平均值和标准差,既是对样本或总体的描述,也是猜测,而且更多是猜测。统计教材都会介绍测量中心趋势(central tendency)的三个指标:平均值(mean)、中位数(median)、众数(mode)。不过,统计分析很少用到中位数和众数,真正常用的只有平均数。值得注意的是,我们一般把平均值视为描述,即对群体属性的一个描述,但在统计分析中,平均值是对个体属性的猜测。也就是说,如果没有其他参考信息,只知道某个属性在一个群体中的平均值,如果该属性在这个群体中呈正态分布,那么,我们在猜一个个体的属性取值时,最好的猜测是该属性在群体中的平均值。猜测个体属性的时候,猜平均值得出的误差最小,因为大部分值都集中在平均值周围,68%的个案在平均值左右摇摆。例如,在雇员数据中,如果我们只知道雇员的平均年薪,也知道年薪在雇员中是正态分布,那么,我们猜测一个雇员的年薪,平均年薪是最好的猜测。所谓最好,就是猜测的误差最小。但是,以平均年薪为猜测,一般会有误差,用雇员的平均年薪猜474个员工的年薪,完全准确的情况不多,多数是有些误差,有时猜高,有时猜低。474个员工,最低年薪15750,最高135000,平均年薪34420,标准差17076。根据平均年薪猜某个雇员的年薪,每次都猜是34420,就是每次都按下图中的平行线猜,误差的平方和非常大。

第四章 双变项分析：由线到面

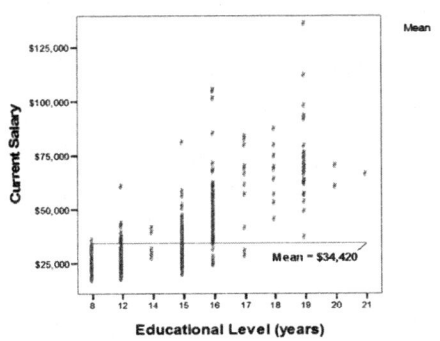

例如，年薪最高的135000，用平均数猜的话误差超过十万，而误差平方超过一百亿了。这个误差值，SPSS用方差分析（ANOVA，analysis of variance）的表格呈现。

方差分析[a]

模型		平方和	自由度	均方	F 值	显著度
1	回归	60178217760.000	1	60178217760.000	365.381	.000[b]
	残差	77738277676.340	472	164699740.840		
	总数	137916495436.340	473			

a. 因变项：年薪
b. 自变项：(常项)，教育程度（年数）

这张表告诉我们，根据教育程度猜测年薪，能减少多少误差。平方和的"总数"（total）表示，如果用平均值猜，那么误差平方和是1379亿。这里的"残差"（residual，译为"剩余误差"比较好懂，也不那么刺眼）告诉我们，如果根据回归模型猜，误差平方和是777亿。"回归"（regression）告诉我们，用回归模型猜所产生的误差的平方和比用平均值猜产生的误差的平方和减少了602亿。温馨提示：计算猜测的总误差，先计算每次猜测的误差的平方，然后相加，得到的数叫平方和（sum of squares）。如果不先把误差平方，直接相加，误差总和等于零。例如，五个小朋友，分别是2岁、3岁、4岁、5岁、6岁。我们用平均年龄4岁猜，第一个小朋友少猜了2岁（-2），第二个小朋友少猜了1岁（-1），第三个小朋友猜得没有误差（0），第四个小朋友多猜了1岁（+1），第五个小朋友多猜了2岁（+2）。平方和的总数与样本量直接有关。为了排除样本量的影响，用平方和除以样本量（也有些统计学家认为应该除以样本量减一，即N-1），得出方差（variance）。把方差开平方，就是第三章讨论的标准差。表面看，衡量根据平均值猜测产生的误差，有三把尺子，平方和、方差、标准差，其实只是一把尺子，因为三个指标标示的实质内容相同。我们往往把平均数理解为一种描述，但是做定量分析的时候一定要记住，平均数是用来猜测的。如果没有任何参考信息，用平均值猜是最准确的，而这个时候误差的总和，就是平方和。如果平方和是0，那就意味着平均值是一个完美的猜测，没有改进空间，平方和越大，意味着用平均值来猜测的准确度越低。

（二）做回归分析是为了根据自变项的值更准确地猜因变项的值

回归分析是猜测，但不是乱猜。高明的算命先生也不乱猜，看手相，猜人家的命运，猜得准，人家认为你是半仙，给很高的佣金，猜不准，人家下次就不找你了。所以，猜得准很重要。算命先生根据什么来猜呢?首先是根据人之常情,也就是平均值。例如,猜某男士身高,如果我们没有任何参考信息,只知道他是中国人,成年,最佳猜测就是中国成年男子的平均身高。算命先生的第二个猜法是察言观色,找其他参照,这就是回归分析。只找一个参照,是二元回归分析,找多个参照,是多元回归分析。仍然是猜身高,如果我们有参考信息,比如知道某男士的父亲是国家男篮的队员,我们就会调整猜测,猜得更准些,这就是回归分析。统计技术是为了让我们的猜测在平均值的基础上改进一点,也就是减少预测的误差。具体讲,双变项回归分析分两步。第一,我们设定一个变项是因变项,设定另一个变项是自变项。第二,分析一个概率样本中两个变项的变化之间是否有系统的或非随机的相关关系。

回归分析是猜测,猜测的对象,仍然是一个个体的某个属性究竟是什么状况,例如,我们猜一个雇员的年薪是多少。不过,双变项回归分析的猜法,是根据一个个体某个属性(自变项)的值,猜测该个体另一个属性(因变项)的值。例如,我们根据一个雇员的教育程度,猜测他的年薪。下表呈现的是双变项回归分析的结果。

回归系数[a]

模型		未标准化的回归系数		标准化的回归系数	t 值	显著度
		B	标准误	Beta		
1	(常数)	-18331.178	2821.912		-6.496	.000
	教育程度(年数)	3909.907	204.547	.661	19.115	.000

a. 因变项:年薪

这张表是 SPSS 做 OLS 回归输出结果中最重要的一张表，呈现了四个主要结果。第一，常数（constant），指的是自变项等于 0 的时候因变项的值。常数也叫截距（intercept），截距这个说法很形象，指的是自变项值等于 0 的时候，因变项的值。自变项的变化用横轴标示，因变项的变化用纵轴标示。自变项等于 0，因变项的值就是回归线在纵轴上的"切点"，这个切点就是截距。这里的截距是-18331，意思是，如果你没上过学（教育程度等于 0）就到这家企业打工，工作一年，你欠老板 18331 美元。这当然不符合实际。出现这种情况，是因为 SPSS 在计算时只考虑如何把误差平方和降到最低，不考虑实际。

第二，回归系数（regression coefficients），系数，就是根据一个变项的取值去算另一个变项的取值的时候要乘的那个数。SPSS 输出两个回归系数，一个是未标准化的回归系数（unstandardized coefficients），另一个是标准化的回归系数（standardized coefficients）。我们可能觉得未标准化系数的层次比较低，其实不是。"未标准化"不是说这个系数不标准，而是说它是基于原始数据，原来用的是什么测量单位，在分析里就还是什么测量单位。未标准化的回归系数告诉我们：当自变项发生一个单位变化（unit change）（即增加或减少一个单位）时，因变项会发生多少个单位的变化（即增加或减少多少个单位）。在这里，教育程度与年薪的未标准化的回归系数是 3909，具体意义是：雇员的教育程度增加或减少一个单位（即每增加或减少 1 年），年薪增加或减少 3909 个单位（即增加或减少 3909 美元）。

第三，看未标准化的回归系数是正还是负。SPSS 输出的回归系数，有个默认的条件句，即，当自变项增加一个单位时，请注意，是增加一个单位，不是中性的发生一个单位的变化。记住这个默认条件，就知道，如果回归系数是正的，那就意味着自变项与因变项正相关，水涨船高。相反，如果回归系数是负的，那就意味着自变项与因变项负相关，此消彼长。回归系数的绝对值告诉我们，自变项每发生一个单位的变化，因变项就会随之发生多少个单位的变化。

第四，看标准化的回归系数的绝对值。前面说过，计算标准值，就是以标准差为单位测量一个观察值与平均值之间的距离。标准化的回归系数是自变项的标准值与因变项的标准值之间的回归系数。标准化的回归系数的绝对值告诉我们：当自变项增加或减少一个标准差时，因变项会增加或减少多少个标准差。在这里，我们看到，当雇员的教育程度增加一个标准差时，雇员的年薪增加 0.661 个标准差。温馨提示：在雇员数据中，教育程度的标准差是 2.885，年薪的标准差是 17075.661。教育程度与年薪的标准化回归系数等于 0.661，意思就是，雇员的教育程度每增加一个标准差，2.885 年，年薪就增加 0.661 个标准差，即 11287.885 美元。当然，很少有人以标准差为单位思考数量问题。第五章会说明，当我们有两个或两个以上自变项时，可以根据它们的标准化的回归系数判断它们的相对分量，即哪个自变项对因变项的影响更大。

我们可以通过建模用一个等式总结上述四方面的内容。建模，是很多做计量分析的人喜欢的"高大上"说法。建模就是建立模型，在这里，就是建立教育和年薪之间关系的模型。其实，在这里，建模就是写个方程式：y = –18331 + 3909 * EDUC + e。这里，y 是年薪，因变项，因变项独居等式左侧，常被戏称为"左手变项"；–18331 是上面讲过的常数（constant）；EDUC 就是作为自变项的教育程度；3909 是未标准化的回归系数，斜率（slope），不妨记成"坡度"；e（error）是误差，就是根据自变项预测因变项时会出现的误差，误差是多少谁也不知道，所以我们实际计算的时候不管它，有时干脆不写进模型。我觉得把误差写在模型中比较好，可以提醒我们模型跟现实有距离。模型好比是件衣服，而现实好比是身体。没有百分之百合身的衣服，游泳运动员的鲨鱼皮泳衣也不可能百分之百合身。这个关于教育程度与年薪关系的模型极为简单。温馨提示：社会科学研究中所有统计模型，不论看起来多么豪华，都太简单。归根结蒂，认为变项之间线性相关、曲线相关，都是头脑追求简单的表现，追求过头，就难免显得自己头脑简单，难怪有些见识丰富的学者看不起计量分析。头脑复杂的学者也追求简单，只有最复杂的头脑才能最彻底地实现简单化，例如，爱因斯坦的著名公式，看起来极为简单，其实内容极为复杂。学者是否高明，关键区别是建模时是否"炫酷"。有些做计量分析的学者，可能因为心虚，潜意识里知道自己的研究发现简单到没有内容，知道自己构建的模型太简单，所以喜欢炫耀"建模"。不仅如此，为了凸显高深，还经常使用自己未必能认全、能读对的希腊字母建模。年轻学者尤其容易落入建模的虚荣陷阱，结果反而显得头脑过于简单。

下面的散点图有助于我们理解回归系数。我们知道雇员的教育程度,也知道教育程度对年薪的影响,根据教育程度猜年薪,也就是按照下图中的斜线猜,可能会猜得更准确一点。是否更准确,要做显著度检验。

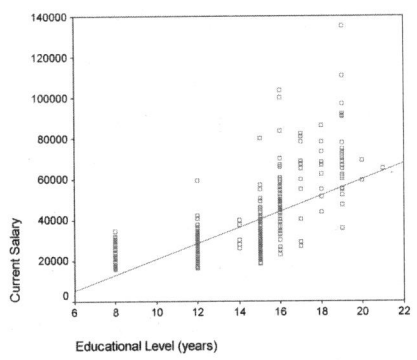

重复一句,不做回归分析,平均值是最好的(误差最小的)猜测,这是一种猜法。根据回归系数猜,是又一种猜法。如果根据一个自变项的变化能"显著"改进对因变项变化的猜测,就是发现了"显著的"回归系数。换言之,回归分析中的显著度检验,就是看第二种猜法是否能"显著"地减少第一种猜法产生的误差。这里的"显著",意思跟前面讨论的一样,指值得关注。

(三) 最小二乘回归就是把猜测的误差最小化

"最小二乘"听起来有点神秘,其实非常简单。最小二乘回归,英文叫 ordinary least squares regression,缩写是 OLS regression,直译是普通最小平方和回归。普通,ordinary,是说数据是普通的,原来什么样还是什么样,没有经过技术处理,跟第六章讲的对数回归是最好的对比。做对数回归时,先做数据转换,不再是原来的数据了;最小,least;squares 是 sum of squares,就是预测因变项的值时所产生的误差的平方和,译成"二乘"有些故弄玄虚;least squares 就是最小平方和,译成"最小二乘"有点故作神秘。能把误差的平方和最小化的回归系数,计算起来比较复杂,能搞懂当然最好,搞不懂也问题不大。还是那句话,我们是用户。统计学家绝顶聪明,他们弄出来的东西我们必须相信,不懂也得信,或者说,因为不懂,只好相信,有点像基督教神学家德尔图良说的,正因为不理解,所以相信。不明白到底怎么算也不要紧,知道用最小二乘法算出来的这条回归线可以把误差平方和减到最小的程度,就足够了。

换个说法,做最小二乘线性回归分析,就是计算出一个回归系数,使用这个系数,根据自变项的值猜测因变项的值,能最大程度地减小根据平均值做预测产生的误差。回归系数就是关系,系数的正负号告诉我们两个变量的变化是水涨船高还是此消彼长,系数的绝对值告诉我们水涨一尺,船高多少,或者告诉我们此消多少,彼长多少。下图有助于我们理解最小二乘回归的逻辑。图中的水平线标志的是平均年薪,斜线标志的是回归线。

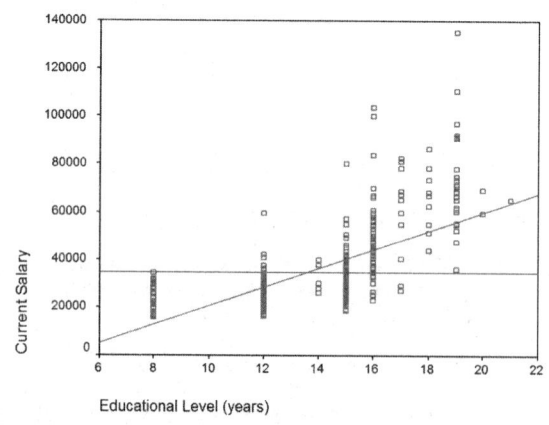

(四) 判定系数告诉我们回归模型能在多大程度上"蔽体"

SPSS还制作了一张表,叫"模型总结"(Model Summary),用另一种方式告诉我们,回归模型帮我们减少了多少误差。减少的602亿占原来总数1379亿的43.6%,也就是R平方(R Square, R^2)等于0.436。换句话说,减少的这602亿意味着我们猜测的准确率提高了43.6%。这个R平方被称为判定系数(coefficient of determination),判定系数显示预测的准确度提高了多少。提高,永远是相对的,判定系数显示的提高,基准点是用平均值作为预测得出的误差的平方和。换言之,根据雇员的教育程度猜测年薪,仍然有误差,但精度有提高,就是比用平均值猜测得出的误差小。下面这张表中的R叫做多元回归系数,这里只有一个自变项,所以其实是二元回归系数。最低的多元回归系数是0,也就是各个自变项与因变项完全没有关系,多元回归系数最大可以达到1,就是根据各个自变项可以完美预测因变项的值。多元回归系数的平方就是判别系数。现在的回归系数是0.661,平方后是0.436。如果我们把因变项的方差比作身体,把回归模型比作衣服,而衣服的首要功能是"蔽体",那么"判定系数"告诉我们回归模型能遮蔽方差多大部分,仅此而已。

模型总结

模型	R	R 平方	调整过的 R 平方	估计的标准误
1	.661[a]	.436	.435	$ 12833.540

a. 自变项:(常数),教育程度(年数)

三、 回归系数的显著度检验

还是先正名。显著度检验，英文是 significance test，通常译为"显著性检验"。译为"显著度"比较精确，对应英文的 level of significance（显著水平、显著程度）。如果顾名思义，"显著"就是突出，引人注目。"显著"这个词字面意义误导过无数人。在统计分析中，"显著"，significant，就是"有意思的"或"有所指的"。名词是 sign（信号），动词是 signify（指示），形容词是 significant（有意思的、有所指的），名词是 significance（意思、意味、意义），significance test（检验是否有意思）。用术语说，"显著的"就是指"系统的"（systematic）、"非随机的"（non-random）；"不显著"，就是"随机的"，不值得关注，不值得深究。温馨提示：咬文嚼字有效，因为咬文嚼字就是清理思路。语言哲学家以思维的清道夫自居，有道理。在统计分析中，清理思路，往往是把专家的简约说法还原成完整的"繁杂原文"。专家为了省事，化繁为简；学生为了学懂，还简于繁。教师的职责，就是扮演桥梁和媒介，让学生懂得专家的意思。学生先过河，再拆桥。有些专家的教学效果欠佳，原因不是他们学问太博大精深，而是他们不屑于或不善于还简于繁，当不好桥梁。

教育程度与年薪的回归系数显著吗？这里的研究问题是：读书有用吗？如果回归系数不显著，说明读书无用也无害；如果回归系数是正的，而且显著，说明读书有用；如果回归系数是负的，而且显著，说明读书有害。温馨提示：相关分析提出研究假设很容易，宇宙间万事万物普遍联系，跟着兴趣走就可以。做回归分析，提出研究假设就难多了。回归分析起始于对因变项产生兴趣。理论上，兴趣可以产生于两个根源：一是期待常而见变；二是期待变而见常。后者只是理论上的可能，实际研究中似乎未见。期待常而见变，引发兴趣与好奇；"因人而异"是研究的起点，是兴趣、好奇的起点。好奇心驱使我们探索因变项如何因人而异。在统计分析中，how and why 大致等于日常语言中的"如何、为何"。我们做研究，总是想要去解释一个大家都关心的东西。比如，在企业里面大家最关心的是年薪，年薪就是因变项，教育程度、年龄、性别、是否少数族裔这些可能影响年薪的因素就是自变项。提出研究假设，不仅要根据观察和直觉，还要依据现有研究，就是文献、理论。例如，关于教育程度与年薪，有三种可能的理论。第一，读书有用，意思是教育程度与年薪正相关，教育程度越高，年薪越高；教育程度越低，年薪越低。教育回报理论认为，教育是一种投资，投资的回报就是高年薪。第二，读书有害，意思是教育程度与年薪负相关，教育程度越高，年薪越低；教育程度越低，年薪越高，这是"脑体倒挂"论；第三，教育无用无害论，教育程度与年薪无关。我们先用 SPSS 画个简单散点图（simple scatterplots），直接观察教育程度与年薪的关系。如上所述，为了直接看到教育程度由低到高与年薪由低到高的共变趋势，这个散点图中加入了回归线。温馨提示：SPSS 有不错的画图功能，不过操作有些复杂，好在网上有很多操作说明，这里不赘述。

教育程度与年薪的散点图如下：

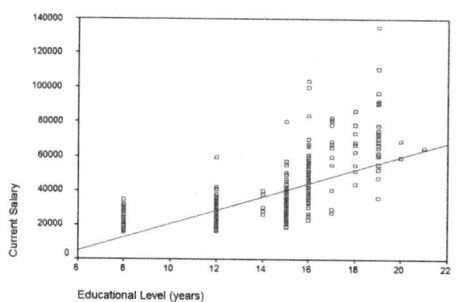

教育程度与年薪的散点图里，每个圆圈都是个复合信息点，标记一个雇员的两个属性，一是教育程度是多少年，二是年薪是多少美元。两方面情况相似的雇员聚在一起，聚多了，圆圈重合，所以有的地方显示的不是圆圈，是圆柱。散点图显示，教育程度和年薪是水涨船高的正相关，教育程度越高，年薪越高。温馨提示：看散点图，最好是动态地看，掌握两个要领。其一，散点图由纵横两个向度界定，呈现在坐标上，教育程度是 x 轴，即横轴，年薪是 y 轴，即纵轴。看横轴从左往右看，看纵轴从下往上看。其二，培养一个看图习惯，看 x 轴时想象有个滑车拉着 x 值从左往右走（例如，水涨）；看 y 轴时想象有个滑车拉着 y 值从下往上升（例如，船高）；同时想象这两个滑车代表的两股力是否能形成一个合力（例如，水涨船高）。形不成合力就是不相关，形成往上拉的合力是正相关（水涨船高），形成往下拉的合力是负相关（此起彼伏）。在这里，我们能清晰看到教育程度与年薪的关系是水涨船高。

如果把统计分析比作大观园，显著度检验无疑是林妹妹。要想一睹她的芳容，得揭开两道面纱。一是正名，弄清"显著"的本意，前面已经做了。二是建立概率思维方式。我们仍以雇员数据为例。我们的研究假设是教育程度与年薪有关系，为了论证研究这个假设成立，先假设教育程度与年薪没有关系，即建立一个零假设，再看看能有多大的信心放弃这个零假设，从而间接论证研究假设。检验共分六步。温馨提示：显著度检验不大好懂。难懂不是因为艰深，而是因为复杂，像拼图，每个部分都简单，但组合起来复杂，容易出错。像走迷宫，每一步都简单，但如果路灯不亮，没看清路标，容易迷失方向。为了简化，我把显著度检验归结为运用兵法的三个战术：一是欲擒故纵，二是诱敌深入，三是反戈一击。

（一）提出研究假设

我们看看年薪分布，注意到年薪差别很多，产生一个疑问（puzzle）："这是怎么回事？"没有现成的答案。我们又注意到教育程度差别也很大，产生一个猜测，就是研究问题：年薪的差别与教育程度的差别有关？这里的研究假设是：年薪的差别与教育程度的差别有关。"有关"就是"有显著关系"。用术语说，研究假设，就是假设因变项的变化与自变项的变化有系统的关系，研究假设的符号是 H_1，H = hypothesis（假设），1 = 有显著相关。温馨提示：研究假设有两种，一种是强假设，假设相关的方向；另一种是弱假设，只假设相关，不假设正负。与此相应，零假设也分强弱。一般情况下，统计分析采用弱假设，做双边检验或双尾检验；如果双边检验的结果不够理想，采用强假设，做单边检验。在统计分析中，如果不加说明，研究假设指弱假设，显著度检验指双边检验。

（二）设立零假设：欲擒故纵

设立零假设，就是假设两个变项之间没有系统的、显著的关系。零假设（null hypothesis），用 H_0 标记，H = hypothesis（假设），0 = 没有显著相关。不应把零假设译为"虚无假设"，null 隐含了 nullify（放弃），提出零假设的目的是为了放弃它。

提出零假设是欲擒故纵。在统计分析里，我们最终关心的是研究假设，但我们直接分析的是零假设。我们想抓住的是研究假设，为了抓住它，先要把它放走，先集中考虑它的否定命题，即零假设。统计分析围绕零假设展开，目标是发现有没有足够的信心放弃零假设。

我们的目标是放弃零假设，但不能轻举妄动。零假设可能真，可能假。如果零假设是真的，放弃它就犯了第一类错误（弃真）（Type I Error, Alpha Error）；不放弃，也可能犯错，因为零假设可能是假的，这是第二类错误（纳伪）（Type II Error, Beta Error）。零假设像个烫手山芋，让我们左右为难。拒绝它，要承受犯一类错误的风险；接受它，要承受犯二类错误的风险。这有点像叔本华对人生的描述："人生其实就是在痛苦与无聊之间像钟摆一样摆动，只是摆动的幅度有大有小"（《人生智慧箴言》，商务印书馆 2017 年版，第 25 页）。做统计分析，心情也如钟摆，在一类错误风险与二类错误风险之间摆动。不过，二者只是有点像，叔本华彷徨无计，统计学家智珠在握。

（三）姑且假定零假设是真的：诱敌深入

进退维谷，出路是诱敌深入。姑且认为零假设是真的，看看从它出发是否得出高度不可信的结论。就雇员数据而言，零假设为真，意味着雇员总体中教育程度与年薪的回归系数是 0。但是，在我们抽到的样本中,观察到的回归系数是3909,意思是,雇员的教育程度每增加一年,年薪会增加3909美元。对此,我们后面还会具体解释。这里的关键点是:抽样会有误差,即使总体参数为0,即使教育程度与年薪的关系在总体中是0,样本统计值仍然可能是3909,也就是说,仍然可能抽出一个样本,该样本中看到的回归系数是3909。但是,发生这样一个抽样误差概率是多大呢?统计学家提供了准确的检测指标和检测标准,就是t检验。

在上文的回归结果中,我们看到t值是19。第三章介绍正态分布的3.0版,提到3.0版正态分布是概率指标值的分布,t值就是个概率指标值。当自由度(df,详见第六章)超过20时,t(T-value)值的分布(T-Distribution)近似正态分布,平均值是0,标准差是1。网上可以找到很多关于t值的介绍和如下的t值的分布图。(图左侧的density指"密度"。)

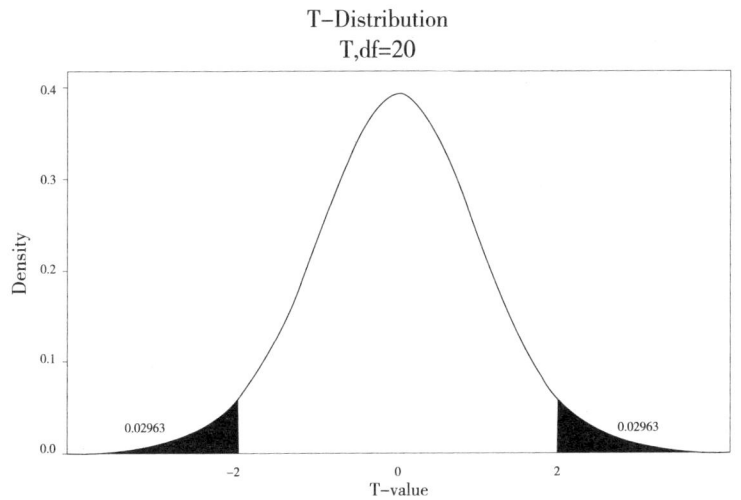

但是，这些介绍都太专业，不好懂。我们还是结合这个实例，借助思想实验解释 t 值的意思。假定在雇员总体（比如全公司 10 万员工）中年薪与教育程度之间零相关，也就是说，年薪在教育程度不同的员工中的分布完全随机，书中没有黄金屋，但不至于脑体倒挂，是单纯的读书无用。我们按照抽样程序，每次抽取一个 474 人的样本，然后计算教育程度与年薪的回归系数，由于总体参数是 0，计算出来的回归系数就是抽样误差。假设我们抽 10000 个样本，建构一个抽样误差数据库，做个分布图，你会看到抽样误差的平均值是 0，标准误是 204（见第 159 页）。也就是说，抽到一个回归系数为 3909 美元的样本，不是不可能，但概率很小。小到什么程度？从 0 出发，往右走，一步一个标准误，一个标准误是 204 美元，走到 3909 美元，要走 19 步，19 个标准误，这 19 就是 t 值。我们知道，偏离平均值 3 个标准误，概率已经是千分之一，这里偏离平均值 19 个标准误，相对应的概率极小。网上的转换器不计算精确值，只显示是无穷小。

这个无穷小的概率，是以零假设为前提推出来的。换言之，如果零假设是真的，那么我们有可能抽到一个 474 人的样本，并在样本中观察到教育程度与年薪的回归系数是 3909，但是，这个概率无穷小。下一步，脑筋急转弯。

（四）预测与现实：反戈一击

假定零假设是真的，这是诱敌深入。诱敌深入，是为了反戈一击。反戈一击，就是问一句：我们不是已经抽到这样的样本了吗？抽到了，意味着一个被预测只有极小概率的事件发生了，意味着预测不准确,不准确的预测是根据零假设做出来的。那么,我们是否该放弃零假设呢?

(五) 权衡犯两类错误的风险:无法两全

是否放弃零假设,取决于两点:一是愿意承担多大的犯一类错误的风险,二是实际风险究竟有多大。在社会科学研究中,学者们一般愿意承担的犯一类错误的风险是百分之五。t值所标示的概率,正是犯一类错误的风险。在这里,t值所标示的概率极小,意味着犯一类错误的风险极小,远远小于百分之五。我们的决断很容易:放弃零假设。放弃零假设,就是接受研究假设。

(六) 良心决断:明于弃取

不过,我们的决断并不斩钉截铁。我们永远无法准确认识总体,这意味着永远不确切知道零假设是真是假,但我们需要根据样本的情况做一个判断,要么接受它,要么放弃它。这个判断一定要做,不能回避,不能耍滑头说既接受又不接受。统计里面只有两个选择:要么接受,要么放弃。统计分析的高明之处是,一方面让我们对零假设做出决断,另一方面有个温馨提示:犯一类错误的风险和犯二类错误的风险成反比,犯一类错误的风险越小,犯二类错误的风险就越大,反之亦然。前面说过,做显著度检验时,心情如钟摆,在一类错误风险与二类错误风险之间摆动。摆动幅度,第一取决于自己的冒险精神,第二取决于犯一类错误的风险,其标志是 P 值,也就是 t 值标志的概率。放弃零假设,如果犯了一类错误,会被同行追打,痛苦。不犯一类错误,也未必幸福,如果找到的"显著相关"被证明似是而非(spurious),那就既痛苦又无聊,其苦其窘超过了叔本华的想象。接受零假设，也不幸福。接受零假设，就等于放弃了有所发现的希望，因为发现两个变项没有系统的相关不是真正的发现，只是承认了对世界没有新知识。研究无疾而终，无聊，不仅如此，不发表，就出局，无聊之后还可能跟着痛苦。所以，最好还是改换思路，不要太计较有没有研究发现，专心享受分析过程，享受心情的激荡摇摆，享受智力体操制造的紧张、兴奋与愉悦。

温馨提示：犯一类错误的风险与犯二类错误的风险不一一对应，但二者负相关，此消彼长。我们不可能百分之百地认识世界，所以，我们不能说，犯一类错误的风险是百分之五，意味着犯二类错误的风险是百分之九十五，那样说就等于预设了我们能百分之百地认识世界。统计分析只能告诉我们犯一类错误的风险是多大，不能准确告诉我们犯二类错误的风险是多大。假设某个情况下，弃真的风险是3%，这个时候纳伪的风险是多少？很多人会说是97%。这是不对的。统计分析只能告诉我们，在这种情况下，如果我们决定接受零假设，犯纳伪错误的风险很大，但究竟有多大，是不知道的。这倒不是因为统计学家诚实，而是因为统计分析体现的是概率思维。按照概率思维，万事都可能，无物是必然，既然如此，就不可能百分之百认识世界。如果两类错误的风险都能算清，那就相当于对世界有百分之百的认识。但事实上，我们对世界的认识永远是有限的，能把犯一类错误的风险算出来就已经不错了。但是，我们可以换个说法，把客观的说法变成主观的说法。主观的说法是：犯一类错误的风险小到可以容忍，意味着犯二类错误的风险大到不可容忍。这样，就老老实实承认了我们是人，无法逃避犯错的可能性，不是神，也不是不可能犯错的教皇（按：教皇不可能犯错，即papal infallibility，至今仍然是罗马天主教廷坚持的信条）。概率的世界是个不确定的世界，不管我们做什么决定，都要冒风险。

（七）小结：路灯与路标

显著度检验分六步来走，六步走相当于晚上走路拐六个弯，每次拐弯，都得小心。得有路灯，还要有路标。灯得亮着，路标得看清。显著度检验有点像走迷宫，每步都很简单，只是容易迷路。虽然有点绕弯子，但是很好玩。也很像拼图，每一片都很简单，但把每一片都装在脑子里，再按照正确的次序组装出整块拼图，就有些挑战性，不过玩智力游戏的乐趣也在这里。彻底搞清楚显著度检验需要点时间，经常是今天搞清楚了，明天又搞不清楚了，后天搞清楚了，大后天又搞不清楚了。测试是不是真懂了，有个简单办法，就是看能不能把假设检验的逻辑重新构建出来。先按顺序，一步一步地构建。这个练习有点像八股文，但很值得做。统计分析讲究思维周密，如果只追求正确结论，就无趣了。一步步想，一步步写，好比做数学题，不是只要结果，还要一步步的过程。统计软件往往制造一种幻觉，点几下鼠标，计算机马上出结果，让你觉得统计分析很容易，其实统计分析不那么容易。熟悉以后，还可以选取任意一步作为起点重构显著度检验的全过程，相当于背书可以倒背如流。

四、冷静对待回归分析的结果

面对回归分析的结果，要冷静。显著，要冷静，不要头脑发热，以为论文唾手可得。不显著，更要冷静。研究假设来之不易，不要轻易放弃。先倒吸一口冷气，镇定镇定，检验数据，看看编码是否正确，是否不小心把缺省值放进了分析中，是否缺省值太多。如果这一切都没问题，那就想想测量指标是否有问题，想想研究假设是否有道理（make sense），是否言之成理（plausible）。特别是要想一想，两个变项是否曲线相关。曲线相关：U型触底反弹；倒U型亢龙有悔。我在第二章提到过，社会科学研究，除了看线性关系，也看U型曲线关系和倒U型曲线关系。U型曲线关系的经典例子是人的年龄和所需要的照顾之间的关系。一个人，从0岁到120岁，需要的照顾量不断变化，变化趋势呈U型。婴儿需要很多照顾；渐渐长大，需要的照顾越来越少，到了三十岁左右，生活独立性最高，但是再往后，需要的照顾又开始增加，风烛残年，尤其到人生最后一个阶段，很多人像"老小孩"，往往生活不能自理，又离不开人了。分析年龄与所需的照顾量之间的关系，需要做点技术处理，就是把年龄与年龄平方同时纳入回归模型，否则就会看到二者不显著相关。

第三节 参悟显著度检验

一、显著度检验与无罪推定前提下的法庭审判

统计分析的显著度检验与无罪推定前提下的法庭审判，具有高度的逻辑同构。美国很多教科书采用二者的类比，帮助学生理解显

著度检验。我对这个类比记忆深刻,因为我读博士时正赶上辛普森案审判,电视直播,非常轰动。上课时,如果正好直播,教室里空一大半,美国同学都去看电视了。

我们可以从十个方面体会显著度检验与无罪推定前提下法庭审判之间的相似性。

(一) 世界观预设

显著度检验:概率的世界,万事皆可能,无物是必然。

法庭审判:人类的世界,万事皆可能,无物是必然。

(二) 认识论预设

显著度检验:找不到绝对真理。世界究竟是什么样,谁也不知道,永远不可能完全认识清楚。研究假设无法百分之百证实,只能追求相对真理。不追求绝对真理,只追求有足够的信心决定是放弃还是接受零假设,从而断定一个关系是"显著"还是"不显著"。

法庭审判:找不到绝对真相。案发时到底是怎么回事,谁也不知道,凶手自己也不完全清楚。实质正义可望不可即,只能追求程序正义。不追求绝对真相,只追求有足够的信心断定是否放弃无罪推定。

(三) 理论预设

显著度检验:两个变项的变化未被断定显著相关,就等同被认定为不显著相关。

法庭审判:一个嫌疑人未被断定有罪,就等同被认定为并非有罪。

(四) 研究假设

显著度检验:此变项的变化与彼变项的变化有系统的、非随机的关系。

法庭审判:此人与此案有系统的、非随机的关联。

(五)零假设

显著度检验:此变项的变化与彼变项的变化没有系统的、非随机的关系。

法庭审判:此人与此案没有系统的、非随机的关联。

(六)归谬推理

显著度检验:如果零假设为真,观察到这样一个样本统计值的概率小到难以置信的地步,然而我们观察到了。我们抽到了一个随机样本,在里面观察到了这样一个样本统计值。根据概率论,我们可以根据样本统计值推断总体参数。脑筋急转弯:如果零假设是真的,如果总体中两个变项的变化之间没有任何关系,那么抽出一个如此这般样本的概率微乎其微,然而我们抽出了这样一个样本。

法庭审判:如果无罪推定成立,犯罪现场找到这样一个东西的概率小到难以置信的地步,然而我们找到了。控方、检方专业地搜查了现场,找到了这样一个可以作为物证的东西。根据犯罪学,我们可以根据旁证、物证(毋需人证、口供)推断案情。控方目的是证明被告有罪,做法是绕个弯子,说如果被告无罪,那么出现某个证据的可能性微乎其微。在辛普森案中,有个关键证据是控方声称警察在现场找到了辛普森的手套,上面还有刀痕。这里有个脑筋急转弯。控方律师说,如果辛普森不是作案人,他的手套出现在谋杀现场的可能性微乎其微。然后急转弯,警察在现场发现了他的手套。如果辛普森跟这个案件没有关系,那么现场发现他的手套的概率是非常小的。而警方发现了他的手套,就意味着极小概率的事件发生了。换句话说,控方通过出示证据,希望说服陪审员放弃零假设,因为这个时候犯一类错误——错判一个好人——的概率微乎其微,而犯二类错误——放走一个坏人——的概率是很大的。

(七) 慎勿轻动

显著度检验:即使零假设为真,仍然可能观察到这样一个样本统计值,所以,观察到这样一个样本统计值,并不意味着零假设一定是假的。研究是严肃的事业,放弃零假设,要超越合理怀疑(beyond reasonable doubts)。学者判断的,不是两个变项是否真相关,而是是否放弃零假设。通常情况下,学者永远不知道总体参数。犯一类错误(放弃一个真的零假设)的风险永远存在。至于多大的风险可以容忍,学术界有清晰明确的标准。

法庭审判:即使无罪推定成立,犯罪现场仍然可能找到这样一个东西,所以,找到了这个东西,并不意味着被告一定是作案人。人命关天,放弃无罪推定,要超越合理怀疑。陪审团判断的,不是嫌疑人到底是不是犯了罪,而是是否接受对嫌疑人的无罪推定。法律语言很有意思,陪审团投票判断嫌疑人,是判断 guilty or not guilty,不是判断 guilty or innocent。接受无罪推定不等于确认被告无辜,放弃无罪推定也不等于确认被告一定是罪犯。通常情况下,陪审团成员永远不知道被告到底有没有犯罪。冤枉好人(放弃一个真的无罪推定)的风险永远存在。至于多大的风险可以容忍,陪审团成员心中应该有清晰明确的标准。

(八) 程序正义

显著度检验:重视支持放弃零假设的证据,同样重视支持接受零假设的证据。量化方法论的这一基本原则,靠方法论培训,也靠学者自觉。不能偏听偏信,只看支持放弃零假设的数据分析结果,忽视支持接受零假设的结果。

法庭审判:重视支持放弃无罪推定的证据,同样重视支持接受无罪推定的证据。程序正义的基本原则,靠法治体系,也靠法官维护。法官保证控辩双方公平发言,不能控方在那里滔滔不绝,辩方得不到说话机会,也不能辩方出示了好多证据,控方没有机会让证人说话。

(九)天人交战

显著度检验:不使用不切实、不可靠的数据,不篡改数据,不伪造数据。

法庭审判:不接受不合法的证据,不加工证物,不伪造证物。有个美国电影,控方律师坚信被告是真凶,然而苦于找不到有力的证据。他委托好友,制造了伪证,但在审判的关键时候,他犹豫了,没有让安排好的人把证据带上法庭,败诉。在辛普森案中,控方律师说手套如何如何,结果辛普森当场一试,手套不合手。铁证被证明是伪证,炮弹从后膛冲出,瞬时爆炸。控方律师被认为是"想方设法输掉了官司"(managed to lose the lawsuit)。

(十)人神之间

显著度检验:知其不可而为之。明知总体参数不可确知,但坚持设法接近总体参数。不发表,就出局;要发表,必须放弃零假设;发表了,也可能出局,因为放弃了真的零假设。决定放弃零假设有风险,零假设可能是真的,你可能放弃了真的零假设。接受零假设也有风险，因为你可能接受了一个假的零假设。不管是接受还是放弃都要冒风险，我们要决定到底愿意承担多大的风险。社会科学比较宽松，风险不超过5%就可以。医学研究、药学研究，标准就是1%、0.1%，甚至更苛刻。

法庭审判：陪审团成员明明是人，却不得不扮演神的角色。控方律师说：种种证据显示，此人与此案有关，我们敦促你们放弃无罪推定，否则就会放走一个坏人。听了控方律师的陈词，陪审员默默对自己说：慎重！提防二类错误，谨防放走罪犯。辩方律师说：种种证据显示，此人与此案无关，我们敦促你们不要放弃无罪推定，否则就会冤枉一个无辜。听了辩方律师的陈词，陪审员默默对自己说：慎重！提防一类错误，谨防冤枉无辜。陪审员最后根据什么做判断呢？根据两个东西，一个是他愿意承担的风险。我们可以想象一下，如果审判的是杀人案，那么陪审员愿意承担的犯一类错误的风险是很小的，因为被告可能因此坐很多年的牢，甚至可能被判死刑。但如果是盗窃案，那么陪审员愿意承担的犯一类错误的风险相对大一些，反正刑罚顶多就是关几年。也许正因为陪审员有这个考虑，辛普森赢了刑事官司，却输了民事官司。陪审员做决定的第二个依据是控辩双方出示的证据以及庭审辩论的情况，并据此评估如果投被告有罪的票，需要承担多大的风险，这个风险是不是超过了他愿意承担的风险，或者说是不是超过了合理怀疑的限度。当陪审员是很煎熬的，因为就像我们刚才说的，两类风险永远存在。如果愿意承担犯一类错误的风险，也就是认为被告是有罪的，那就可能把一个无辜的人关起来了；另一方面，如果愿意承担犯二类错误的风险,也就是认为被告是无辜的,那就可能把真正的凶手给放了。总而言之,这个风险是逃不掉的。而且一个案子也不可能审好几年,陪审员必须在没有十足把握的情况下比较自己愿意承担的风险和根据现有证据估算出来的风险,然后做个判断。

二、 大胆假设, 小心求证, 良心决断

显著度检验比较复杂,但不艰深。检验的全过程绕弯子,但每个环节都很简单。参照无罪推定原则下的法庭审判程序与实践,我们可以轻而易举地重构统计显著检验的逻辑。第一步,提出研究假设。这时,学者的角色是控方律师。这个阶段,是胡适先生说的"大胆假设"。第二步,审视零假设。这时,学者的角色既是控方律师,又是辩方律师,双方唇枪舌剑,都是为了说服陪审团的成员。学者想写文章,必须推翻零假设,所以要看有利于推翻放弃零假设的证据;同时,学者要保证研究结果站得住脚,所以也要看不利于放弃零假设的证据。这个阶段,是胡适先生说的"小心求证"。第三步,根据小心求证的结果,决定是否接纳零假设,这取决于我们愿意承担多大的犯一类错误的风险。这时,学者扮演陪审团成员。最后这个阶段,胡适先生没提,我称之为"良心决断"。

做学问,也要讲良心。讲良心,或良知,就是不拿自己也不信的东西浪费同行的时间,更不用来骗名骗利,从而变相欺诈同行,间接剥夺同行应得的利益。不伪造数据,是最起码的良心;不拷打数据,是更严格的良心;不夸大、不伪饰研究结果,是最严格的良心。这一点,说起来容易,做起来难。做数据分析,说结果"出炉"已经是夸张的说法。实际上,一敲键盘,分析结果就出现在屏

幕上。定睛看看,犯一类错误的风险是 0.1%,好极了,bravo! 大可以拍拍胸口,放弃零假设,问心无愧;10%,稍微有点为难,稍微而已。学术界有认可的办法,就是修改研究假设,不是简单地假设两个变项有关系,而是假设它们正相关或负相关,这样就可以单边检验零假设,结果显示 10%,就变成了 5%,万事大吉;11%,麻烦就大了点,做单边检验,在 95% 水平上也不显著,怎么办?可以自己放宽标准,把单边检验的标准定为 90%,但原教旨派评审很可能不接受这个标准,要费口舌笔墨。超过 21%,就真为难了,要不要鼓捣鼓捣数据,把理论上必须控制的某个变项以神不知鬼不觉、只有自己清楚的方式请出回归模型,全凭学术良心。

多了一个"良心决断",显著度检验比普通的定性分析困难,也让它根本不同于法庭审判。前面说过,显著度检验与无罪推定前提下的法庭审判具有几乎完美的逻辑同构。但是,二者有个本质区别。法庭审判,理论上有四个关键角色:检控方、辩护方、法官、陪审团。这四个角色的利益有直接或间接的矛盾甚至冲突。在实践中,四个角色由四组人扮演,四组人各自独立、各自竭尽全力追求自身利益最大化,四个角色的扮演,都有虽不完美然而充分(imperfect but adequate)的程序保障,也有永远过度(always excessive)因而互相抑制(mutually restrictive)的自利冲动。显著度检验,理论上也有四个角色:追求创新的学者,证明创新的学者,遵守学术规范的学者,坚守学术良心的学者。学者的研究能力与学术道德,集中体现在能否尽心竭力演好全部四个关键角色,一会儿是控方律师,一会儿是辩方律师,一会儿是法官,一会儿是陪审员。一方面,自己挑战自己,免得文章投出或发表后被别人诘难;另一方面,想方设法为自己辩护,不轻易放弃自己的直觉和灵感,希望在熟悉的资料和观察中挖掘出新机制。整个研究过程,自己跟自己辩论,自己说服自己,自己反驳自己,自己维持辩论秩序,自己决定怎样投票。一句话,大胆假设,小心求证,良心决断,三大任务一体担当,各个难题自己面对。在实践中,所有学者都能演好其中一个角色,很多学者特别擅长扮演某个角色,有些学者能演好两三个角色,很少学者能演好四个角色。理论上,研究团队可以分工合作,实际上,显著度检验经常是主要调研人(principal investigator,尊称"首席",雅称"PI",俗称"老板")的独角戏。

四个角色都不好演,都演好更不容易。"资深学者"比较有资本做相对容易的"法官",甚至"陪审员"。很多学者,特别是年轻人,必须扮演第一个角色,往往只愿意扮演第一个角色,入戏太深,自然痴迷,难免走火入魔。换句话说,年轻学者很容易把应该自己演的另外三个角色拱手相让,任由其他学者扮演,遭遇挫折,甚至无情打击,几乎不可避免。他们这样做,是忽略了一个基本事实:最好的学术界也只是市场,竞争大体公平,但无情激烈。何况学术界经常是个江湖,门派林立,不做足自保功夫,就把文稿投出,是学了许褚,赤膊上阵。有的人不怕受伤,喜欢血淋淋地成长,那很好。如果胆子小,皮不够厚,最好是下功夫演练,按照顺序,扮演控方、辩方、法官、陪审员的角色。自己跟自己斗;一会儿鼓励自己要大胆,一会儿提醒自己要小心,一会儿还要警告自己讲良心。最后一点特别难,尤其是没端稳饭碗的时候。再说一次,不伪造数据,是最起码的良心;不拷问数据,是更严格的良心;不夸大伪饰结果,是最严格的良心。讲良心是最好的自保手段。学者千万不能有侥幸心理,不要蒙混过关。发表的文章会跟随我们一辈子。年轻学者可能觉得,今年发个文章,五年后肯定就没人看了。这样想,是先把自己看扁了,是失败主义的想法。你学问做得不好,不用说五年,现在也没人看。但是,你学问做得好,即使现在没人看,五年后、十年后一定有人看。你成了名学者,就成了明靶,大目标。不喜欢你的人会细看,崇敬你的研究生更会细看,不仅看,还会重复你的研究。研究生是学者最畏惧的读者,他们会跟老师说,你把数据库给我,我重复做一遍,跟你学。如果你现在蒙混过关,将来你的研究生一下子就会发现。

第五章
多变项分析： 由面到体

世界不是一条线，也不是一个面，而是一个复杂的多面体。多变项分析有两个具有表面张力的目的，一是靠近现实，构建最大限度描绘现实的模型；二是简化现实，构建最简单的模型。

第一节 多元回归分析

回归分析，因变项只有一个。双变项回归，一个自变项；多变项回归，有两个或更多个自变项。做多元回归分析，目的是探讨两个或多个自变项的变化对于同一个因变项的变化是否有独立的、非随机的关系。做多元回归的理由是，一般来说，一个现象的发生不会只有一个原因，而是有很多原因，这就是哲学讲的一果多因。一果多因，我们需要做三个判断：（1）辨别真伪；（2）周全解释；（3）权衡轻重。

在多变项回归分析中，变项之"变"指的是：被预设为自变项的一个属性，在另一个（或另几个）也被设定为自变项的属性保持不变（即不因人而异，术语是"被控制住"）的情况下，其变化

（因人而异）是否以及如何影响被设定为因变项的那个属性的变化。双变项回归分析，假定世界上只有两个变项，一个原因，一个结果，假定没有其他变项跟自变项共存共变，从而假定没有其他事物影响被设定的因变项。这些假定显然不现实。多元回归分析贴近现实，全面考虑各种可能影响因变项之变化的因素，剔除其他可能的原因对因变项变化的影响，判断某个自变项对于因变项的变异的净影响是否"显著"。控制了其他变项的干扰，被分离出来的净共变，只在逻辑上有绝对的有无；在现实世界中，有是有，无也是有，区分只在于显著与不显著，可观不可观，是否值得关注；衡量有无，用显著度检验；测量净共变的强弱与方向，用净回归系数。净回归系数，也分为"未标准化的"与"标准化的"，前者用量化变项时采用的测量单位计算，后者用标准值作为测量单位。

一、辨别真伪

某个貌似原因的变项是否真是原因？这是鉴别真原因与假原因，或者排除似是而非的因素。我们猜测某个被视为原因的因素其实与因变项没有因果关系，为了验证，我们做多元回归，看考虑到其他因素的影响后，这个被视为原因的变项与因变项是否还有显著的相关。统计学教材的经典例子是，冰激凌消费量与海滨溺水事件的数量有没有因果关系。某个海滨城市的两组数据，一组是每天的冰激凌消费量，一组是每天海里溺水事件的数量。这两个变项高度相关，没有人会认为这二者之间有因果关系，但并不是每个人都能从方法论角度说明，这里观察的相关是似是而非的相关或伪相关（spurious correlation）。我们凭借常识就知道，气温的变化是冰激凌消费量和溺水事件数量变化的共同原因。温度越高,怕热的人越喜欢吃冰激凌;温度越高,游泳的人就越多,发生溺水意外的概率越大。如果把气温控制住,冰激凌消费量和溺水事件数量之间的相关就不显著。

统计分析中的"控制"就是排除干扰,苹果与苹果比,桔子跟桔子比。钱钟书先生小时上私塾,老师让造句,句型是"什么比什么大"。钱先生的答案是"狗比猫大,牛比羊大",老师很满意。另一个同学,翻来覆去就是"狗比狗大,狗比狗小",结果被老师骂了一通。从统计分析的角度看,后一个同学的造句是有道理的。牛比羊大、狗比猫大不值得讨论,但为什么有的狗大,有的狗小,很值得研究。如果要对食草动物个体的食草量与体重增加量的关系进行回归分析,就要控制物种这个变项,逻辑就是牛跟牛比,羊跟羊比,不能牛跟羊比。控制就是提高可比性,控制越严密,可比性越高,比较的结果越可靠。

我们以雇员数据为例,说明统计分析的所谓控制究竟是什么意思。我们知道,在美国,少数族裔的人很关心是否少数族裔对年薪、职位、教育的影响。我们先扮演民权律师(civil rights lawyer),指控公司的薪酬有种族歧视。我们做双变项回归,以是否少数族裔为自变项,年薪为因变项。零假设是二者之间没有关系。少数族裔这个变项,1表示是少数族裔,0表示不是少数族裔,是白人。未标准化的回归系数是-7309。也就是说,自变项从0到了1,从白人变成少数族裔,年薪会减少7309美元。t值是-3.9,标记的概率小于千分之一。也就是说,如果零假设是真的,那么抽到这样一个样本的概率小于千分之一。如果我们愿意承担5%犯一类错误的风险，我们的结论就是：是否少数族裔对年薪有显著影响，该公司存在种族歧视。

回归系数[a]

模型		未标准化的回归系数		标准化的回归系数	t 值	显著度
		B	标准误	Beta		
1	（常数）	36023.311	874.576		41.189	.000
	是否少数族裔	-7309.369	1867.111	-.177	-3.915	.000

a. 因变项：年薪

现在我们扮演公司的辩护律师。我们的论证是：民权律师的统计分析有致命伤，没有控制应该控制的变项。根据经济学理论，教育是人力资源投资，投资多，回报多，"天经地义"。影响年薪的是教育程度。要判断是否少数族裔是否有显著影响，需要控制教育程度。在这里，研究假设是：在教育程度相同的情况下，是否少数族裔与年薪的高低有系统的关系。零假设是：在教育程度相同的情况下，是否少数族裔与年薪的高低没有系统的关系。控制教育程度，就是排除它对年薪的影响，就是同等教育程度的少数族裔与白人比。如果不论一个雇员是什么族裔，教育程度越高，年薪越高，就不能说是歧视。"在教育程度相同的情况下"是个普通说法，用专业术语说，就是控制教育程度这个自变项对于年薪这个因变项的影响。按照教育程度分组，把教育程度一样的少数族裔和白人分到一组,再比较这个组里面少数族裔和白人的年薪。如果教育程度相同的少数族裔雇员和白人雇员的年薪没有系统性的差异,就不能认为这家公司存在种族歧视,因为年薪的差距是由于教育程度的不同,而不是由于肤色的差异。温馨提示:"天经地义"加引号,原因是,民权律师可以说,美国的教育制度本来就不公平,不同族裔的人受教育的机会是不均等的,但这就不能说是这家公司的问题了。

资方律师建议的多元回归的结果如下。

回归系数[a]

模型	未标准化的回归系数		标准化的回归系数	t 值	显著度
	B	标准误	Beta		
1 (常数)	16539.241	2885.888		-5.731	.000
是否少数族裔	-3757.640	1428.168	-.091	-2.631	.009
教育程度(年数)	3838.197	205.095	.648	18.714	.000

a. 因变项:年薪

回归分析结果显示,控制了教育程度,是否少数族裔对年薪仍有显著影响。同时,教育程度也有显著影响。两个自变项,都有对应的标准误和 t 值。如果我们愿意承担的犯一类错误的风险是 5%,那么就应该拒绝零假设,得出这样的结论:在教育程度相同的情况下,是否少数族裔对年薪有系统性的影响。温馨提示:在多元回归分析中,有几个自变项,就有几个零假设,每个零假设都是关于一个总体参数的零假设,每个总体参数都是一个净(偏)回归系数。

不过,是否少数族裔的净影响虽然显著,但影响量大幅度减少。控制了教育程度,少数族裔的年薪还是比白人低,但不是低7309美元,而是低3758美元。教育程度的净影响也减小了。第四章提到过,只看教育对年薪的影响,教育程度每增加1年,年薪就增加3909美元。但在这个模型里面,教育程度的未标准化的回归系数变成了3838,因为少数族裔对年薪的作用和教育对年薪的作用有重合。

我们继续扮演资方律师,再控制一个"光明正大"影响年薪的变项,即雇员是不是经理。温馨提示:"光明正大"加引号,因为是否少数族裔可能对是否经理有系统影响,见第六章。

回归系数[a]

模型	未标准化的回归系数		标准化的回归系数	t值	显著度
	B	标准误	Beta		
1 (常数)	7697.047	2471.989		3.114	.002
教育程度(年数)	1620.648	189.542	.274	8.550	.000
是否经理	28361.154	1444.840	.635	19.629	.000
是否少数族裔	-768.351	1070.696	-.019	-.718	.473

a. 因变项:年薪

结果显示,控制了教育程度和是否经理,是否少数族裔对年薪不再有显著影响。教育程度相同,是否经理也相同(即经理跟经理比,非经理跟非经理比),少数族裔的年薪还是比白人低,但只低

768美元，犯一类错误的概率高达47%，远远超过通常能接受的5%。结论：是否少数族裔对年薪的影响统计上不显著。

作为资方律师，我们辩护成功。可是，我们更想扮演的角色是民权律师，我们想写文章论证该公司有种族歧视。资方律师赢了，自然意味着民权律师败了。我们研究一时受挫，但不是彻底失败，可以另谋出路。比如，我们可以考虑以是否为经理为因变项，继续追究这个公司是否有族裔歧视。

二、周全解释

我们想探索哪些因素对因变项的变化有影响。比如我们已经知道了雇员的年薪有差别，但想知道还有哪几个因素影响了雇员的年薪，那就要看一系列的自变项里面有哪几个的影响是显著的，而且是在控制了其他变项的情况下仍然是显著的。分辨哪些变项是显著的原因，把全部显著的原因都纳入模型。这样做是为了寻找对因变项之变化的周全解释。

三、权衡轻重

跟做二元线性回归类似，我们做多元线性回归也关心变项的回归系数。但跟二元线性回归不一样的是，多元回归里面既要看未标准化的回归系数，也要看标准化的回归系数。未标准化的回归系数告诉我们，减掉其他自变项能够解释的部分以后，每个自变项对因变项的净影响是多少。换言之，若要分辨各个显著原因的相对重量，需要看标准化的净（偏）回归系数。

讲到净（偏）回归系数，顺便说句题外话。心理学研究发现，受虐与施虐往往是一体两面，有些人先受虐，后施虐。传统中国社

第五章 多变项分析：由面到体

会的婆媳关系，是受虐与施虐代代轮回相传的典型。面对莫名其妙的术语，有些人好像也表现出这种两面性。他们自己当学生时可能学得十分苦恼，刚学会时，很反感炮制这些术语的人故弄玄虚，甚至不懂装懂。可是，等他们终于有了教书资格，却不体谅学生，不把黑话译成白话，帮学生尽快克服本不应该存在的舶来语障碍。相反，他们深藏若虚，悄然乐见学生重复自己当年的遭遇，甚至还可能向学生炫耀自己当年如何一眼看穿术语迷雾。很多莫名其妙的术语，可能就这样从某些人的自负、自私、自恋获得了强大的生命力。我遇到的古怪舶来术语中，"质化"算一个，"嵌入"算一个，"田野"算一个，这里讨论的"偏回归系数"也算一个。Partial regression coefficient 的"partial"指的就是"部分"或"局部"，与偏正的"偏"毫无关系。然而，很多专家就是偏偏用"偏"，不用比较易懂的"净"。

下图直观地显示了净（偏）回归系数的意思。

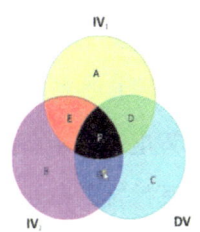

PARTIAL CORRELATIONS

套用雇员数据。DV，因变项，年薪；由 C、D、F、G 四部分组成的圆，是用平均年薪预测 474 名员工年薪得出的总误差，即平方和。

IV$_1$，一号自变项，教育程度，由 A、E、F、D 四部分组成的圆，是用平均教育程度预测 474 名员工教育程度得出的总误差，即平方和。

IV$_2$，二号自变项，是否经理，由 B、E、F、G 四部分组成的圆，是用当经理的平均概率预测 474 名员工当经理的概率得出的总误差，即平方和。温馨提示：我们先姑且把概率当成一个从 0.0001 到 0.9999 的连续变项，第六章有更准确的解释。

双变项回归，以教育程度为自变项，以年薪为因变项，看到的回归系数是 D 与 F 相加。

双变项回归，以是否经理为自变项，以年薪为因变项，看到的回归系数是 G 与 F 相加。

三变项回归，以教育程度与是否经理为自变项，以年薪为因变项，看到两个净回归系数，D 标志教育程度与年薪的净回归系数（partial coefficient），是教育程度对年薪的净贡献（net contribution）或净影响（net effect）；G 标志的是否经理与年薪的净回归系数，标志是否经理对年薪的净贡献或净影响。F 是教育程度与是否经理共同对年薪产生的影响，在分析教育程度对于年薪的净影响时，在分析是否经理对于年薪的净影响时，都被排除在外，都被控制住。

教育程度和是否经理这两个变项各自解释了多少年薪的变化？哪个贡献更大？回答这个问题，看看这两个变项的标准化的净回归系数的绝对值就可以了。回归分析结果是，教育程度发生 1 个标准差的变化，年薪就会发生 0.274 个标准差的变化。相形之下，是否经理的概率发生 1 个标准差的变化，年薪发生 0.635 个标准差的变化。两个自变项对因变项的影响孰轻孰重，一目了然。

四、标新立异

做多元回归还有一个重要功能，就是标新立异。你可以把自己特别关注的自变项设定为解释变项（explanatory variable）或者感兴趣的预测变项（predictor of interest），把已经被其他学者证明相关的变项设定为控制变项（control variables）。你要说服其他学者你感兴趣的变项确实对因变项有显著影响，就需要做多元回归分析。

五、共线性就是同语反复

做回归分析，不要把高度相关的自变项同时放进回归模型，否则就会出现共线性问题。多元共线性（multicollinearity）不大好理解，简单说，共线性就是同语反复。一个道理，不管多么重要，连说两次，控制了其中一次的效果，另一次的效果不显著，这就是共线性问题。

我编造了一个容易理解的例子说明共线性问题。我们分析小学生的年龄和认识的汉字的数量，发现年龄越大认识的汉字越多。如果做回归分析，因变项是识字量，年龄是自变项。但是，如果把上学的年数也作为自变项纳入回归模型，就会出现共线性问题。上小学的年龄是固定的，比如7岁上一年级，8岁上二年级，对小学生来说，年龄与上学年数这两个变项高度相关。假定研究一组7至12岁的儿童，以识字数量为因变项，自变项有两个，一是年龄，一是学龄。如果分别做二元回归，会发现识字数量与年龄显著正相关，与学龄也显著正相关。但是如果做多元回归，会发现，控制了年龄，识字数量与学龄不相关；控制了学龄，识字数量与年龄不相关。原因就是年龄和学龄对于小学生来讲差不多是完美的正相关。

我们也可以用雇员数据为例说明共线性问题，不过需要篡改数据。我们把教育程度简单复制为另一个变项，命名为"上学年数"（schooling）。然后任意篡改这个"新"变项的一个数据，把任意一个雇员的教育程度减少一年，然后把"教育程度"与"上学年数"这两个几乎相同的变项都放进回归模型，就会得出下面的结果。温馨提示：不篡改数据，SPSS 会拒绝分析，因为数据有"完美的"共线性问题。

回归系数[a]

模型	未标准化的回归系数		标准化的回归系数	t 值	显著度
	B	标准误	Beta		
1 （常数）	-18279.988	2820.105		-6.482	.000
教育程度（年数）	20631.033	12838.052	3.486	1.607	.109
上学年数	-16727.537	12841.345	-2.825	-1.303	.193

a. 因变项：年薪

不出所料，控制了教育程度的影响，上学年数对于年薪的影响不显著；控制了上学年数，教育程度对年薪的影响不显著。

六、多元回归系数是合力

前面提到过，做二元回归时，多元相关系数，就是回归结果中大写的 R，其实是二元回归系数，比较容易理解。做多元回归时，也就是说，有两个或更多个自变项，多元相关系数比较难理解。原因是，多元回归系数永远是正数，变化区间是从 0 到 1，不像相关系数那样从负 1 到正 1。有些自变项与因变项是负相关，为什么多元回归系数总是正的？理解这个概念，比较好的办法是想象一个多维空间，正相关的自变量把因变项的值往上拉，负相关的自变量把因变项的值往下拽，两股力量汇聚成一股合力，合力的方向规定为正方向。这样理解有点勉强，不过，除非你想达到专家的懂，否则这样半懂也可以。

模型总结

模型	R	R 平方	调整过的 R 平方	估计的标准误
1	.834[a]	.695	.693	$9,464.284

a. 自变项：(常数)，是否少数族裔，教育程度（年数），是否经理

七、判定系数告诉我们合力的威力

除了看各个自变项对因变项的影响，我们也看模型的整体情况。还是拿衣服作比喻，回归模型是件衣服，平均值也是件衣服，只不过是件高度简化的衣服。这两件衣服对应的是同一个身体，也就是我们的数据。这两件衣服都不怎么合身，但前一件显然比后一件更合身。比如，有一件刘翔的衣服，有一件姚明的衣服，穿在我身上肯定都不合适。但是，对我来说，刘翔的衣服比姚明的衣服更合身一点，因为误差较小。更重要的是，衣服有很多部分，二元回归是一件很简单的衣服，多元回归是一件比较复杂的衣服，对肩

膀、腰身都有了界定,所以会更加合身。

测量合身度,要看判定系数 R^2。这里要注意一点,虽然理论上来说 R^2 越接近 1 越好,但在政治学和其他社会科学里面,如果 R^2 太大,会招来怀疑。因为社会科学能解释的东西其实很少,R^2 太高往往是因为自变项跟因变项是同一个东西。所以,我们不要太看重 R^2 大不大。

八、小结:多元回归与一果多因

我们可以把回归分析的要点总结如下:回归分析是追本溯源,是由此及彼。相关关系是因果关系的必要条件,但并非充分条件。统计控制是排除干扰。偏回归系数是净重,我们可以根据标准化的回归系数的绝对值比较各个自变项对因变项的影响。判定系数告诉我们回归模型在多大程度上适合数据。

第二节 因子分析和量表构建

OLS 回归要求因变项是连续变项,但社会科学研究中连续变项很少。因子分析与量表构建是把相关分析和回归分析作为分辨和测量潜在连续变项(因子)的工具。

一、什么是因子分析?

因子分析是由可见推想不可见。把 factor 译为"因子",是内行人的译法。因是原因,子,如同"分子"和"原子"的子,指的是肉眼看不见但肯定存在的对象。因子分析的作用是化繁为简,由表及里。

二、直言相询与旁敲侧击

因子分析和量表构建，归根结蒂是利用相关分析和回归分析更准确地测量潜在的连续变项。潜在的连续变量是实在的，但不能直截了当地测量，只能旁敲侧击。比如，我们分析选民是保守派还是自由派，不能直言相询，因为每个人对"保守派"和"自由派"的理解不一样。我们只能设计一些指标问题，根据受访人对这些问题的回答，推断他内心的态度或价值观。俗语说：画龙画虎难画骨，知人知面不知心。社会科学家知难而进，偏要画骨知心，手法就是旁敲侧击，即英文说的 tap。既然是旁敲侧击，不是单刀直入，就需要设计一些相近的指标探测一个潜在因子。因子分析可以帮我们确定哪些指标测量同一个因子，可靠性分析可以告诉我们根据几个指标构建的量表是否足够可靠。

三、旋转因子

因子分析背后的假定是物以类聚，人以群分。但是，现实世界中，类聚与群分是相对的，个体之间总是有千丝万缕的关系。态度、价值观、偏好，更是彼此关联。为了便于分析，我们总是尽量把分析对象提纯，就是把现实简化。现实中彼此关联的，我们在分析时假定它们不相关。这时用的统计技术是旋转因子。因子分析默认各个因子相互关联，旋转因子就是让它们彼此分离，从而更清晰地呈现因子结构。最常用的旋转方法是对因子进行直角旋转，就是假定它们零相关。SPSS 的术语叫方差最大化（varimax），即 maximize the amount of variance each factor accounts for，意思是让每个因子解释的指标的方差达到最大程度。

《中国调查》里有个问题："下面有一个量表,表中的0代表我国根本不存在这方面的问题,10代表这方面的问题在我国非常严重,请您在量表中选择一个数字表示您的态度。然后列举了11个问题:环保(c1a)、教育(c1b)、国防(c1c)、稳定(c1d)、民主(c1e)、耕地(c1f)、言论(c1g)、腐败(c1h)、出版(c1i)、犯罪(c1j)、酗酒(c1k)。"

分成矩阵 [a]

	成分		
	1	2	3
国防 c1c	.697		
教育 c1b	.615		
民主 c1e	.717		
犯罪 c1j	.598	.540	
环保 c1a	.569		
稳定 c1d	.726		
耕地 c1f	.544		
腐败 c1h	.543		
言论 c1g	.654		
酗酒 c1k	.541	.516	
出版 c1i	.654		

提取方法:主要成分分析
a. 提取了三个成分

我们对11个指标做因子分析,结果显示从中可以提取三个自身值(Eigenvalue)超过1的因子,即下表中所说的"成分"(component)。这三个因子是相互关联的,有交集,有重合。可是,我们为了方便分析,需要把跟各个因子关系密切的指标鉴别出来,然后用这些指标构建量表。这时,就需要旋转这三个因子。

我们做个比较,这是旋转之后的因子结构。温馨提示:为了看清因子结构,我让 SPSS 在输出结果时删除了绝对值小于 0.5 的因子负载。

旋转后的成分矩阵[a]

	成分		
	1	2	3
国防 c1c	.749		
教育 c1b	.536		.516
民主 c1e	.711		
犯罪 c1j		.759	
环保 c1a			.734
稳定 c1d	.731		
耕地 c1f			.616
腐败 c1h			.624
言论 c1g	.716		
酗酒 c1k		.775	
出版 c1i	.591	.546	

提取方法:主要成分分析
旋转方法:实施 Kaiser 正态化的方差最大化
a. 旋转经过 15 次迭代后收敛

旋转的效果,一目了然。旋转以后,我们再看哪几个指标构成一个因子，清楚多了。可是，因子旋转究竟是怎么回事，为什么旋转以后因子结构变得更加清楚。对这两个问题，要达到专家的懂，很难。我想了个办法绕开复杂的数学问题。办法是土办法，不过用的是洋例子。我们知道，不久前，世界有三大男高音，第一是帕瓦罗蒂，第二是多明戈，第三是卡雷拉斯。他们三位在人民大会堂演出过，后来还在紫禁城演出过。在人民大会堂演出那次，台上三大男高音，台下一万观众。这些观众，肯定各有所好，至少是有所偏重，有的人主要冲帕瓦罗蒂来，是帕粉；有的人主要冲多明戈来，是多粉；有的人主要冲卡雷拉斯来，是卡粉。当然，也有人对三大男高音不加分别。

假如我们好奇，想把观众中的帕粉、多粉、卡粉区分开，用什么办法？我们可以观察。多明戈唱的时候，有的观众闭着眼睛休息，那肯定不是多粉。同样，卡雷拉斯唱的时候，也有观众闭目养神，那肯定不是卡粉。可是，仅仅靠这样的观察，我们还是分不清谁是谁。比如，不是多粉，究竟是帕粉还是卡粉呢？这里遇到的麻烦，原因是这三位是在同一个舞台上联袂演出。他们是个团队，彼此相关，有时独唱，有时合唱。如果真想把他们的粉丝分辨出来，那就得把这个团队拆散，设三个舞台，彼此成九十度角，让三大男高音唱对台戏。这样，冲着帕瓦罗蒂来的，肯定就到了帕瓦罗蒂的舞台前，冲着多明戈来的，肯定到多明戈的舞台前，卡粉肯定涌到了卡雷拉斯的舞台。有的人同时粉两大男高音，甚至同时粉三个，他们也有去处，就是三个舞台之间的三角地。用《中国调查》数据做的因子分析，也有旋转后仍然身份不明的骑墙派。

四、构建量表

旁敲侧击能产生很多有用的指标数据，但也制造一个问题，那就是，如果使用不当，高度相关的指标会产生共线性问题。解决这个问题要分两步，一是把主要因子分离出来，二是把折射同一个因子的几个指标聚合起来。

聚合的途径有两个，一个是取因子值，二是构建简单相加量表。构建出的量表可以作因变项，也以做自变项。温馨提示：如果使用的定序指标有长有短，比如，有的指标有5个层级，选项是1至5，有的有四个层级，选项是1至4，那么要先取各个指标的标准值，然后把标准值相加。

构建量表是把旁敲侧击得到的几个指标聚合为一把尺子。构建的尺子是否切实，无法用计量方法判断。要判断量表是不是测量我们想测量的态度或价值观念，只能根据定性分析。不过，尺子是否可靠，可以通过做可靠度分析进行判断。下面的表格是可靠度分析的结果。大家只需要注意三点。第一，社会科学一般要求科隆巴赫的阿尔法（Cronbach's alpha）达到0.7。第二，一般来说，构建量表使用的指标越多，量表的可靠度越高，但这可能牺牲量表的切实度，也就是我们很难说清构建的量表究竟测量什么。第三，量表构建更多地是定性研究，只不过是用定量分析为手段。

科隆巴赫的阿尔法

科隆巴赫的阿尔法	指标的数量
.742	3

单项指标—总数统计值

	删除指标后量表的均值	删除指标后量表的方差	修正的指标—总数相关系数	删除指标后科隆巴赫阿尔法
民主 cle	7.0433	23.420	.498	.737
言论 clg	7.9291	20.446	.625	.588
出版 cli	7.4811	21.968	.585	.638

五、 小结：世界是个丰富多彩的多面体

因子分析与量表构建让最小二乘回归对社会科学更有用。最小二乘回归要求因变项是连续变项，但社会科学中能够作因变项的连续变项很少。为了测量隐含的变项，社会科学家需要设计多个指标旁敲侧击，以多测一。测量后必须分两步化繁为简。一是用因子分析探究多个指标是否测量我们想测量的变项，二是通过构建量表把多个指标聚合成足够可靠的量表。

第六章
对数回归

对数回归（logit regression），即发生率自然对数回归，是以过去的可能性或过去的概率为因变项的回归分析。为了区分过去的可能性与现在的可能性，统计学家约定把现在的可能性叫"概率"，把过去的可能性叫"似然"（likelihood）。在对数回归中，因变项之"变"，是某个事件发生的概率的变化。概率不是复杂概念，但是对数回归处理的概率显得复杂，原因有两个。其一，这里讲的概率指的是过去的概率或过去的可能性。只要采用概率思维方式，这一点就不难理解。实然并非必然，未然本可实然。过去可能发生的，有的发生了，有的没发生；现在没发生的事，过去有可能发生，那个可能性就是过去的概率。其二，在日常语言中，我们可以用百分比描述概率，或者说，我们以百分比作为概率的测量单位。比如，我们说"今天下雨的概率是百分之六十"。但是，在对数回归中，概率的测量单位是发生率的自然对数。统计学家绕了两个弯子，先把概率变成发生率，即一个事件发生的概率与不发生的概率的比率，然后取发生率的自然对数。

对数回归的目的是分析哪些因素以什么方式影响某个事情的似然性，即在过去某个时刻的可能性。认识过去，最好的办法是坐上时光机（time machine），回到过去，观察当时的情况。但这显然不现实。替代方案就是设计思想实验。先看现实，因为现实是已经实现的可能性，现在实现的可能性是过去最大的可能性。思想实验是，根据现实追溯以往，推测在过去某个时刻，当自变项与因变项是什么样的关系时，现实的发生概率最大。这个推测过程，叫做最大似然估计（Maximum Likelihood Estimation）。

第一节　卡方检验

一、实然与应然

第二章介绍过，雇员数据有个变项是工作岗位，我把它重新编码为一个二分变项：是否经理。收集数据时，雇员是否经理是个简单的事实，是就是，不是就不是。但是，在收集数据之前，事情并非如此黑白分明。理论上，每个员工在过去都有当经理的可能性，只是可能性有大有小。哪些因素以什么方式影响当经理的似然性在雇员之间的因人而异？这就是对数回归要回答的问题。

第五章说过，我们扮演民权律师，想拿年薪做文章，指控公司有种族歧视，失败了。我们扮演的资方律师拿教育程度和是否经理当控制变项，打败了我们扮演的民权律师。但是，我在前面提到了，我们不会善罢甘休，否则文章写不出来。年薪不行了，那就拿是否当经理做文章，看看少数族裔在当经理方面与白人是否概率相同。相同，就是机会平等。不相同，就是机会不平等。不平等，就要分析原因，如果原因是天经地义，就不涉及歧视，如果不是天经地义，就可能存在歧视。

判断机会是否平等，只有一个办法，就是比较实然与应然。经理岗位在少数族裔与白人中的实际分布情况，是实然；经理岗位在少数族裔与白人中应该发生的分布情况，是应然。应然的分布情况，是根据一个原则推测出来，这个原则是，是否当经理与是否少数族裔没有显著关系。这个原则相当于零假设，也相当于法庭审判中的无罪推定原则。

为了观察经理岗位在少数族裔与白人中实际的与应该的分布情况，我们要做交叉表。交叉表，也可以译为交叉制表，英文有三个常见的写法：cross tabulation, cross-tabulation, crosstabulation，经常用于展示定类变项或定序变项之间的关系。交叉表，就是让一个变项作为横向向度，也就是行（row），另一个变项为纵向向度，也就是列（column），二者纵横交错，形成表格。按照约定，描述一个表格时，先说行数，后说列数，中间加个"乘"字。比如，两行两列的表，叫做二乘二表（two by two table），二乘二等于四，我们知道这个表里有四个单元格；两行三列的表，叫做二乘三表（two by three table），二乘三等于六，我们知道这个表格里有六个单元格。交叉表，有平面的（flat），有立体的（contingent）。平面列表用于分类。例如，两个向度，每个向度代表一个变项，每个变项有两种状况，两个向度交叉，得到四个组合，每个组合算一类。启功先生说，他当中学教师时，学生把老师分为四类，沿着两个向度划分，一个向度是面相，分为"人面"和"兽面"，另一个向度是心肠，分为"人心"和"兽心",四类老师分别是"人面人心"、"人面兽心"、"兽面人心"和"兽面兽心"。让启功先生感慨的是,学生认为"人面人心"只是理论上的类型,现实中没有实例。

与平面的交叉表不同,立体的交叉表,假定两个向度之间有因果关系,区分自变项和因变项。学术界的约定是,用自变项界定列,自变项的每个值为一列;以因变项界定行,因变项的每个值为一行。这个约定的根据是,我们看表格时,习惯先从上往下看,后从左往右看;先看自变项,看原因怎么变;后看因变项,看结果怎么变。做表格时,最好遵守这个约定,否则容易出错。温馨提示:交叉表的单元格报告的百分比,可以是横向的百分比,也可以是纵向的百分比。我们如果在研究报告中采用交叉表,一定要注意百分比的方向,如果搞反方向就不知所云了。表面看起来不可能犯的错误往往并不罕见。

仍以雇员数据为例,我们先看实然,即观察值(observed)。在雇员数据中,有多少经理,多少非经理,哪些人是经理,都是已经发生的事情。我们做交叉表,以是否少数族裔为自变项,用它界定列,以是否经理为因变项,用它界定行。读交叉制作的表,还要留心几个术语。表格里的格子叫单元格(cell),最右边一列和最下面一行中的数字叫边数(marginals),右下角的数字叫总数(total)。边数,就是表格边际的数;边数有列的边数,例如下表中的370和104,还有行的边数,例如下表中的390和84。总数有两个意思,行的边数总和是行的总数,列的边数总和是列的总数;大总数(grand total)是样本量。

是否少数族裔与是否经理的交叉表

观察值		是否少数族裔		总数
		0 否	1 是	
是否经理	0 否	290	100	390
	1 是	80	4	84
总数		370	104	474

如表所示,在474名员工中,有84人是经理,390人不是经理;白人370人,其中80人是经理,290人不是经理;少数族裔104人,其中4人是经理,100人不是经理。这是已经发生的情况,是实然(count,即观察值)。实然是不是与应然相符呢?下图呈现的是应然,是预期值(expected)。这里的零假设是,在当经理这个问题上,少数族裔与白人的机会平等。如果零假设为真,那么我们期待看到这样的分布。预期值有个算法:一个单元格的预期值,等于该单元格所在行的边数乘以它所在列的边数,除以大总数。

是否少数族裔与是否经理的交叉表

预期值		是否少数族裔		总数
		0 否	1 是	
是否经理	0 否	304.4	85.6	390.0
	1 是	65.6	18.4	84.0
总数		370.0	104.0	474.0

为了直接观察实然与应然是否相符,下图把实然(观察值)与应然(预期值)汇总在一张表内。我们让 SPSS 在每个单元格里输出两个数:一个是观察值,一个是预期值。

是否少数族裔与是否经理的交叉表

			是否少数族裔		总数
			0 否	1 是	
是否经理	0 否	观察值	290	100	390
		预期值	304.4	85.6	390.0
	1 是	观察值	80	4	84
		预期值	65.6	18.4	84.0
总 数		观察值	370	104	474
		预期值	370.0	104.0	474.0

判断少数族裔与白人当经理的机会是否平等,就是判断实然与应然之间的差距是否显著。实然与应然有差距不可避免,关键是看差距是否显著,显著就是并非随机,就是背后可能有系统原因,就是值得关注。在上面的表中,观察值和预期值显然有差距,但差距是否显著,要做卡方值显著度检验,也叫卡方检验。卡方检验有两个要素,一是卡方值,二是自由度,这两个要素显示一个卡方值出现的概率。换言之,有两个要素决定一个卡方值出现的概率,一是表格的自由度,二是卡方值的大小。简单说,卡方检验是使用一个指标和一个尺度判断观察值与期望值的差距是否显著,指标就是卡方值出现的概率,尺度是我们愿意承担多大的犯一类错误的风险。

下面细致解说。

二、卡方值显著度检验

卡方值显著度检验，通常称为卡方检验，即卡方值检验（Chi-square test），全称是卡方值独立性检验（Chi-square test of independence），是个不好懂的术语。不好懂，照例与专家用词习惯有关。"卡方检验"，听起来很神气，朗朗上口，高深莫测。"卡方独立性检验"，更有神秘色彩，其实就是显著度检验。卡方值显著度检验，有点啰嗦，但好懂一点，至少一听就知道是检验显著度，也知道是用卡方值（不像在第四章那样用 t 值）作为检验指标。

第四章讨论的是连续变项的相关是否显著，卡方值检验的是定类或定序变项之间是否有显著的共变或相关。卡方检验不是只用卡方值作为检验指标，还要参照自由度。t 值的分布也与自由度有关，但关系松散，通常不提。不提的原因是，当自由度超过 20 时，t 值的分布接近正态。t 值用于检验连续变项的相关是否显著，两个连续变项的自由度很容易超过 20。相关、显著度、检验，都在第四章介绍过，这里的新词是"卡方值"与"自由度"，所以，只要把两个新词的意思搞清楚，卡方检验的逻辑就一清二楚。

当然，搞清"卡方值"与"自由度"，要费点周折。有两重障碍是人为的，又与故作高深的翻译有关。Chi-square，译成卡方值、卡方，都欠妥。"卡方"显然是有些取巧，似乎想效仿用"牛津"译 Oxford，"剑桥"译 Cambridge，半音译半意译。然而，把"chi"音译成"卡"犯了翻译的大忌。音译人名地名，第一优先是容易记忆，第二优先是在尽量符合名从主人的基础上讲点文字美。"牛津"、"剑桥"是成功的例子，也有不佳的例子，比如有人把德国大音乐家 Bach（通译"巴赫"）的名字译成"巴哈"，既不符合德语发音，又俗陋不堪，是很没有文化的音译。与翻译人名地名不同，音译专业术语的第一优先是避免望文生义，因此宁可选择稍微生僻的词。Chi-square 中的 chi，是希腊字母"χ"，音译成常见而且多义的"卡"，既不准确也不妥当，译成"恺"，"恺撒"的恺，似乎好一些，音较准，预防望文生义的安全系数也高很多。把平方简称为"方"，无可非议，但在此处不妥，因为"卡方"鼓励人望文生义，译成"卡方值"、"卡平方"或"卡平方值"，就安全了很多。我们不妨比较一下"卡方"与"恺平方"、"卡方值"与"恺平方值"，后二者并不更易懂，但至少是友善的提醒，一是提醒不要望文生义，二是提醒没什么深奥的东西，无非就是初等数学的平方值。我开始学卡方检验时，连续产生两个误解。先是误认为 Chi 是"迟"，为遇到"姓迟的中国统计学家或数学家"心下窃喜，后误认为 Chi 是某个姓氏怪异的欧洲人。当然了，这怪我自己无知，还喜欢望文生义，但我很可能是多数的一员。

"卡方"只是容易让人望文生义，"自由度"还让人对自己望文生义产生的误解深信不疑，是个更不好的翻译。很多人一看到"自由"，就想到政治意义的自由，或者想到哲学意义的自由，例如"自由意志"。在计量分析中，自由度（degree of freedom）指的是任意度。数学语言中的"任意"，不是任性，而是任何。例如，2×2（二乘二）的交叉表有 4 个单元格，这个表格的自由度是 1，意思就是只有一个单元格可以"任意取值"，只有一个单元格是"自由

第六章 对数回归

的"。自由总是相对的、有限制的，没有限制的自由是伪自由，有限制的自由才是真自由。这里也不例外，"任意取值"也有限制，限制就是行的边数和列的边数。

温馨提示：在中文的统计分析教材中遇到晦涩难懂的术语，除了尽量找英文对照，也要想到它可能是缩写或简写。专家是聪明人，人越聪明，说话越简约，省事省力，还显得高人一等。在真正的专家圈里，简约有益无害。但是，离开专家圈子，进入教育领域，简约往往弊大于利。我读张中行先生的《禅外说禅》，很佩服他对禅宗各宗各派的源流了如指掌，更佩服他对不同宗派兴衰的精辟分析。按照我对张先生巨著的粗浅理解，禅宗的南宗，即顿悟派，兴也聪明，衰也聪明。兴，是因为出了一个绝顶聪明的六祖。六祖慧能，文化不高，自然不重视读佛经；慧根极深，自然看重即心即佛，践行微言大义。衰，也是因为出了一个绝顶聪明的六祖。慧能绝顶聪明，是不世出的超天才。既然超天才不世出，就不能指望后来的祖师个个是聪明绝顶的超天才，这就注定了顿悟派的衰落式微，所余的只是时间早晚而已。佛教讲因果，因果有链条，这里的链条是：一旦宗派需要祖师而绝顶天才未出世，或者虽然已出世但未成为祖师，衰落就开始，而且不可逆。作用机制，就是佛教的头号大敌"贪、嗔、痴"。自身并非超天才，然而阴错阳差，得到了为超天才量身打造的祖师地位，那就别无选择，必须扮演祖师角色，必须假装绝顶聪明。这样的非超天才祖师，即使满腹经纶，也必须宣称不重视读经，甚至狡辩读经"只图遮眼"。然而，他们往往做不到即心即佛，又不敢坦然自承其短，不能平白直说。这些在不同程度上冒牌的祖师继续微言，可惜大义逐渐销声匿迹。于是，微言大义渐渐变成微言小义；等而下之，变成微言无义，令人莫名其妙；再等而下之，变成微言歧义，引人误入歧途。最后结果必然是，言者貌似昭昭，其实昏昏；听者中，足够聪明、善于作伪的，貌似昭昭，其实昏昏；不够聪明、不善作伪的，貌似昏昏，实亦昏昏。

（一）卡方值

回到正题。卡方值是衡量预期与观察之间差距的指标。卡方值的计算很直观，就是先计算每个单元格里面观察值和预期值的差，然后平方，然后除以这个单元格的期望值，然后把各个单元格里面算出来的数字相加。这样说像绕口令，不明不白，公式比较清楚。

$$\chi^2 = \sum \frac{(观察值 - 预期值)^2}{预期值}$$

另一个公式比较平易近人，O 是观察值（observed），E 是预期值（expected）。

$$\chi^2 = \frac{(O_1 - E_1)^2}{E_1} + \frac{(O_2 - E_2)^2}{E_2} + \frac{(O_3 - E_3)^2}{E_3} + \cdots + \frac{(O_n - E_n)^2}{E_n}$$

卡方值与第三章解释的标准值相似，标志的是出现的概率。不过，二者也有不同之处，卡方值标志的概率，与交叉表的自由度密切相关。

(二) 自由度

交叉表最少有两个向度，即两个变项，每个变项至少有两个可能的值，只有一个值就是常项。最简单的交叉表是二乘二表，有四个单元格。根据单变项频次分析，我们知道了边数，即两个行的边数和两个列的边数。未知的是四个单元格中的数字。要判断两个变项是否显著相关，必须依据四个单元格中数字的组合方式。我们一旦知道了边数，四个单元格中的数字就有了两个明确的边界。一个边界是，任何一个单元格的数字，不可能大于界定它的两个边数中较小的那个数。另一个边界是，在四个单元格中，只有一个单元格的数可以在边界内任意取值，一旦一个单元格的值确定，其他三个单元格就确定了。只有一个单元格可以任意取值，用术语说就是自由度等于1。

如果是2×3的交叉表，那就需要确定2个单元格内的数字以后，其他单元格的数字才能完全定下来，也就是说，2×3表的自由度是2。计算自由度有个公式，就是行数减1乘以列数减1。自由度 = (行数-1) * (列数-1)，即 Degree of Freedom = (r-1)(c-1)。作为用户，我们不需要实际计算自由度，但需要明白自由度的概念，知道它的意义，即：交叉表的自由度越大，意味着列表的单元格数量越多，从而意味着出现大卡方值的概率越大。

(三) 卡方值的分布

在没有个人电脑的时代，我们需要到统计教材中查卡方分布表。现在不需要了，网上有无数卡方值分布表，还有把卡方值转换成概率的软件。下面是一个简明的卡方值分布表。

自由度	P 值（alpha）						
	0.5	0.10	0.05	0.02	0.01	0.001
1	0.455	2.706	3.841	5.412	6.635	10.827
2	1.386	4.605	5.991	7.824	9.210	13.815
3	2.366	6.251	7.815	9.837	11.345	16.268
4	3.357	7.779	9.488	11.668	13.77	18.465
5	4.351	9.236	11.070	13.388	15.086	20.517

这张表内容较多，读表的时候需要留意三点。第一，表格最左边的一列是自由度（df），从1到5。第二，表格最上边的一行是P值（probability level），即卡方值出现的概率，从0.5（五五开），到0.001（千分之一）；P值就是犯一类错误的概率，一类错误也叫alpha（阿尔法）错误。第三，这是个五乘六表，有30个单元格，每个单元格内是一个卡方值。解释每个卡方值的意义，需要参照两个信息，一个是自由度，另一个是概率。例如，左上角的卡方值是0.455，它的意思是：当交叉表的自由度为1时，卡方值等于0.455的概率是50%。再举个例子，右上角的卡方值是10.827，它的意思是：当交叉表的自由度为1时，卡方值等于10.827的概率是千分之一。留心细看这张表，我们会观察到一个趋势，这就是，自由度越大，较大的卡方值出现的概率越高。这个趋势背后的原因是，表格的自由度越小，单元格数量越少；单元格数量越少，出现小卡方值的概率越大，出现大卡方值的概率越小。自由度越大，单元格数量越多，出现很小卡方值的概率相应地越少，出现很大卡方值的概

率仍然很小，但出现较大卡方值的概率增大了。下面这张取自维基百科的图，呈现的是卡方值在不同自由度下的分布趋势。

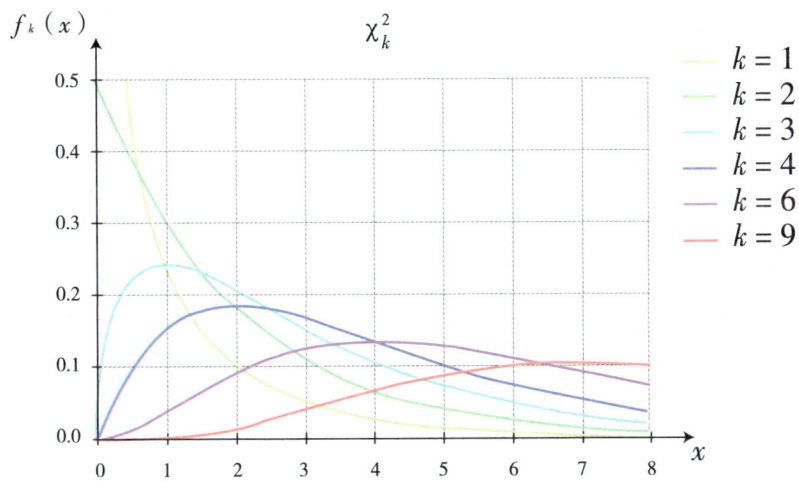

来源：https://en.wikipedia.org/wiki/chi-squared_distribution

这张图有点复杂，内容很多，看图时要注意以下六个要点。第一，图的横轴，即 x 轴，标示的是卡方值，从 0 到 8。第二，图的纵轴，$f_k(x)$，是 k 的函数，k 是自由度。纵轴标示的是概率，从下往上，从 0 到 0.5。第三，图中有六条曲线，颜色不同，每个颜色标示一个自由度。例如，黄色标示的是自由度等于 1，我们可以在图右方看到，一个黄色短线，后面是 k = 1，k 就是自由度。第四，每一条曲线都是一条类似于正态分布钟形曲线的轮廓线，轮廓线下面是卡方值。例如，黄色曲线下面，是自由度等于 1 时可能发生的无数个卡方值，这些卡方值的值，标志着它发生的概率。我们可以看到，自由度是 1 的时候，卡方值越小，出现的概率越大；卡方值越大，出现的概率越小。第五，自由度越大，卡方值的分布轮廓越像正态分布的钟形曲线。例如，自由度是 6 的时候，卡方值的分布轮廓是紫色曲线，我们可以看到，很小的卡方值出现的概率很小，很大的卡方值出现的概率也很小，较大的卡方值出现的概率较大。这个分布趋势背后的原因是，自由度为 6 的表格很复杂，例如 3×4 表，自由度为 6，有 12 个单元格，单元格多，卡方值不容易太小，也不容易太大，容易比较大。这样说，当然很不精确，姑妄言之。第六，这张图是专家画的，信息量很大。为了更清楚地看到自由度与卡方值的关系，不妨把这张表一分为六，每张表保留一条曲线，然后把六张表按照自由度的顺序从左往右排成一排。

卡方值的分布是统计学家算出来的。究竟怎样计算，是专家关心的问题。作为用户，我们不需要搞懂，我们只需要懂得卡方检验的逻辑。

(四) 卡方值检验的逻辑

卡方检验的逻辑与第四章讨论的用 t 值检验显著度的逻辑完全相同，只是检验的指标不同，那里用 t 值，这里用卡方值。算出卡方值和自由度，我们就可以根据卡方分布得知卡方值出现的概率有多大，这概率就是犯一类错误的风险。就是否少数族裔与是否经理的关系而言，卡方检验的结果如下。

卡方检验

	卡方值	自由度	渐进显著度（双边检验）	精确显著度（双边检验）	精确显著度（单边检验）
Pearson 卡方值	17.592[a]	1	.000		
连续校正[b]	16.394	1	.000		
似然比	22.607	1	.000		
Fisher 精确检验				.000	.000
线性乘线性关联	17.555	1	.000		
有效个案数	474				

a. 0 个（0.0%）单元格的观察值小于 5。最小观察值是 18.43
b. 仅仅为二乘二表计算

如果零假设是真的，也就是说，如果是否少数族裔与是否经理没有系统性的关系，那么卡方值应该等于0，但实际上是17.592；在自由度为1的情况下，出现这样一个卡方值的概率小于千分之一，这意味着犯一类错误的风险小于千分之一。温馨提示：SPSS输出结果是0.000，这个0.000不是0，是0.000027的四舍五入，SPSS默认输出小数点后三位。如果我们愿意承担5%犯一类错误的风险，分析结果告诉我们实际风险小于千分之一，我们就承担风险，放弃零假设。

顺便说一句，我们做研究时，主观意向是放弃零假设，所以，一旦犯一类错误的风险小到学术界许可的程度，我们二话不说，毫不犹豫放弃它，不会有上述分析的纠结。犯一类错误的风险不大，但没有小到学术界认可的程度，才会产生纠结，才需要讲良心。细致点说,在显著度检验里,做决断就是决定是否放弃零假设,就是考虑是否承担犯一类错误的风险。这个决断取决于两点:一是我们愿意承担多大风险,二是根据样本得出的犯错风险有多大。这个世界上不存在百分之百没有风险的事情。所以,各个学科,各个研究领域,都有个约定俗成的风险标准,统计分析告诉我们实际风险有多大。学者参照这两点,做出自己的判断。显著度(level of significance),指的就是我们承担了多大的犯一类错误的风险。社会科学马马虎虎,风险不超过5%就算过关,所以,如果分析结果显示犯一类错误的风险是3%,那我们就高高兴兴地放弃零假设,从而接受研究假设。宣称"在95%水平上显著",就是承认"冒了5%犯一类错误的风险"。

第二节 是非曲直

在雇员数据中,有些人是经理,其他人不是经理,这是已经发生的事。但事情的发生不是偶然的,背后有系统的原因。同时,事情的发生也不是必然的,未发生的并非不可能发生。不论事情发生还是不发生,总是有些因素在发挥作用,影响了发生或不发生的概率。民权律师用卡方检验证明是否少数族裔与是否当经理显著相关,是研究的关键一步,但也只是一步,后面的路还很长。资方律师肯定不会善罢甘休,一定会说,影响当经理的不是是否少数族裔,而是其他不违背族裔平等原则的因素,比如教育程度、工作经验、服务年限。作为回应，民权律师必须控制资方律师提出的这些因素，看看当雇员在这些方面相同时，他们是否少数族裔对于他们当经理的概率是否有影响。这是个大是大非的问题，不能回避。在第五章，我们分析的因变项是年薪，是个连续变项，资方律师通过采用统计控制，成功地反驳了民权律师的指控，证明：在教育程度相同、是否经理也相同的情况下，是否少数族裔与年薪没有显著的相关。现在，资方律师遇到了相似的研究情景，所以，他们的第一反应是故伎重演。不过，他们在这里会遇到一个问题，就是，这里的因变项是个两分变项，不是连续变项，不能使用最小二乘回归，也就不能使用相应的统计控制。好在统计学家聪明绝顶，已经想出了好办法，这一节就介绍他们如何为了解决是非问题，想出了用"曲线救国"化解直线危机的妙计。温馨提示：民权律师和资方律师都是由学者自己扮演。

一、直线的危机

这一章的开头说过，对数回归以似然性为因变项，似然性就是过去的可能性。这样说太简约，现在详细解说。

一般情况下，我们谈到可能性，是谈论未来。我们的日常说话方式背后是日常的思维方式，日常思维方式常常有个隐含的假定，就是"事已至此"。这个说法有个隐含假定：现实中已经发生的事，其发生的可能性是"百分之百"，因为可能性已经变成了现实性。概率思维方式不同于日常思维方式，它有三个要点，分别涉及过去、现在、未来。第一，关于过去，现在没有发生的事，过去均有可能发生，只是可能性有大有小。第二，关于现在，现在已经发生的事,并非必然发生,不过它在过去的发生概率一定最大。第三,关于未来,任何事情,未来都可能发生,只是可能性有大有小。换言之,没有什么事情未来必然发生,也没有什么事情未来不可能发生。

自然科学研究过去与现在,也敢预测未来,比如,天文学准确预测哈雷彗星下一次什么时候到来。社会科学研究过去与现在,不敢预测未来,不是因为社会科学家谦虚,而是因为社会科学对过去与现在认识不足。为了研究过去的可能性,方法论家做了个语言约定。同样是谈概率,讨论未来的概率,用概率或可能性;讨论过去的概率,用"似然性"(likelihood)。"似然"是指可能性,但在统计分析中专指过去的可能性。英文的 likelihood,译成"似然"有点莫名其妙。"似乎"是个很虚的词,往往是抽象肯定、具体否定,有"似是而非"的意思。译成"或然"比较好,"或许"就是可能。likely, probable, possible,在日常英语里面语气有轻重,但没有实质区别。几个词背后的概念都是概率。

概率是个很有趣的概念,它代表一种思维方式,概率有个中间值,就是 50%,即"五五开",从这个中间点出发,概率的变化有两个方向:往高处走,会无限接近但永远不等于 1,也就是说,可能永远是可能,不等于现实;往低处走,无限接近但永远不等于 0,也就是说,可能永远不是不可能。简短说,概率的中间点是五五开,但往高走,无限接近 1;往低走,无限接近 0。理解"过去的可能性"不难,记住一个例子就行,我们三次没赶上飞机,第一次晚了 5 分钟,第二次晚了 2 分钟,第三次晚了 1 分钟。表面看,三次是一样的,都是没赶上飞机,但实际上不一样,赶上飞机的概率不一样,越来越接近于赶上。如果喜欢乐观思维,就换个例子。我们考了三次托福,我们申请的学校要求 100 分,我们三次都达标了,三次分数分别是 100 分,105 分,108 分,都达标,然而达标的舒适度不一样,第一次是勉强,第二次是舒适,第三次是轻松。

借题发挥几句。中文的动词没有时态变化,便于诗词创作,但不利于精密的概率思维。为了理解似然,我们可以借助英语的虚拟语气,也可以借助语言哲学里的"可能世界"。虚拟语气(subjunctive mood)就是说假如过去如何如何,那么现在可能如何如何,设定的条件与事实不一样,经常相反,是一种反事实的思维方式(counterfactual thinking)。虚拟语气讲的就是可能世界。"可能世界"(possible worlds)是个很容易理解的概念,我们看到的这个世界是很多可能世界中的一个。每个人的生命轨迹只有一条,也就是只有一个现实世界,但每个人可能的生命轨迹有很多,也就是有很多可能世界。这些可能世界,距离现实世界有远有近。无论是现实世界,还是可能世界,都是有条件的世界,有前因,就有后果;人生的奥秘甚至神秘在于,我们知道有因有果,也知道条件分必要条件和充分条件,但我们永远不清楚因果究竟是怎么回事。看现在,看不清;看未来,更看不清;看过去,也看不清。我小时候看过很多乱七八糟不值得看的书。我有时想,假如我小时家里有很多值得看的书,我的学问会不会比今天好一点?假如我的家庭条件好一点,买得起收音机,我能收听业余英语广播讲座,我的英语是不是能学得好一点?我这样想,就是思考我的可能世界。当年考大学,数学有道对数题，我没做出来，结果没及格。回头想，如果我遇到一个更好的数学老师，数学就可能及格，数学及格，班主任袁老师就可能允许我报北大，那我就不是进南开，而是进北大了。进北大，会怎么样呢？可能比今天好，可能一样，可能还不如今天。究竟会怎样，取决于很多因素。这样想，也是在想我的可能世界。

回到正题，概率或似然很有趣，极大概率显然值得关注，极小概率也显然值得关注，但五五开的概率似乎不值得关注。五五开就是随机，全凭运气，背后没有系统因素起作用。遇到不能凭理性决断的事情，比如农村两兄弟分家，0和1的选择，0.5的概率，就是五五开。这时一般会抓阄，由上天决定。由上天决定就是由纯粹的偶然性决定，为了安慰自己，我们把这种不能控制的偶然性叫做"命运"。

但是，五五开仅仅是似乎不值得关注，这个似乎是个假象。实际上，五五开非常值得关注，它是我们关注的中心，正如平均值是我们做线性回归时关注的中心。做因果分析，永远有个假定：如果我们认识到因果关系，就可以根据原因的变化来猜测结果的变化，这样猜比随心所欲地猜准确，随心所欲地猜就是猜的时候仅仅根据参照线。在最小二乘回归中，平均值是参照线。我们永远是以平均值为出发点，我们对一个雇员，除了知道平均年薪，其余一无所知，我们每次猜雇员的年薪，一定猜平均值。在对数回归中，五五开的概率是参照线。例如，我们除了知道经理占员工的比例，一无所知，我们每次猜雇员是经理的概率，一定用经理占员工的比例，也就是假定每个员工当经理的概率相同。一共474名员工，其中经理 84 人，经理数是员工总数的约 18%；假定当经理的概率人人平等，每个人当经理的概率是 84/474 约等于 0.18。在这一点上，对数回归与最小二乘回归相似。最小二乘回归的逻辑是，年薪人人相同，都是平均年薪，年薪差别是随机的，如果你认为差别不是随机的，拿证据来；回归分析提供的证据，就是用回归系数预测因变项的值，比起用平均值预测，更加准确。对数回归的逻辑相同，不同族裔的员工当经理的概率相同，都是经理占员工的比例，这个比例相当于平均年薪，员工之间的概率差别是随机的，如果你认为差别不是随机的，拿证据来；对数回归提供的证据是：用回归系数预测因变项的概率，比用经理占员工的比例预测，更加准确。

不过，要预测因变项的变化，首先要切实可靠地测量它。测量年薪十分简单，用"美元/年"就很好。但是，当经理的概率或似然怎么测量？表面看，概率或似然的变化区间是有限的，从 0 到 1，有始有终；实际上，它是无限的，从无限趋近 0 到无限趋近 1，无始无终。概率由极小到极大，是个无始无终的变化过程，不能用直线描述，不能用小数或分数这样的有理数作为测量单位，极小概率不等于 0，极大概率不等于 1。直线的两端开放，可以反映概率变化区间的无限性，但是不能反映它的有限性；不能描述可以无限接近但永远不等于的状态。用线性回归会得出逻辑荒谬的结果，例如，我们假设教育程度会影响当经理的概率，如果做最小二乘回归，以是否经理为因变项，以是否少数族裔为解释变项，以教育程度和是否男性为控制变项，会得到下面的结果。温馨提示：是否经理是个二分变项，1=经理，0=非经理。如果我们以二分变项作为因变项让 SPSS 做线性回归，SPSS 自动把非 0 即 1 的二分变项当成一个从 0 到 1 的连续变项。在这里，我们可以把从 0 到 1 的连续变项解释为从 0 到 1 的概率。

回归系数[a]

模　型	未标准化的回归系数		标准化的回归系数	t	显著度
	B	标准误	Beta		
1（常数）	-.819	.068		-11.971	.000
教育程度（年数）	.072	.005	.541	13.877	.000
是否少数族裔	-.121	.034	-.131	-3.573	.000
男性	.100	.030	.131	3.376	.001

a. 因变项：是否经理

这个结果乍看起来成立，有道理（it makes sense）。教育程度越高，当经理的概率越大；与白人比，少数族裔当经理概率较低；男雇员比女雇员当经理的概率高。把这个回归写成等式，也就是"建模"，我们得到 y=-0.819+0.072＊教育程度+ -0.121＊是否少数族裔+0.1＊男性+e；y 是当经理的概率；-0.819 是常数（constant），截距（intercept）；0.072 是教育程度与当经理概率的回归系数；-0.121 为是否少数族裔与当经理概率的回归系数；0.1 为是否男性与当经理概率的回归系数。但是，这个结果经不起推敲。其一，截距是负数，意思是，如果一个员工既是白人，还是女性，又没上过学，当经理的概率是负值，但概率不能小于 0。其二，按照这个分析，一个雇员是男性，白人，那么，如果他上学不足10年，当经理的概率是负的；如果上学超过24年，当经理的概率超过1；这两个结果在逻辑上都是荒谬的。

线性回归遇到麻烦了，直线遇到麻烦了。

二、"曲线救国"

直线遇到麻烦，并不意味着必须放弃线性回归。有些人认为，上述结果虽然不完美，但不需要吹毛求疵。我赞成这种实用主义态度。但是，很多刊物的评审是方法论"原教旨主义者"，他们永远瞪大眼睛，寻找方法和技术的瑕疵，一旦发现，立即一剑封喉。所以，为了保险起见，我们还是暂时顺从原教旨主义者，看看他们认为"应该"怎样回避直线造成的困境。方法论专家足够聪明，他们既能教我们暂且从权，也能教我们一丝不苟，后者就是"曲线救国"。说明一句，"曲线救国"是抗日战争的遗产，指正面打不过日本，就采取迂回曲折的方式抗日，这个说法被汪精卫等投降派利用，成了贬义词。在这里，"曲线救国"只是个好玩儿的说法，指用S型曲线描绘概率从极小到极大的变化，既用一个近似于直线的图形标记概率从极小到极大的变化过程，又要把这个变化限制在一个范围内。这是个一箭双雕的办法，一方面让我们能够以概率从极小到极大的变化过程作为回归分析的因变项，另一方面又避免出现逻辑荒谬的分析结果。

统计学家的解决方案十分巧妙，就是先把概率变成发生率，然后把发生率变成它的自然对数，发生率的自然对数就是logit，logit就是log of it，natural logarithm of it，it就是发生率。以logit为因变项的回归分析就是对数回归。

现在具体说明转变概率的过程。第一步，把概率转变成发生率（odds）。发生率就是发生的概率除以不发生的概率。如果一件事情发生的概率是0.0001，万分之一，不发生的概率就是0.9999，发生率是0.0001；一件事情发生的概率是0.5，不发生的概率是0.5，发生率是1；一件事情发生的概率是0.9999，不发生的概率是0.0001，发生率是9999。下面是计算发生率的公式。

$$odds = \frac{P}{1-P}$$

把概率转换为发生率，解决了一半问题，就是因变项不会出现负值了，逻辑荒谬的结果不会出现了。但是，用发生率测量概率有个问题，就是发生率的变化与概率的变化不对称。看两个概率，一个是0.5，一个是0.8，不会觉得后者比前者大很多。但是，如果看跟它们相应的发生率，发现差别很大，前者是1，后者是4。概率越大，这种不对称越离谱，例如，从0.8到0.9，感觉变化不大，但发生率是从4到了9。线性回归有个预设：自变项每变化一个单位，对因变项产生相同的影响。发生率与概率的不对称，导致回归结果不对称。概率很高时，概率增加一点点，发生率会发生巨变。例如，概率从0.9982到0.9983，只增加了万分之一，但发生率从554增到587。更极端的是，概率0.9998增到0.9999，也是增加万分之一，然而发生率一下子增大了5000，从4999跳到了9999。温馨提示：报告自变项对因变项的影响，慎用发生率之比（odds ratio）。

医学文献喜欢用发生率之比,如果不知道这一点,看医学文献很容易受惊吓,比如某个年龄组比另一个年龄组癌症发病率高多少倍,实际上没有那么恐怖。

发生率的变化与概率的变化不对称,怎么办?统计学家的聪明办法是取发生率的自然对数。自然对数就是以 e 为底的对数,e 是个无理数,取小数点后三位,四舍五入是 2.718。以 2.718 为底的对数叫自然对数,原因是这个对数的变化能描述自然现象的增长或衰退速度,比如人口的增长和放射元素的衰变。发生率的自然对数的变化与概率的变化对称。我们实际关心的极小概率是万中有一(0.0001),随机概率是五五开(0.5),极大概率是万仅一失(0.9999)。与此相应,概率 0.0001 转化成发生率,是 0.0001,后者的自然对数是-9.21;概率 0.5,发生率等于 1,1 的自然对数是 0;概率 0.9999,发生率是 9999,其自然对数是+9.21。概率的变化与发生率的自然对数的变化不仅对称,而且以 0 为中间点。概率等于 0.5,发生率的自然对数等于 0;概率小于 0.5,发生率的自然对数是负数;概率大于 0.5,发生率的自然对数是正数。

为了图解把概率变成发生率,再取发生率的自然对数,我虚构了一个数据库。下面是数据库的截图,很容易构建。

概率、发生比、发生比的自然对数、似然性、似然性的自然对数、负二倍的似然性的自然对数

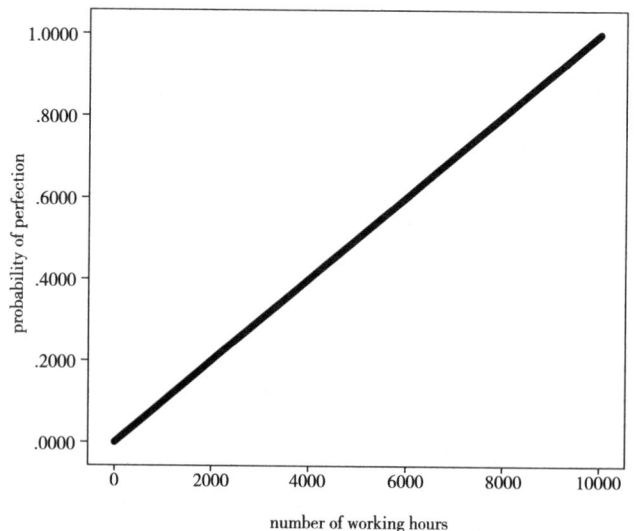

我们现在以虚构的数据为例,以博士生的工时为横轴,以写出完美论文的概率为纵轴。假定每多下一小时工夫,写出完美博士论文的概率增加万分之一。做简单的线性回归会出现一个问题,就是如果下的工夫达到一万小时,就做出了完美论文,但完美论文不存在。超过一万小时,做出完美论文的概率超过 1。

为了避免逻辑荒谬,我们以写出完美博士论文的发生率的自然对数为因变项。为了直观地理解把概率转换成发生率的自然对数有什么神效,我们以从0.0001到0.9999的概率为纵轴,以与这个区间的概率相对应的发生率的自然对数为横轴,做个散点分布图,得到的是一条漂亮对称的S型曲线,这就是统计学教材中说的"S型"曲线。一句话,把概率转换成发生率的自然对数,可以帮我们避免逻辑荒谬。这个分析工具对于主要分析二分因变项的社会科学学者有救驾之功,所以我戏称之为"曲线救国"。

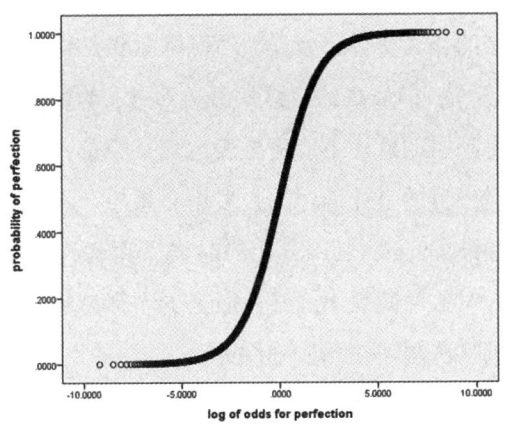

温馨提示:关于对数回归,要想达到专家的懂,需要懂对数。但是如果只想达到用户的懂,不懂对数问题不大,只是需要建立一个概念,就是为了用近乎线性的方式思考概率的变化,避免出现逻辑荒谬的结果,我们对概率进行两次加工。第一步是把概率变换成发生率,第二步是取发生率的自然对数。odds是被log的那个it,就差不多了。此外,再记住三个关键数:0.0001 的自然对数是-9.21;1 的自然对数是 0;9999 的自然对数是+9.21;这就足够了。还有,对数回归是 logit regression 的意译,有些统计学教科书采用音译。中文音译有好几个,例如逻辑斯蒂回归和逻辑特回归。关于音译的弱点,请看下面一段札记,内容与前面重复,但读起来可能比较轻松。

三、 神秘兮兮的"逻辑斯蒂回归"是什么?

逻辑斯蒂回归(logistic regression),亦称逻辑特回归(logit regression),是音译,有点像佛经里的"阿耨多罗三藐三菩提",听起来神秘兮兮的,其实并不复杂。"阿耨多罗三藐三菩提"指的是"无上正等正觉",即最高的智慧觉悟。不过,鸠摩罗什等大德翻译佛经时,觉得汉语的意译不能完全表达梵文原意,容易让人望文生义,采用音译,目的是让诵经的人多用心想想。不过,汉语世界的统计专家,翻译 logistic regression 的时候采用音译,原因好像有点勉强。意译为对数回归也不好懂,但至少不容易起误导作用,让人觉得这个分析方法跟"逻辑"有关系。

如上所述,统计学家把概率转换成发生率的自然对数,不是画蛇添足,而是为了让我们能够以近似线性回归的方式分析概率的变化,同时又不做出逻辑荒谬的预测。我们喜欢用线性方式想问题,正相关是水涨船高,负相关是此起彼伏或此消彼长,不相关是任凭风浪起稳坐钓鱼船,很好懂,还有三分诗意。麻烦的是,线性回归(最小二乘回归)要求因变项是连续变项,而社会科学中常见的因变项是二分变项,例如是否投票,是否支持某个政党,是否支持某个候选人。测量二分变项，最直观的方法是用二分法，是=1，否=0。但是，世界并不这么简单。以考试为例，如果是二分法，只分及格和不及格，那么及格=1，不及格=0。但是，及格的人，成绩并不相同，有的轻松及格，有的勉强及格；不及格的人，成绩也不相同，有的差一点儿，有的差很多。为了尽量深入地分析现实，我们需要分析及格的概率，概率从0到1，理论上来说是个无限的变化区间，从无限趋近0到无限趋近1。可是，我们不能简单地用线性方式分析概率的变化，否则会得出逻辑上荒谬的结果。如果直接以及格的概率为因变项，根据线性回归分析的结果，当自变项取一定值的时候，因变项（概率）可能小于0或大于1，二者都是逻辑上荒谬的。把概率转换成发生率的自然对数，就不会做出荒谬预测了。转变后，与无限趋近0的概率相对应的发生率的自然对数是负无穷，与五五开的概率相对应的发生率的自然对数是0，与无限趋近1的概率相对应的发生率的自然对数是正无穷。

  数学上的"无穷"不好想象，我们进一步简化。在社会科学研究中，学者们实际关心的极小概率是0.0001（万中有一），随机概率是0.5（五五开），极大概率是0.9999（万仅一失），也就是关注概率从0.0001到0.9999的变化。我们虚构个例子。假设我们分析博士生在论文上花的时间与写出完美博士论文之间的关系。是否写出完美论文是因变项，我们用概率测量因变项，测量单位是万分之一，即0.0001的概率。如上所述，如果做线性回归，会遇到两个问题。第一，完美永远达不到，然而线性回归的结论是，如果博士生工作一万小时，他做出完美博士论文的概率是1。第二，更麻烦的问题是,如果博士生工作超过一万小时,他做出完美博士论文的概率大于1,而概率不可能大于1。

把概率转换成发生率的自然对数,可以让我们避开这个问题。根据对数回归的结果,我们可以预测,随着博士生工作时间的增加,他会越来越接近完成一部完美的博士论文,但他永远达不到完美,这样我们就避免了逻辑荒谬。

第三节 事后诸葛亮

从常识角度看,宇宙万象,人生万种,有常有变;从科学和辩证法角度看,有变无常。变,变易,变化,变异,是宇宙之常。《易经》让很多人着迷,是它许诺卜而先知。未卜先知是神灵,人能达到的顶端是卜而先知,即事先诸葛亮。不过,事先诸葛亮,仅限于某些自然科学领域,例如天文学预测哈雷彗星归来;面对众多自然科学领域的问题,例如地震,人类目前仍然只能当事后诸葛亮。在社会科学领域,人类的认识更加有限,"事先诸葛亮"纯属奢求,"事后诸葛亮"难能可贵。统计分析也是一种卜,依据的是概率论,不是神秘莫测的卦象和模棱两可的卦辞。

最大似然估计就是扮演事后诸葛亮。我小时候第一次听到诸葛亮这个名字,听到的描述词是"能掐会算"。算命先生最会表演"掐算",手指掐的是卦象和爻变,嘴里念念有词,是背诵卦辞。这个形象是"事先诸葛亮",是"借东风"。只要有点人生经历和长久记忆，我们都喜欢扮演事先诸葛亮，经历越丰富，记忆越准确，越喜欢。不过，喜欢不等于擅长。我们不仅当不了事先诸葛亮，连事后诸葛亮也演不好。演不好，是因为很难演好，下面细致解释。

一、最大似然估计的逻辑

解决了概率的测量问题，又产生了一个新问题。发生率的自然对数的变化不能用一条直线描述，因而不能用线性的最小二乘回归分析，用什么方法评估自变项对因变项的影响呢？统计学家的答案是，用最大似然估计（maximum likelihood estimation）。解释最大似然估计，可以从哲学讲起。黑格尔有句名言："现实的就是合理的，合理的就是现实的。"这句话，在十九世纪的德国，普鲁士王朝的既得利益者看到的是保守，追求自由的天真革新派看到的是反动，老谋深算的黑格尔想的却是改革。我们在这里不参与这个争论，但可以提出一个弱化的黑格尔命题：现实的就是过去最可能发生的，过去最可能发生的就是现实的。这貌似是同语反复，实际是最大似然估计的逻辑基础。时间是单向的，现实一旦发生，便不可逆转。究竟是哪些系统因素与偶然因素共同导致了现实的发生，我们永远不可能确切知道。我们唯一能做的，就是构建一系列理论模型，每个模型由一系列关于自变项与因变项之关系的假设组成，每个模型预测出一个可能世界，哪个模型预测的可能世界与现实世界最接近，哪个模型就是最大似然模型，模型里显著的回归系数，就是我们对过去世界中的系统因素的最佳猜测。这样说太抽象，我们拆成五步具体解说，仍以雇员数据为例。

第一步，描述现实世界。在这里，现实世界就是是否少数族裔与是否经理的实际交叉分布表。这张表前文已经提到过,为了行文方便,我把它复制在这里。

是否少数族裔与是否经理的交叉表

观察值		是否少数族裔		总　数
		0 否	1 是	
是否经理	0 否	290	100	390
	1 是	80	4	84
总　数		370	104	474

第二步,构建初始可能世界。初始可能世界,就是零假设为真时的可能世界,我们可以称之为 0.0 版可能世界。零假设是:不管自变项怎么变,因变项的发生概率都不受影响,经理岗位面前人人平等。如果只有一个自变项,那么零假设是,这个自变项与因变项不相关,互相独立;如果有两个或多个自变项,就有两个或多个零假设,每个假设的句型都是:控制其他变项的变化,某个自变项的变化与因变项的变化没有显著的相关。

第三步,如果初始可能世界与现实世界有显著差距,那就放弃它。判断二者是否有显著差距,借助一个类似卡方检验的检验。在这里,出现了一个新型的零假设。我们到目前为止说的零假设,都是关于变项之间关系的零假设。这个新型零假设,是关于理论模型与现实观察之间关系的零假设。零假设是个模型。我们假定模型与数据完全相符,假定二者天衣无缝,零距离,这个假定就是新型零假设。我们可以把模型比作衣服,数据比作身体,模型与数据的合身度叫拟合优度(goodness-of-fit),就是合身度。天衣无缝的衣服合身度最高,每个部分都与身体零距离,总距离也是零。最大似然估计的目标不是找到完美的模型,而是找到最合身的模型。

零假设是新型的,检验零假设的指标也是新型的,是一个近似卡方值的统计值,名字很怪,叫做"似然性自然对数的负二倍"(-2 loglikehood),我们可以把它简称为"负二倍"。顾名思义,最大似然估计,目标是找到现实世界在什么情况下最可能发生,所以必须有个衡量似然性大小的指标,还要有个判断似然性的变化幅度是否显著的标准,否则无法确定似然性什么时候达到了最大。这个指标是现实世界在过去发生的概率,即似然性。这里,我们坚持实用主义,只考虑万分之一(0.0001)到万仅一失(0.9999)的概率,也就是只看现实世界在过去的概率从 0.0001 到 0.9999 之间变化的轨道。但是,用似然作标尺,虽然可以比较初始模型与现实数据的拟合优度,但是缺少明确的标准,很难判断拟合优度的提高是否显著。例如,有两个模型,模型 A 与模型 B,根据模型 A 预测,现实发生的似然性是 0.0001,根据模型 B 预测,似然性增长到 0.0002,这算不算显著的增长呢?什么是衡量显著与否的标准?如果没有确定的标准,学者就会各执一词。统计学家超级聪明,总是有办法。他们不用似然性的大小作为衡量模型与数据之间合身度的指标,而是以似然性的自然对数的负二倍为指标,就是先算出似然的自然对数,然后乘以负二。从 0.0001 到 0.9999 的似然性,转换成自然对数(自然对数的符号是 ln)以后,ln 0.0001 = -9.21, ln 0.5 = -0.69，ln 0.9999 = -0.0001，乘以-2以后都变成了正数。绕这个弯子，不是没事找事，是因为统计学家发现"负二倍"的分布与卡方值的分布相似，可以当卡方值的替身。卡方值都是正数，"负二倍"也都是正数。卡方值分布表能准确告诉我们，任意一个卡方值在某个自由度下发生的概率。这样，我们就两全其美了，既有测量似然性大小的指标，又有衡量似然性变化幅度是否显著的标准。用"负二倍"这个近似卡方值的数值作指标，参考卡方值的分布，我们能算出一个概率，即当初始模型为真时，现实世界发生的概率。如果这概率极小，我们就可以放弃关于初始模型的零假设。

第四步，不破不立，放弃初始模型是破坏，是破；光破坏不行，还要建设，还要立。破除初始模型，是放弃零假设；建立替代模型，是提出替代假设。破的是零，立的一定是非零，非零可以是正数，可以是负数，绝对值可大可小。下面介绍的迭代史（iteration history）报告的第一步，就是1.0版替代模型，里面的假设是1.0版替代假设，预测的是1.0版可能世界。现在我们假定1.0版模型与数据天衣无缝，按照第三步讲述的逻辑，检验这个零假设。如果检验结果显示犯一类错误的风险小于我们愿意承担的风险，就放弃零假设，构建2.0版替代模型。

第五步，持续修改替代模型，把后构建的与先构建的做比较，看新构建模型预测的可能世界是否更接近现实世界，直至找出最接近现实世界的可能世界。衡量新旧模型优劣的标尺，也是"负二倍"。这里有一连串关于模型与数据的零假设：每构造一个替代假设，都假定它与数据天衣无缝。然后不断修改模型，目标是把"负二倍"逐渐减小,减到不能"显著"减少,就找到了"最合身"的模型,达到了最大似然。

总而言之,最大似然估计的目标是找出一个关于自变项与因变项之间关系的理论或模型,这个理论或模型能对现实事件在过去发生的概率做出最准确的预测。这个"现实事件",就是我们在样本中看到的事实,就是样本统计值。这个逻辑很简单,关于一件已经发生的事,有两种理论,一种理论预测它发生的概率是百分之八十,另一种理论预测它发生的概率是百分之九十,当然是后一种理论预测得更准确。我们可以构建很多种理论,评估哪个理论更准确,标准是哪种理论能做更准确的预测。关于未来的预测,要等到未来才知道是否准确。最大似然估计不是面向未来,是面向过去,做事后诸葛亮,不是预测,是"回顾",是回到过去预测已经发生的现实。回顾并不比前瞻容易,实际上往往更难;前瞻需要胆大,需要诗人的奇思幻想;回顾需要谨慎,需要哲人的慎思明辨。

二、最大似然估计是摸着石头过河

下面我们具体看看哪些因素以什么方式影响雇员当经理的概率,看看最大似然估计怎样摸着石头过河。如上所述,过河的起点是零假设,根据零假设构建一个可能世界,用"负二倍"作为指标,衡量可能世界与现实世界是否有显著差距。有显著差距,就调整可能世界的结构,然后看调整后的可能世界是否显著接近了现实世界,接近了,就继续调整,直到调整后的可能世界不再有显著的改进,也就是说,不再显著地更接近现实世界。统计学家设计了最大似然估计的算法(algorithm),演算史被记录在迭代史(iteration history）中。下图的迭代史，记录的是分析四个变项如何影响当经理的概率的最大似然估计过程。这四个变项分别是：是否少数族裔（minority）；教育程度（educ）；来公司前的工作经验（prevexp）；在公司的工作时间（jobtime）。是否少数族裔是解释变项，另外三个是控制变项，因为它们都可以"天经地义"地影响当经理的概率。

迭代史[a,b,c,d]

迭代		似然自然对数的负2倍	回归系数				
			常数	少数族裔	教育程度	工作经验	工作时间
第一步	1	304.363	−5.442	−.455	.325	.001	−.003
	2	222.894	−10.244	−.912	.631	.002	−.004
	3	188.192	−15.638	−1.393	.964	.002	−.003
	4	174.857	−21.276	−1.824	1.315	.002	−.002
	5	171.285	−25.906	−2.150	1.612	.002	−.002
	6	170.926	−27.940	−2.298	1.745	.002	−.003
	7	170.922	−28.192	−2.318	1.761	.002	−.003
	8	170.922	−28.195	−2.318	1.762	.002	−.003
	9	170.922	−28.195	−2.318	1.762	.002	−.003

a. 方法：一次放入所有自变项

b. 常数包括在模型内

c. 初始似然自然对数的负2倍：442.853

d. 估计于第9次迭代终结，因为参数估计的变化小于.001

前面说过，最大似然估计一共有五步。SPSS输出的迭代史只

第六章 对数回归

记录最大似然估计逻辑的后四步。为了与前文保持一致，我们先把最大似然估计的第一步补充在这里。

第一步，描述现实世界。现实世界，就是四个自变项与是否经理的实际交叉分布。我们可以用四个自变项与因变项做个复杂的交叉表，算出每个单元格里的观察值，看看因变项的值在纵横交错的单元格里实际怎样分布。这是个很长很复杂的表，谁也看不懂。因为有三个连续变项，但样本只有474个观察值，这个表的很多格里没有观察值。这是现实世界，是最大似然估计想达到的彼岸。

第二步，为了达到彼岸，开始摸着石头过河。第一块石头是初始模型。初始模型有四个零假设，分别是关于少数族裔、教育程度、工作经验、服务时间跟当经理的概率有没有显著关系，每个零假设都说净（偏）回归系数不显著，也就是说，在控制另外三个自变项后的回归系数不显著。例如，关于教育程度，零假设是：在是否少数族裔、工作经验、在岗时间相同的情况下，教育程度对当经理的概率没有系统影响。这一步分析，相当于用四个自变项与因变项做了个复杂的交叉表，算出每个单元格里的预期值，也就是如果四个零假设都真，那么因变项的值在纵横交错的单元格里应该怎样分布。这也是个很长很复杂的表，谁都看不懂。这是初始模型预测的基准可能世界。

第三步，把初始模型套到数据上，如果模型与数据之间的误差是0，预测与观察相同，"负二倍"等于0；预测与观察差距越大，"负二倍"越大，模型越不准确；差距越小，"负二倍"越小，模型越准确。通过比较，发现二者之间差距很大，初始模型的自由度是 4，似然性的自然对数的负二倍是 443（Initial -2 Log Likelihood：442.853），对应的是个很小的概率，小于十万分之一（p < 0.00001），也就是说，犯一类错误的风险小于十万分之一。我们假定愿意承担百分之五的犯一类错误的风险，实际风险小于十万分之一，于是我们放弃零假设，断定根据初始模型预测的基准可能世界与现实世界相差显著。这一步，相当于合并了两个复杂的交叉表，每个单元格里既有观察值也有预期值。这个加倍长加倍复杂的表，更是谁也看不懂。因为模型内有三个连续变项，而样本只有 474 个观察值，这个表有很多空格，空格影响计算卡方值的精确度，所以 SPSS 会发出一个警告。不过，我们可以不理会它。温馨提示：对数回归模型的自由度是模型内自变项的数量，自变项的数量相当于衣服的部件的数量。《西游记》里有一种僧袍叫一口钟或一裹穷，大概就是一块布，相当于一件衣服只有一个部件，即相当于一个模型只有一个自变项，自由度为 1。如果衣服有多个部件，例如有袖子和领子，自由度就多，相当于模型的自变项多。自变项多，衣服的部件多，与身体出现的误差的总量就高。但是，单纯的误差总量大，并不意味着衣服不合身，同样数量的误差，出现在简单的衣服上，衣服不合身，出现在复杂的衣服上，衣服合身。

第四步，构建 1.0 版替代模型。放弃初始模型，就是放弃初始模型中关于自变项与因变项关系的零假设；建构 1.0 版替代模型，就是提出非零的假设。非零的假设，首先是定方向，一个方向是大于零，正相关，一个方向是小于零，负相关；其次是猜测回归系数的绝对值。提出非零假设的根据，是看零假设做出的预测与实际观察到的情况有什么样的差别。预期是根据零假设做出来的，预期过高，就把零相关调整为负相关；预期过低，就把零相关调整为正相关。初始模型的一个零假设是，是否少数族裔与是否经理没有显著的相关，比较预测与观察，结果显示零假设低估了身为少数族裔对于当经理概率的负面影响。474名员工中，少数族裔104人，白人370人，经理84人，根据零假设，预期少数族裔有18名经理，实际只有4人，远远低于预期。因此，在提出非零假设时，算法把零相关调整为负相关，这样模型的预测才会更接近现实数据；关于教育程度作用的零假设低估了教育程度增加一个单位（一年）对当经理的概率的影响，算法把零相关调整为正相关；以此类推。提出替代模型后，要看替代模型预测的可能世界是否显著接近现实世界。检验结果显示新模型预测的可能世界与现实世界的合身度提高了，标志的误差量"负二倍"从443降到了304。自由度是4，卡方值减少139，是个显著的改进。

第五步，构建高版本替代模型，精益求精，百尺竿头更进一步。我们先假定1.0版替代模型与数据零距离，然后检验这个零假设。结果显示，"负二倍"304仍然是个巨大的差距，犯一类错误的风险仍然小于十万分之一，于是我们放弃零假设，继续改进模型，做2.0版。不过，从这时开始，调整只是增加回归系数的绝对值。第二个模型，模型与数据的契合度又提高了，"负二倍"从304降到了223；改进显著，很好，接着改。做出第九个替代模型，预测出了第九个可能世界，算法显示，无法再显著改进模型了。不再显著，就是说，10.0版替代模型与9.0版没有显著差异，10.0

版模型与数据的契合度微微高于9.0版，但提高幅度可以忽略不计。最大似然估计算法的默认显著度是千分之一，所谓忽略不计，就是我们忽略它时犯一类错误的风险小于千分之一。于是，这第九个模型，9.0版模型，就是最大似然估计的结果。温馨提示：终于达到了最大似然，并不等于找到了真理。最后的模型预测的可能世界，与现实世界仍然有显著差距。最大似然估计归根结蒂是猜测，是扮演事后诸葛亮，也是摸着石头过河。

我们为什么费这么大力气做最大似然估计？因为我们想根据最符合数据的模型猜测总体中自变项与因变项的关系。这相当于根据衣服猜测衣服主人的身体特征，衣服越合身，猜测越准确。比如，我借了一件姚明的西装上衣，让你根据这件上衣猜我身高，你肯定猜不准。因为我穿这件衣服不合身。最大似然估计就相当于做衣服，做出来，请数据穿上试试，不合身，就修改，修改到最合身的程度，就不改了。我们每次修改模型，就相当于修改了一次衣服，我们希望衣服越来越合身。理论上，我们可以无休止地改下去，但是实践不允许，也没必要，改到一定程度就可以了。这个一定程度，SPSS默认的标准是千分之一的概率。我们决定不再修改模型，然后说，根据模型，总体的情况是如此这般。总体是不是真的如此这般，照例是不知道，但统计分析还是让我们更接近真相。

最大似然估计是分析过去的可能性，把过去的场景变换一下，过去的过程就会有不同的轨迹。有些方法论学家说实际上所有社会科学的方法都可以归纳为最大似然估计。事实到底是什么我们不知道，永远也不知道。我们只能是去构建一些模型，然后看这些模型中哪一个跟现实更合身，哪个最合身，我们就说哪个模型最近似地描述了现实的情况，我们就认为这个模型显示的样本统计值（回归系数）是总体参数的最佳估计。

三、 事实胜于雄辩

这时，我们可以想象民权律师与公司代表律师唇枪舌剑的辩论。

民权律师对陪审团说：诸位请看，是否少数族裔与是否经理应该这样分布，然而这是实际分布，根据卡方值检验，两个变项有显著的相关，而且是负相关，少数族裔员工当经理的概率显著低于白人员工。我敦促各位放弃无罪推定假设。

公司代表律师对陪审团说：诸位，真正影响当经理概率的，并非是否少数族裔，而是教育程度。

民权律师说：那好，我们控制教育程度。对数回归的结果显示，在教育程度相同的情况下，少数族裔员工当经理的概率仍然显著小于白人员工。

公司代表律师说：只控制教育程度还不够，真正影响当经理概率的，并非是否少数族裔，而是教育程度、来公司前的工作经验、在公司的服务时间。

民权律师说：好，我们控制教育程度、先前工作经验与在公司的服务时间。对数回归结果显示，当教育程度相同、先前工作经验相同、在公司的服务时间也相同的情况下，少数族裔当经理的概率仍然显著小于白人。下面是对数回归的分析结果。

等式中的变项

		系数	标准误	Wald	自由度	显著度	Exp(B)
第一步 1[a]	少数族裔	-2.318	.798	8.440	1	.004	.098
	教育程度	1.762	.261	45.688	1	.000	5.822
	工作经验	.002	.003	.802	1	.371	1.002
	工作时间	-.003	.019	.028	1	.868	.997
	常数	-28.195	4.319	42.613	1	.000	.000

a. 第一步放入的变项：少数族裔，教育程度，工作经验，工作时间

资方律师一时找不出天经地义应该影响当经理概率的自变项，词穷了。民权律师，经过几番周折，修成正果，赢了官司。但是，资方律师不会善罢甘休，一定上诉。为了准备上诉材料，一定会寻找其他干扰变项，比如，可以切实可靠测量的"管理能力"。官司有尽头，研究无止境。

四、最大似然估计的路线图

最大似然估计可以细分为八步。跟做显著度检验相似，每一步都简单，但几盏路灯都得点亮，几个路标都要看清，否则就会迷路。

第一步，姑且放弃研究假设，设立零假设，假定自变项跟因变项之间在总体中没有系统关系。这个零假设是初始估计，设立它是为了放弃它。

第二步，以零假设为基础，算出样本统计值出现的似然性，取似然性的自然对数，再乘以负2。绕这个弯子的理由是，得出来怪

数,即似然性自然对数的负二倍(-2 log likelihood),"负二倍"的分布与卡方值的分布相似,可以当卡方值的代用品。

第三步,以似然性自然对数的负二倍为指标,决定是否接受关于初始估计的零假设。注意,这里有个新型的零假设,是关于模型与数据契合度(goodness-of-fit,拟合优度)的。这里的零假设是:作为一个模型,初始估计与数据天衣无缝,完美契合,零误差。

第四步,如果不能放弃关于初始模型的零假设,研究无疾而终。

第五步,如果能有信心地放弃关于初始模型的零假设,研究继续进行,提出替代假设。

第六步,提出替代假设的依据是把初始模型预测的结果与样本中观察到的情况(统计值)进行比较,即比较交叉表中的预期值与观察值。预期值大于观察值,就把回归系数从0调整为负数;预期值小于观察值,就把回归系数从0调整为正数。

第七步,以似然性自然对数的负二倍为指标,决定替代模型是否比初始模型更符合数据。看看记录最大似然估计过程的估算记录(iteration history,迭代史),替代模型的似然性自然对数的负二倍一定小于初始模型的似然性自然对数的负二倍。

第八步,不断修正替代模型,即不断增大替代回归系数的绝对值,直至模型与数据的契合度不再"显著"改进。

至此,最大似然估计大功告成。

温馨提示:最大似然估计是扮演事后诸葛亮,高明固然高明,但永远不能达到绝对真理。最大似然估计的计算过程十分复杂,值得庆幸的是,我们不必亲自做,统计学家写出了算法,计算由电脑代劳。

五、 最大似然估计与最小二乘回归异曲同工

最大似然估计与最小二乘回归异曲同工,下面几种对二者的比较也异曲同工。

最小二乘回归直爽,目标是把观察到的误差平方和减到最小,哪个回归模型做到了,我们就认为哪个模型的内容(即回归系数)与总体参数最接近。最大似然估计绕弯子,想把观察到的样本统计值(就是交叉表的观察值,或者观察值背后的概率)出现的概率变成最大,哪个模型预测出的似然性最大,我们就认为哪个模型的内容(即回归系数)与总体参数最接近。

最小二乘回归是对样本数据量体裁衣,依据样本猜测总体。做回归时,我们看在哪里取条线可以把用平均值猜测造成的误差变成最小。做最大似然估计是先闭门造车,然后修修补补。最大似然估计不是算,是猜。猜测的起点是零假设,就是假定在总体中自变项与因变项零关系。先假定零假设真,把零假设变成一个模型,然后看根据零假设做出的预测与样本中看到的现实是否有差距。这里有两个零假设。一个零假设是关于模型与数据的拟合优度,另一个是关于模型内自变项与因变项的关系。如果模型与数据不合身,就修改模型。这时,两个零假设都放弃了。修改模型,就是把原模型中自变项与因变项的关系从零改成非零,如果零假设高估了期望值,改为负相关;如果零假设低估了期望值,改为正相关。确定了方向,先小心翼翼试一步,迈个婴儿步(baby step),如果能显著缩

小误差，就继续往前走。这个猜测过程，就像给一个关在黑屋里的人做衬衣。此人出不来，只能试穿。我们先做一件衬衣的毛坯，其实就是一块布，零假设是一个人没脖子，没胳膊，所以衣服没袖子，没领口，穿上试试，不合身，就调整，加袖子，开领口，修改的方向对了，就接着修改，直到达到不能再显著改进的地步，就算最合身，不改了。换言之，修改就是把多出来的剪掉（把原来的零系数改成负系数），把短的部分加长（把原来的零系数改成正系数），改完后发现比较合身了，还不完全合身，接着改，直到改进程度可以忽略不计。SPSS算法的默认标准是千分之一，所以，忽略不计冒的犯一类错误的风险是千分之一。

最小二乘是找出一个回归线，让它把使用平均值猜测造成的误差平方和变到最小的程度。最小二乘回归很聪明，先找出一个误差，就是使用平均值猜测造成的误差，然后设法找到一条线，把误差减到最小的程度，追求最小。最大似然是不一样的思维方式，追求最大。最大似然估计也是依据样本猜测总体，但不是对样本数据量体裁衣，而是对总体参数先大胆假设，然后小心求证。极大似然估计需要更强的想象力。

解释对数回归的结果，跟解释最小二乘回归的结果一样，也需要注意三点：一是自变项和因变项的测量层级与测量单位；二是回归系数是否显著；三是回归系数正负与绝对值的大小。在最小二乘回归中，正回归系数意味着，自变项增加一个单位，因变项的值往高于平均值的方向走；负回归系数意味着，自变项增加一个单位，因变项的值往低于平均值的方向走；不显著的回归系数意味着自变项的变化对因变项的值没有系统影响。在发生率之自然对数回归中，随机概率（0.5）类似于平均值，随机概率转变为发生率，是1，而1的自然对数是0。正回归系数意味着，自变项增加一个单位，因变项的值会随之往高于0的方向走，也就是事件发生的概率会增加；负回归系数意味着，自变项增加一个单位，因变项的值会随之往低于0的方向走，也就是事件发生的概率会减小；不显著的回归系数意味着自变项的变化对因变项的值没有系统影响。

不过，对数回归系数也有四点特殊之处。第一，在对数回归中，因变项的变化是一件事发生的概率的变化，但测量概率的指标是发生率的自然对数，后者的变化是一条曲线，所以，我们不能简单地说，自变项每变化一个单位，因变项就发生固定数量的变化。在对数回归中，自变项对因变项的影响的大小，取决于影响发生在曲线的位置。自变项增加一个单位，这个变化对因变项的影响发生在曲线中间比较陡的地方，比起发生在比较平缓的地方，影响幅度略大。不能简单地用线性回归的语言报告结果，因为相同的回归系数在S曲线的不同点上造成的影响并不相同。不要简单地说，教育程度每增加一年，当经理的程度增加5%，这样说不准确。具体影响是多少，取决于自变项的变化发生在S曲线的什么地方。举个例子，我们学英语觉得听力提高得慢，一个原因是听力的提高是S型曲线。每天听两个小时，效果并不相同，一开始效果很小，特别需要耐心，要有赤子之心。

第二，用术语报告对数回归系数，大致采用下面的说法，自变项增加一个单位，一件事的发生率的对数就发生若干单位的变化，这很难理解，原因是测量因变项变化的测量单位是发生率的对数，很少有人是用对数想问题。报告研究结果时，需要把对数回归系数的影响转换成比较直观的概率变化。如果用发生率之比率（odds ratio）描绘自变项对因变项的影响，可能夸大效果。为了理解自变项对因变项的影响，我们可以发生率的对数还原成发生率，还原成odds，一个是自变项未变时的发生率，另一个是自变项变化一个单位后的发生率，然后看两个发生率的比率，就是 odds ratio。需要注意的是，发生率之比，亦即 odds ratio，变化不是渐进的，是跳跃的，往往制造一个夸张的印象。最直观的解释是把发生率之自然对数的变化还原为概率的变化，也就是说明自变项变化一个单位，一个事情发生的概率会变化多少，比如，如果发生率之自然对数增大，那么事情发生的概率可能从30%增大到60%。这个计算有点麻烦，需要手工或者使用专家写的程序。

第三，报告对数回归的结果，不需要报告判别系数，开会时也要小心不要问发言者 R 平方是多少，原因是这些概念不适用于对数回归。

最后一点，照例最重要，最大似然估计归根结蒂是估计，估计不等于真理。我在美国读书时，Brian Pollins 教授有个比喻，他说最大似然估计如同把机器人送到火星，让它找最高点。机器人随机迈出一步，如果觉得是往低处走，就退回来，换个方向再试一步；如果一步迈出去觉得走高了一步，就接着往前走，走到开始走下坡路了，停下，认定脚下就是最高点。也许不远处是更高点，但机器人找不到，因为它只往高处走，不懂得什么叫蜿蜒起伏。探索火星是如此，侦探分析案件，历史学家研究重大历史事件，天文学家探索宇宙起源，也是如此。李昌钰被誉为神探，因为他对过去的事情估计得比别人准。高华受历史学家推崇，也是因为他估计得准。宇宙大爆炸理论得到广泛接受，也是因为估计得准。不过，估计终归是估计，我们永远不可能完全知道真相。

第四节 定序对数回归与多项定类对数回归

一、定序对数回归

不同类型的对数回归，区别点也是因变项之"变"含义不同。前面讨论的二分变项对数回归，是对"非此即彼"的回归分析，因变项的"变"是受关注的情况是否发生，例如是否当上经理。如果因变项是定序变项，有几个等级，就可以做定序对数回归。定序对数回归与线性回归比较接近然而不同。例如，军队的校官分少校、中校、上校，这是个定序变项。我们以服役时间为自变项，分析服役每增加一年对于官阶的影响，就是分析对于从少校升中校，从中校升上校的影响。如果影响一致，就可以通过平行回归检验（test of parallel lines），定序回归就成立。不过，这个检验很难通过。值得注意的是，做这个检验时，我们希望接受零假设，因为零假设假定我们构建的回归模型与数据天衣无缝，差距是0。如果我们把雇员数据的工作岗位视为定序变项，把教育程度、性别、是否少数族裔视为自变项，对数回归的结果如下。

参数估计

		估计	标准误	Wald	自由度	显著度	95% 置信区间	
							下限	上限
切分点	[岗位=1]	7.481	.834	80.457	1	.000	5.846	9.116
	[岗位=2]	7.990	.848	88.870	1	.000	6.329	9.651
位置	教育程度	.349	.055	40.207	1	.000	.241	.457
	男性	2.116	.358	34.991	1	.000	1.415	2.818
	少数族裔	-.543	.328	2.735	1	.098	-1.186	.100

联结函数：自然对数

但是，这个回归无法通过平行线检验。

平行线检验[a]

模型	似然自然对数负2倍	卡方值	自由度	显著度
零假设	294.419			
一般	192.989[b]	101.429[c]	3	.000

零假设声称位置参数（斜率系数）在各个回应范畴间相同

a. 联结函数：自然对数

b. 已经超过最大迭代次数，似然对数值或/与参数估计未能收敛

c. 卡方值根据一般模型的最后一次迭代的似然对数计算。检验的有效度不确定

二、多项定类对数回归

无法通过平行线检验，最安全、最诚实的办法就是把貌似定序

253

变项的因变项视为定类变项，进行多项定类对数回归（multinomial logit regression）。这个回归的分析结果，就是一系列二分变项对数回归（binary logistic regression），解释起来很简单，只是比较啰嗦。值得注意的是：二分变项对数回归，有一个0（参照类），一个1（关注类）；多项定类对数回归，有一个0（参照类），两个或多个1（关注类）。套用邓小平的话，二分变项对数回归是一个中心，一个基本点；多项定类回归是一个中心，两个或多个基本点。以雇员数据为例，把工作岗位视为多元定类变项，把普通职员（clerk）作为参照类，回归结果如下。

参数估计

工作岗位[a]		B	标准误	Wald	自由度	显著度	Exp (B)	Exp (B) 的95% 置信区间	
								下限	上限
2 保管	截距	-15.399	1.173	172.369	1	.000			
	教育程度	-.554	.099	31.256	1	.000	.575	.473	.698
	男性	20.163	.000	.	1	.	571098318.7	571098318.7	571098318.7
	少数族裔	.427	.503	.722	1	.396	1.533	.572	4.105
3 经理	截距	-28.944	4.337	44.531	1.000				
	教育程度	1.763	.275	41.177	1	.000	5.832	3.403	9.994
	男性	.916	.447	4.208	1	0.40	2.500	1.042	5.998
	少数族裔	-2.318	.794	8.511	1	.004	.098	.021	.467

a. 参照范畴：1 员工

结　语
从业余选手到专业玩家

千里搭长棚，没有不散的宴席。这本戏说，像在茶馆说书，短话长说，正话反说；卖关子，抖包袱；添油加醋，借题发挥，种种把戏，不一而足。本打算再说点"高大上"的，两个标题也想好了。其一，结构方程模型是量体裁衣与闭门造车相结合；其二，双层回归是探索环境的变化如何影响个人的属性。但是，我有点累了，随即警觉，说的人感到有点累，听的人必定已经困乏不堪。这一点，几乎不需要求证，每个大学课堂都能看到。所以，我决定打住。有几句絮语，作为临别赠言，写在下面。

一、量化研究的长处与短处

定性研究归根结蒂是推己及人，方法近乎自我反思。定性研究有方法，有技术。技术可以教，也很容易教。但是，定性研究的方法如同所谓体育运动的种种"感"，如"手感"和"球感"，近乎不可言说；接近艺术，基本上不可教；勉强教，很容易神秘化。量化研究是有技术支持的证伪思维方式，有概率论和统计软件保驾的辩证思维。技术近乎体能训练、动作要领训练，可教；方法接近战术训练，也可教。不能教的是赛场的心态与发挥。学计量方法，最有效的方法就是拿一个统计软件，找个自己喜欢的数据库来玩。归根结蒂，学术研究靠的是可练不可教的悟性，只能来自实践，"工夫是准确的重复"（启功）。一听就懂，一做就错，不练习很明白，一练习就糊涂，都正常，不用担心。

引言中提到了围棋，结语呼应一下。介绍统计分析的基本要素，相当于介绍围棋的棋盘、棋子。介绍作为证伪思维方式的统计分析，相当于解释什么是死棋，什么是活棋。我希望我的戏说能帮助读者克服对统计分析的那种莫名其妙的恐惧感。不论什么游戏，看说明书、看规则是学不会的。围棋是个很复杂的游戏。很多小孩儿学围棋，一开始是看别人下，然后自己找小伙伴乱下，玩一玩就会了。有些规则，比如"扑"、"打劫"、"打二还一"以及"双活"，是跟小伙伴发生争执后才弄懂。学统计分析，是一样的道理，它是个游戏，有些基本游戏规则要先弄明白，然后就是在玩的过程中慢慢体会。聂卫平棋圣小时候学棋，过惕生老师教导他：棋是两个人下。统计分析，也是两个人在做，是学者一分为二在做。本书介绍了几个社会科学常用的统计方法，相当于介绍了几个常见的布局、定势和手筋。知道这些，就可以玩了，玩到什么程度，取决于自己的研究需要和兴趣。

定性研究与定量研究对待研究素材的态度不一样。做计量分析，需要敬重数据，不能虐待它；做定性分析，要求其实更高，要自觉崇拜素材。做定性分析，想出一个道理，写文章时引用文献也好，引用访谈也好，引用完，没有反思的机会，引用的文献不会反驳你，不会说你用得不合适；引用的访谈更不会反驳你，说你记错了。计量分析不一样，数据往往拒绝合作。你挖空心思建构了一个模型，做了件衣服，一试，数据冷冰冰地说：不合身！不显著！你很沮丧，但还是得小心侍候数据，调整模型。如果无论你怎么哄，数据都不讲话，研究假设很可能不成立。定性研究的长处是允许灵光一闪，不计其余；量化研究的长处是既聪明又严谨。聪明与严谨很难结合在一起，结合好了就是天才。

定性研究常见的缺点是软，有些研究成果似是而非，又死无对证。量化研究常见的缺点是浅，证明的东西显而易见。有的时候，因变项与自变项可能是同一个变项。有位年轻学者的回归分析的 R 平方超过 0.95。这样的研究发现，统计上是显著的，但实质上没什么意义。李磊（Pierre Landry）教授开玩笑，说统计分析的结果，往往相当于证明离婚最主要的原因是结婚。量化研究的短处是，做到严谨比较容易，做到聪明格外困难。要警惕量化研究的短处，不妨注意三点。第一，计量分析只能分析测量的可靠度，而测量的切实度最重要，切实度需要靠定性研究。第二，显著不等于重要，更不等于真实。第三，相关不是因果。相关关系是因果关系的必要条件，但并非充分条件。

定量分析，难免得到不显著的结果，怎么办？第一，不要惊慌，也许有救，想一想有没有足够的理由做单边检验，不做双边检验。第二，不要沮丧。原来计划的文章写不成了，但仍然可能有文章写。定量研究里，哪个是解释变项，哪个是控制变项，是学者自己规定的。把一个变项作为解释变项说不通，不妨把某个与因变项有显著关系的控制变项作为解释变项，无非是把文献重新做一下，有时也许需要改投另一个学科的刊物。第三，不妨试试把解释变项的平方放进回归模型，看看它与因变项是不是曲线型相关。例如，假如发现年龄与需要的护理不相关，就要想到增加一岁对于刚刚来到世界的幼儿和风烛残年的老人的意义完全不同。最后，也可以考虑构建二层线性回归模型。比如，发现个人的文化价值取向与个人的政治行动意向不相关，可以探索地区文化传统对于不同地区的个人政治行动意向的影响。当然，这样做比较困难，需要自己构建二层数据，做双层线性回归。

二、学统计要有游戏心态

统计方法不神秘，但也不简单。统计分析复杂，但不艰深。复杂，因为需要把许多简单的因素清晰理顺，类似于把拼图一块块摆在正确的位置。不艰深，要感谢统计学家和计算机软件专家，他们的聪明才智使数学平平的用户能满足于在理论思维上知其然并知其所以然，毋须在数理上知其然，更遑论知其所以然。不懂高等数学和概率论，却能放心大胆做量化研究，正如不懂造车修车却能开车一样。

学统计方法，可以急用先学，争取立竿见影。不急用，更好，可以慢慢学，玩智力游戏。读书时学统计的优点就是不需要马上懂，什么时候懂都行。期末考试前突然明白了，很好；考完后突然明白了，很好；需要用的时候忽然明白了，很好；文章被拒以后忽然明白了，也不错。

学统计需要有游戏心态，从业余选手到职业玩家，需要的只是兴趣、时间和努力。单杠双杠是练身体柔韧灵活的体操，智力体操，比如围棋、象棋、扑克，练脑筋的灵敏度。哲学、数学、统计分析也是智力体操，很有趣。玩数学的门槛高，但是哲学、统计分析的门槛不高，人人可以玩。我们对统计分析有敬畏感，很多情况下可能是因为教统计分析的人讲得太专业。学习研究方法，目的是把脑筋练得尽量灵活，善于转身，该转弯就转弯。比如，正态分布概念背后有极限和概率的概念，这两个概念跟我们日常思维不一样。我们日常思维方式是：是就是，不是就不是，黑白分明。在《编辑部的故事》中，葛琳的这种思维方式被老陈笑称为"天真烂漫"。极限概念不天真，它的意思是，我们可以无限趋近一个点，但是永远达不到，这很难想象。但是，也正因为数学超过我们的常识，它对我们智力的发展大有好处。概率论也是一种超乎常理的思维方式，特点是永远不肯定这个世界究竟是什么样，它可能是这样，也可能不这样；发生的并非必然发生，不发生的并非不可能发生。为了玩好统计游戏，我们不妨用日常语言解释统计学术语，用智力游戏场景彰显概率思维方式，把统计软件和数据库当成电脑游戏，把分析数据变成智力体操。

古人云：临渊羡鱼，不如退而结网。如今网是现成的，鱼在水里，开始捕鱼，定有收获。

附录

漫谈学英语

我今天讲的题目是学英语，没什么学术价值，但我相信各位会有点兴趣。我做了点准备，大概讲六个方面。首先讲为什么谈学英语；其次讲为什么我来谈英语，不让你们谈，也不让英语特别好的人来谈。第三是关于学外语的一个常见误解。第四是我学英语的一点经历。第五是如果我有第二次机会，我会怎么学。最后是个总结。

一、为什么谈学英语？

为什么谈学英语呢？最主要的原因是英语太重要了。我在课上也提过，从内地来的同学要想一想，来香港读了几年书，在内地的工作市场，你的比较优势是什么？我觉得前几年可以有两个优势，一个是语言的优势，一个是计量的优势。现在计量的优势没有了，唯一一个还能在香港培养的就是语言优势。各位一定要比内地的同学英语好，各位英语基础本来就好，来了香港以后也可以学英语。千万不要觉得来中文大学就要学中文。中文大学的老师用中文写的论文，评审时不算研究成果。这个做法当然不合理，但这是现实。你们想想看，你们回到内地，是不是也面临 SSCI 的压力？内地好一点的大学都在搞 SSCI。SSCI 是什么？就是英文发表。所以，各位不要小看英语的重要性。

你们这个年龄段的人，英语都能对付（adequate），但是，好不好，是另外一个问题。我在浸会大学教书的时候，最有挫折感的是，多数学生提交的作业，不管是用中文写还是用英文写，文字都不是很好。香港教育最失败的地方是语文教育。有些学生用英文写作业和写论文，往往没有一句话是完全正确的。也不能说写得不对，但是没有一句话经得起推敲。你们各位用英文写，也不一定比那些同学强多少。各位不要觉得我是在贬低你们。实际上，用英语写出一句完全正确的话是不大容易的，我自己写的时候也经常出错。

二、为什么我谈学英语？

我来谈学英语，不是因为我英语学得特别好。如果我英语学得特别好，可能就没有机会跟各位谈了。学英语不仅讲究天分，也讲究什么时候开始学。你们开始学英语的时间肯定比我早，我是进了大学以后才开始学的，高中时没学过。我们高中有个很好的英语老师，姓于，北外的毕业生，但是学校不让他教英语，让他教我们畜牧，畜牧是比较好听的说法，就是养猪、当兽医。好在当年考大学可以不考英语，否则我进不了大学。你们学得早，可以说有点童子功。我很不谦虚地说，没有机会练童子功的人，英语学到我这个程度就不错了，可以混日子了。这是我谈学英语的资格。

为什么我们不请个语言天才来谈？因为语言天才谈的那些东西，听了白听，看了白看。最近微信上有篇文章，介绍李克强的翻译怎么学英语,我不知道你们看了没有。我看了以后觉得他是个天才,我跟他下一样的功夫,还是学不到那个程度。我们既然有缘坐在一个教室里,就说明我们的聪明才智差不多。我来跟各位谈,就是因为各位也可以达到我的程度。

三、关于学英语的一个常见误解

我们平时衡量语言能力,尤其衡量外语能力的时候,有个习惯说法:听、说、读、写。我们学母语的顺序是听、说、读、写。学外语的时候的顺序不是这样,是读、听、说、写,或读、听、写、说。如果还是按照听、说、读、写的顺序学,是学不会的。学外语有很多常见的误会,听、说、读、写的顺序是其中之一。为什么有的人学了很长时间的英语还是学不会?就是因为他不琢磨自己是怎么学。有人说学外语要下笨功夫,有道理,但笨功夫不是傻功夫。无论学什么,都分两个功夫:一个是投入时间学,另一个是用心琢磨怎么学。又投入时间学,又用心想,就会慢慢找出一个适合自己的方法。哪一天你找到适合自己的方法了,你就学会了。

四、我学英语的经历

我 1978 年进大学,读的是哲学系。入学后,我发现大学的哲学跟高中时学的哲学完全不是一回事。高中的时候,只要脑筋比较聪明,会按照逻辑想问题,哲学就能学得不错。进了大学以后才发现不是那回事。我的同学年龄都比我大,社会经验丰富,理解力强。我很快就发现自己学哲学根本不行,跟同学们没法比。学哲学学不通，学点什么呢？我一位学长，就是现在在厦门大学任教的张光教授，点拨我，说你年龄小，应该集中精力学英语。我听他的话，就学英语。其实，一开始我不愿学英语，入学前没有基础，入学以后发现有的同学已经学了两年，有的学了四年，还有学了六年的。我觉得跟他们没法比，怎么赶也赶不上。学习条件也不好。那个时候，我们用的英语教材是南开大学外语系的老师与天津一家工厂的工人师傅合编的。第一课是 The people send us to the university，开头几句：I am a worker, you are a peasant, he is a soldier。课文无聊至极。老师教的时候，就是领着大家念课文，没有录音机、录音带、录音教材，也没有 CCTV 9 这样的外语频道。我一开始靠听广播，北京人民广播电台的业余英语广播讲座，初级班、中级班一起听。那个时候学英语的条件真是很差。但是，难也得学。没进大学前，我知道这一辈子只有读书这一条活路，进了大学后，我很快就觉得这一辈子只有一条活路，那就是把外语学好。

　　你们大概觉得有点怪，为什么我就有那么强的生存危机感。我是河北沧县农村长大的，农民最缺乏安全感，因为农民靠天吃饭。当时，工人阶级是领导阶级，铁饭碗，不担心没饭吃。农民不一样，泥饭碗，一季收成不好，第二年就有可能吃不上饭。我小时候农村有个季节叫"青黄不接"。青，就是麦子长高了，青青的很好看，但是还没有抽穗，没有灌浆。黄，就是秋天收获的玉米。青黄不接，就是春天时玉米吃完，麦子还没有收成。这段时间，严重时会有一两个月，农村发生饥荒就是这个季节。所以，农民最缺乏安全感。我是农村长大的，对安全感的需求非常强。要在社会上求安全，最牢靠的就是有点本事，有一技之长。这一点你们毕业以后会体验得更深刻，一定要有一技之长，就是要做一件事比别人都强，至少比你周围的人强。不可能做到比所有人都强，但要比大多数人强。一旦树立了这样一个观念，你就会专心学一个东西，想把它学好，无论花多少时间、多少精力，都不会觉得投入太多，也不会觉得学得太慢。

我学英语下过很多功夫，尝试过很多方法。背单词，试过，还试过背词典。回头看，比较有效的有两个。一个是背课文，一个是翻译，英译汉。我下过背课文的功夫。你们学英语肯定也背过课文，不过可能比不上我。我有个比较辉煌的记录，1984年暑假，我背了《新概念英语》第四册的前四十课。这也有点因缘。我1982年毕业后分配到抚顺石油学院工作。1983年夏天，领导派我去华中工学院进修自然辩证法，我因此错过一次重要的学英语机会。1983年秋天，石油学院请了两个美国老师教英语，他们教了一年。我1984年6月从武汉回抚顺，只赶上个尾巴，两位老师很快就回国了。但是，两位老师对我有巨大的恩惠，就是留下了一套录音，是他们读的《新概念英语》第四册。《新概念英语》自带的磁带是英国人读的，听说语速非常快，而且我也买不到。这两位美国老师是美国口音，语速自然适中。我复制到他们留下的录音，如获至宝。暑假不上课，我就反复听，听不懂也反复听。听到晚上睡觉时脑子里跟放录音一样，不想听都不行，它就在那里响。我有个卡式录音机，上面有停止键、放音键、快速前进、快速后退，还有一个暂停键。我天天听，天天啪啦啪啦地摁键。到后来，前进、后退两个键被我摁坏了,得请同事用胶粘上去。我估计,用录音机用到这样地步的,恐怕不多。反正我就是反复听,听不懂,反复听。一边听,一边记。很多词是生词,我就根据发音查字典,实在听不懂了再看课文。这样,差不多一天花上四、五个小时,可以背下一课。暑假结束,我把四十课装在了脑子里,任何一课我都可以背出来。那应该是我记忆力最好的时候。我读大学的时候背过《新概念英语》第三册,也背了四十课,但没有做到任何一课都能背出来。现在有很多词,我能告诉你我是在《新概念英语》第几册学会的。《新概念英语》的教材到处都能买。我敢担保,各位能都做到这一点,不过也要跟我一样下很多功夫。

为什么后面的课文我不背了呢?因为新的外国专家来了,我要花时间去找她们练口语。我从1978年开始学英语,第一次开口讲英语是1984年8月份,之前从来不敢开口,当然也遇不到外国人,没有机会说。新来的两位老师,一个英国人,一个美国人。我接触较多的老师是英国人。她听我说能背四十课课文,不信。我就请她当面考我,让她随便挑一课。她挑了第26课,我说,请你告诉我第一个词,她提示完,我就往后背,背了几句,她就信了。但是,她说,这不是好办法。

我下的另一个功夫是翻译。前面说过,我做过很多书面翻译。我在大学的时候就翻译了一本二十五万字的书。毕业前的三个月,等待分配,惶惶不安,没有事干,为了安定心神,又翻译了十几万字的东西。所以,我毕业时已经完成了四十万字译文,那时候觉得翻译哲学的东西没什么困难了。工作以后,我的一位学长要组织翻译苏格兰哲学家休谟（David Hume）的书信集。一翻译休谟书信，我才知道我的英语还差得很远。我现在都记得特别清楚，休谟有一句话很长，大概有八、九行，我在办公室里反复琢磨，一个字一个字查字典，花了六个小时才译出来。拆完那个句子以后，再也没有遇到让我吃不透的句子。

翻译是个全面的训练过程。通过翻译，可以培养一个学者很多必备的品质。第一个品质是耐心。没有耐心做不了学术研究。不管自己在一个问题上卡住多长时间，都不能着急。如果你很容易对自己失去耐心，对研究的东西失去耐心，那你千万不要当学者。当学者，永远都会卡在某个地方。就像我们上次看的录像里 Professor Burger 讲的，他做六个月的数学研究，如果有一丁点儿进步，会高兴得不得了。六个月一点进步都没有，也不能失去耐心。翻译为什么最能练耐心呢？因为翻译时你要去做平时不会做的事情。我们平时看到一个词，只要认识就肯定不去查字典，不认识也常常不查字典。翻译时必须查字典，不查字典就出错。很多时候你明白这个词是什么意思，但是译不好，就要查字典，看看字典怎样解释这个词，什么场景用这个词，例句里怎么用。

除了培养耐心，翻译还有助于培养自我怀疑。自疑也是学者必不可少的品质。搞翻译的人没有自我怀疑，一定会出很多错，而且都是些莫名其妙的错。我昨天纠正了一个自己的错。弗洛姆的《爱的艺术》提到一本心理学期刊，叫 *Pastoral Psychology*。pastoral 一般是田园、乡村的意思，贝多芬《田园》交响曲的"田园"就是这个词。我一开始译为"田园心理学"，后来觉得说不通，查了字典才知道原来不是那么回事,这个词也可以翻译为"牧师的"。牧师,pastor,是讲道的,讲道就是为了完善人的灵命。如果去过教堂、寺庙、清真寺,就会知道,人有属世的生活,还有属灵的生活,属灵的生活就是信仰的生活,就是跟上帝、跟你崇拜的神明沟通的生活。所以说,牧师的工作是培养心灵、灵命。于是,我觉得把 Pastoral Psychology 译为"育灵心理学"比较好,培育的"育","灵魂"的"灵"。

翻译的时候,跟我们做研究时一样,最大的危险是该怀疑自己的时候没有怀疑。我给各位举几个例子,都是我在翻译《爱的艺术》的时候发现的。英文原文是 do unto others as you would like them do unto you。这句话什么意思,各位一看就明白,是"己欲立而立人,己欲达而达人"。但是有个人错得离谱,译成了"己所不欲,勿施于人"。再比如资本主义社会的公平交易原则是,I give you as much as you give me,"你给我多少,我就给你多少"。有人译成了"以物易物"。archery,"剑术",被一位译者翻译成"射箭术"。from one day to another,有人译成"一天天过去了",有人译成"日复一日",其实是"一夜之间"。你可以说,把 archery 译为"射箭术",是看花了眼,但是,把 Zen in the Art of Archery 译为"禅宗射箭术"或"合掌坐禅艺术"就太有想象力了。禅宗教人向善,怎么会有射箭术呢?这种完全不符合常识的东西居然就出现在正式出版的译本里。the emergence of man from the bonds of blood and soil 更神奇,blood and soil 就是说人类历史上开始只有部落,部落的血缘相同,领地相同。后来,部落变成了城邦,城邦变成了国家,在国家里,公民的血缘和领地就不同了，所以人类的发展有一个过程就叫 the emergence of man from the bonds of blood and soil，但是有人居然翻译成"与低等血液的结合中显露出来"，这是无法想象的事。mass suggestion 这个词比较困难，如果不懂弗洛伊德的心理学，这个词翻不出来，果然，有人翻译成了"批量建议"，其实是"群体暗示"。学木匠的第一关是 plane wood，就是要把木头刨平，但有人译为"种树"，可能是把 plane 看成了 plant，但是 wood 不是树。更奇怪的是另一个译本把 plane wood 译为"放好木样"。还有，well fed 译为"长得肥胖"，很好笑。最奇怪的是这个，我怀疑是用低能软件翻译的：Even the teacher was not only, or even primarily, a source of information, but his function was to convey certain human attitudes，这句话非常清楚，但有人居然翻译为，"即使是教师，不仅他是，或者说，甚至主要是，一种信息来源的传授者，而且，他的职责也是给学生传授某些关于人的看法和知识"，完全理解错了。

再举个例子。有本书讲到美国内战对美国历史产生了很大的影响，其中一个原因就是美国内战是战争史上第一次有摄影记者到了战场，后方那些没有上战场的人通过这些照片认识到了战争的残酷，这些照片，paradoxically lifelike，中文译为"极其逼真"。这个译本总的来说很不错，读译文的时候，也不会觉得这里有问题，但是一对照原文，就知道这个地方译得不够火候。这个 paradoxically lifelike 从英文的角度看可以说是神来之笔。照片上的是战死的士兵，怎么可能 lifelike 呢？这是典型的 paradox。这样巧妙的英语只有英语是母语的人才能写出来，非母语的人永远没这个水平。译成

"极其逼真"就把原来很有韵味的东西变得索然无味了,就好比原作是一瓶人头马,翻译成了一杯白开水。原作是一瓶人头马,把它变成一瓶五粮液才对得起作者。作者写出了这么精妙的东西,翻译时不能失去韵味。比较好的翻译是译为"活灵活现地再现了死亡",这样就把 paradox 译出来了,"活"和"死"是对立的。如果不做翻译,你对英语的体会永远不会深刻,体会不到英语的妙处。

五、如果我有第二次机会

那么如果我有第二次机会,我会怎样学英语?这里讲几个要点,对各位不一定适用。第一,我会设一个比较高的目标,然后不断把这个目标调高。星期二上课时,我给各位放了段录像。当时我先问各位有没有听懂,然后我问听懂了多少,后面还问了一句,有多少同学每个词都能听清楚。你们回去以后有没有再去听一听这段五分钟的录像?有没有做到每个词都听得很清楚?我相信各位大概都能听懂 90%,这已经不错了,但是要做到每个词都听得很清楚,每个词都非常准确地知道他想表达什么意思,这中间还差 10%。你们知道这 10% 需要花多少时间吗?你想从 90% 走到 100%,花费的时间可能跟你从 60% 走到 90% 是一样多的。最后这 10% 非常困难,但是一定要有这个目标,就是说,我已经达到了 90%,我的下一个目标是要听懂 100%。如果很容易就满足了,觉得自己能听懂 90% 就不错了,反正也能听课了,也能当 TA 了,也能带 tutorial 了,也能跟外国人、外国同学、外国老师交流了,如果觉得这就够了,那就是把目标设低了。当然,这不是说一开始就把目标设得非常高。

那样做会有问题，会感到自己能力很差，怎么都达不到目标。所以，比较好的做法是一开始把目标设得相对高一点，然后把这个目标不断地往上调，法乎其上，得乎其中。

当然，往上调也有个极限。极限的感觉，可能不论男女都在40岁左右。如果你到了40岁的时候已经做了很多努力，有一关还过不去，那你就认了，因为这很可能就是你的极限。我有这样的体会。我在美国读书时，经常给欧博文老师写电子邮件。有一次，他很高兴地说我这几年收获挺大。我说，我没觉得自己有什么收获。他说，今天他夫人看了我的电子邮件，不觉得是外国人写的，因为每个介词都是对的，every preposition is correct。各位知道，学英语最难掌握是介词，因为介词的用法往往没什么道理，很难讲为什么用这个、不用那个。所以，欧师母说我每个介词都用对了，我觉得我的英语进步挺大。但是，我跟欧老师合写论文，立刻就遇到了巨大的语言障碍。我在国内做了调研，跟他讲是怎么回事。虽然他研究中国政治，但经常听不懂，不知道我到底想说什么。我就知道很可能是语言问题，当然也可能是我们遇到了一个新现象。那个时候我的挫折感非常强，但我没觉得自己已经到了极限。到什么时候觉得到了极限呢？我毕业以后仍然跟欧老师合写文章，我发现无论我怎么努力去写，无论我的文字改到什么程度，拿到他那里去都会被改得一团花。一开始我感到沮丧，后来忽然体会到这是我的极限，我想过的关是非母语的人几乎过不了的，一下子就轻松了。

当然，我的极限只是我的极限。我认识的华人学者里，有的人的英语非常好，我永远达不到他们那个程度。比如，在麻省理工教书的黄亚生老师,他的口语跟美国人几乎一样。他参加电台的对谈节目,我听起来觉得就是美国人。比较早到美国读政治学的,不少人大学时是英语专业,接受了正规的英语教育。我一直在哲学系混,学英语的条件当然比不上这些英语系出身的。除了黄老师,还有几位老师的英语也非常好,比如哥伦比亚的吕晓波老师、在Claremont McKenna College任教的裴敏欣老师、爱荷华大学的唐文方老师、芝加哥大学的杨大力老师。这几位的智商都明显比我高,我从来不跟他们比。

今年年初,有一位我们系毕业的同学,就是现在在爱荷华大学的金帅,在我们系的微信群里问我怎么用英文写文章,刘鹏老师跟着敲边鼓。我说,这不是一下子能说清楚的。刘鹏老师说,那你想办法说清楚,我们想听。所以我就花了几天时间写了篇文章,叫《用英语写学术论文》。我没好意思讲得太明确,今天讲得清楚一些。到美国读政治学的人里,不管是先去的还是后去的,英语写作真正过关的大概就那么十几个人。我刚才已经举了几位了,他们写的东西基本上不用外国人改就可以发表,外国学者可能觉得不美,但是看不出来是非母语的人写的。

我们学英语难,洋人学中文也不容易,学得特别地道的就那么几个。特别地道,就是他讲中文时,你闭起眼睛听,觉得这是中国人说话。黎安友(Andrew Nathan)是一个,瑞典的沈迈克(Michael Schoenhals)是一个,我能举出来的还真不多。沈迈克的中文发音特别好,他是北欧人,北欧人的语言天分特别高,可能有地理和历史原因。北欧是一个语种特别多的地方,北欧人从小就要学好几种语言，他们的语言天分特别好。犹太人语言天分也特别高，大概因为犹太人两千年没有自己的国家，以色列是"二战"以后重新建立起来的。没有自己的国家，以色列人走到哪里都要掌握哪里的文化，语言能力就比较强。另外，沈迈克的太太是中国人，黎安友有一任夫人也是中国人。当然，不是所有娶了中国夫人的外国人中文都好，天分也很重要。季羡林先生说过，学语言需要天分。

我不太了解各位的英语程度到底如何，因为5050课我们一直用中文讲，而且我也不认真看各位用英语写的东西。我只是给各位一个提醒，目标要高一点。不是说一开始就设个非常高的目标，但是一定要设个偏高的目标。达到一定程度以后，不要轻易觉得英语够用，够用不够用取决于你要做什么。我一开始学英语的时候没有很高的目标，觉得只要能翻译哲学书就够了，我不要求能听懂，也不要求能说，更不要求能写。当然，这也是有背景的。一方面是因为我从小就胸无大志，一方面也是因为当时确实条件有限。只要能读懂，能把英文的东西翻译成中文，我就很满足了，那个年代能做到这一点就可以活命了。后来，我的同学也好、老师也好，都不断说这样不行，我的目标也不断地往上调整。所以说，如果我可以重新学英语的话，第一点，我要给自己设一个比较高的目标。

第二点，学英语时最重要的诀窍就是要对自己有耐心。你们是不是有这样的体会：每天练两个小时的听力，听了一个月没长进？这时一定要对自己有耐心。特别聪明的人往往学不会英语，就是因为他学其他东西特别快，学英语的时候很长时间不见效，就没有耐心了。你们可能反驳说，钱钟书聪明绝顶，他为什么能学会英语？

我觉得那是因为钱钟书小时候上的是教会学校。我可以大胆断言，如果钱钟书进了清华才开始学英语，英语水平也会打折扣，因为他会觉得学英语太不划算。他花了一百个小时、两百个小时的时间，没有什么成效，他就会觉得很不值得。各位读研究生，有那么多的功课，但一定要有耐心下功夫提高英语。我可以告诉各位，你们这两三年在香港读书，条件虽然赶不上美国、英国，但是这个地方最好的资源、最值得利用的资源就是英语资源。你不要觉得现在投入一百个小时、两百个小时写论文，可以写出一篇文章。这样算账是错的。你十年以后照样可以写论文，但是如果十年以后你在语言学习上想达到同样的效果，那可能就要三百四百小时了。各位一定要算好这个账，英语这么重要，一定要把它学好。

第三，如果有第二次机会，我仍然会背课文、英译汉。不过，我可能不会背那么多，不会译那么多。翻译一定要翻译自己感到困难的东西。等你觉得翻译的材料没什么挑战性，就要换一个更有挑战的。背课文与英译汉，都是听起来容易做起来难，不信你就试试看。此外，我会尽量早一点用英语写自己，不是写自传，就是写自己的基本情况、日常生活、感觉、体会，也会做点书面的汉译英。

我现在学德语，仍然主要靠翻译和背课文。这是我现在正在用的一个文本，标题是《我的德英词典》，一共有2400页。这是第二部分，第一部分有1700页，加在一起就4000多页了。我看到不认识的德文词就查网上的字典，然后把字典的内容复制粘贴，变成我自己的词典。这样，我再遇到生词时，先在我的字典里找一遍，看看有没有遇到过它。如果字典里有，我就知道，这是第二次查了，我会回想一下上次看到这个词是在什么地方。绝大多数情况下想不起来，但偶尔会想起那个语境，这就有利于建立联系，帮助记忆。我说过，不要背单词，这是最笨的办法，记住了也没有用，因为每个单词都有很多含义。德文有个最怪的地方，也是德国人最自豪的地方，就是有很多词可以表示相反的意思。比如黑格尔最自豪的那个词：aufheben，可以是"放弃"的意思，也可以是"发展培养"的意思，取决于语境。为什么要背课文？因为背课文是记语境，脑子里装的语境越多，语言能力就越强。最理想的当然是实际生活在英语环境里，语境很多，而且都与自己切身相关。我下这些功夫编字典，也是为了让自己主动学习。被动的记要花很多时间，熟能生巧只能靠主动。学母语是靠自然的烂熟于心，成年后学外语必须主动熟悉，主动学习，就是要挑战自己。我说的这些都只是适合我的，很多东西你们没有经历过，很难言传。你们各位不一定觉得这是个好办法。你们的条件比我好，学得比我早，又都年轻，所以，只要认真学，一定可以比我学得更好，但各位都要探索最适合自己的学习方式。

总结

总结一下，今天谈学英语，是因为英语很重要，英语好会成为你们的一技之长，不管你们是回到内地任教，还是在香港地区或其他地方工作。你不要觉得现在这么多人学英语，英语好就不再是一技之长。不是这样的。三十多年前，我也不愿意学英语，觉得大家都在学，而且人家已经学了好几年了，我没有基础，永远赶不上他们。车铭洲老师告诉我：学的人很多，学好的人很少。你们看看，你们周围是不是也是这样的情况？留学的确实多了，但留学的人英语好的也不多，英语好中文也好的更少。各位中文都足够好，英语也学好，就是一技之长。

我用弗洛姆的一段话作为结束语。弗洛姆在《爱的艺术》里说，爱是一门艺术。他讲的"艺术"不是我们平时讲的那个"艺术"，有点类似中国讲的"六艺"的"艺"，医学、美术、英语这些都叫艺术。学艺术需要几个条件呢？弗洛姆说，第一是自律，第二是专注，第三是耐心，第四是重视。我把顺序调整一下，我觉得第一是重视，就是知道学英语对你来说非常重要。第二个是自律。第三是耐心。第四是专注。专心致志，貌似容易，其实很难，在智能手机时代尤其难。各位看这段话，是我翻译的。"专注是掌握任何艺术的先决条件，这个道理几乎不证自明。任何人，只要尝试过掌握一门艺术，都知道这一点。尽管如此，在我们的文化中，专注比自律更罕见。我们的文化导致的是散漫零乱的生活方式，在其他地方几乎找不到同类。人们同时做着很多事，又读又听，又说又抽，又吃又喝。我们是消费者，永远大张着嘴，贪婪地吞吃一切，管它是图画，饮料，还是知识。缺乏专注还有一个清楚的表现，那就是我们很难做到独处。安静坐好，不说不抽，不读不喝，多数人根本做不到。他们会紧张不安，非得做点什么，要么用嘴，要么用手。抽烟就是缺乏专注力的症状，抽烟的时候，手嘴眼鼻一齐忙活。"弗洛姆说的很有意思。他说，在现代社会里，专注是个难得的东西。你们有没有这样的习惯，写论文、读书的时候要听点音乐、上点网，还时刻挂念着微信上在说什么？这就是因为没有专注。

我总结完了，现在请你们提问题，发表评论。

答问

学生：您一开始提的问题让我很震惊。我从来没有想过学英语要到一个什么程度才到头。我以前总觉得能听懂就够了，而且还是大部分时候能听懂，不是完全都听懂，就够了。

老师：学语言够用还是不够用，取决于你要做什么。如果你是本科生，为了听一门课、为了考试、为了拿成绩，那么听懂老师讲的内容，写作业的时候不会因为英文不好而扣分，那就够了。所以，我们学英语的时候，首先要解决的一个问题就是我们将来要做什么。刚才讲到，我大学毕业的时候能翻译英文的哲学文献了，就感到很满足。后来我的老师给我提出要求，要全面掌握英语，因为等我回来南开读研究生的时候要负责哲学系的国际交流。请外国专家来讲课，我听不懂，怎么可能翻译呢？既然是交流，那就不是光听人家讲的，我不会说，怎么可能交流呢？所以，等重新界定目标以后，就知道现在的水平还不够高。你们现在的英语水平不错，但要写英文论文是不够的。

学生：我感觉平时跟别人说英语的时候，我是先把他的话翻译成中文，用中文想，然后再尝试找到一个英语的对应词来回答。

老师：这很正常。我有个比方，我们很多人学英语最后学到的是标本，可以用，但没有生命力。我希望你们最好能培养出一盆盆景来，虽然很小，但它有生命力。你现在习惯用中文想问题是很正常的。但是等到将来你用英语的时间长了以后,尤其是用英语读书、写东西的时间长了以后,你会发现有时候用英语想,可能比用中文想更清楚。我们写英文论文,一定要写得让以英语为母语的人看懂。在这个写作过程中,你会培养出自己的语汇、自己的句子、自己的概念,你会发现这个时候用英语更加亲切、更加熟悉。实际上,我们学的时候用的是什么语言,你就会觉得那个语言更加亲切一些。比如你在美国学统计用的是英语,你现在是不是觉得用英语讲统计更清楚一些?

学生:对,完全不能用中文讲。

老师:这就是因为那部分英语对你来讲是活的,你的英语的其他部分对你来讲还没有那么强的生命力。

如果没有其他问题,各位就回去做那个 transcription(听写)。各位不要小看这个作业,这是个非常好的锻炼。那段录像没有文本,你听不懂也没办法偷懒,必须反复听,听一遍听不懂,听五遍听不懂,听十遍听不懂,听一百遍听不懂,都没关系,要练耐心。我大学的时候有个老师叫李约瑟,不是英国那个李约瑟,罗素的《西方哲学史》第一卷的后半部分就是他翻译的。他说,学英语要保持赤子之心。赤子就是小孩。小孩子学东西的时候不会因为学不会而有挫折感。我现在学德语,觉得我的耐心非常好。我听德文的时候,一个课文可能听了 100 遍,听到第 101 遍的时候,突然听懂了一个词,我就很高兴。

听录音教材的时候,一定要选一个你喜欢的,不仅课文是你喜欢的,而且读课文的声音也要是你喜欢的。我来香港地区这么多年还学不会广东话，最重要的原因就是我没有听到哪一个人讲的广东话让我感到很美，我学广东话就没有动力。听德语，我听过德国之声的新闻，有的播音员讲得非常好听，有乐感，有的人讲得像念悼词，我根本听不下去。

各位不仅要把语言当成一个工具，也要把它当成一个文化、一个文化的媒介。读英国人写的书，如果你对英国文化没有感觉，你是读不懂的，你看到的只是最表层的意思。你们做学问需要过的最后一关，就是用英语写论文的时候，要知道洋人是怎么看中国的。你如果不知道，英语写得再好，也不像英文。

最后说一句，我花一次课的时间跟各位讲学英语，与我休假有关。去年一年，我学术休假。学术休假是给大学教师一个喘息的机会。一般来讲，学术假期每七年一次，可以用休假的时间写点东西，或者学一些新的技能、新的方法。我休得太晚了，第一次休假，我已经在学术界混了十七八年了。这个时候休假，很难说是个充电机会，更像个反思机会。这一年，我想了很多。我觉得，过去这十几年，说得好听点是在探索，说得不好听点就是混日子，就是谋生存。在这个世界上，要谋求个能让自己安身的职业其实很困难。你们可能没有太多的体会，我这代人经历比较特殊，跟各位很不一样。但是，两代人总有点相通的地方，我的体会各位没办法感觉到，但是我的一些经验教训各位可以理解，理解了可能记住，记住了就可能是个有用的提醒。

(2015 年 11 月 7 日，管玥整理)

学英语得下真功夫

一天清早，我在微信圈看到一个朋友摩拳擦掌，准备在"百词斩"上继续奋斗，忍不住提醒他，跟这样的噱头纠缠只是收集标本。标本有用，但没有生命，收集再多，也只是摆设。"百词斩"这类网上游戏只是游戏，是假功夫，连花拳绣腿都算不上；玩这类游戏，只能制造虚假的"用功感"和"成就感"。真想学好英语，就得下真功夫。启功先生谈书法，说"工夫就是准确的重复"。成年后学语言，准确的重复也是不二法门。不过，同样是下功夫，学外语与学书法有个重要区别。书法是一个字一个字地练，语言是一句话一句话地学，为了减少枯燥，最好是记诵自己特别喜欢的短文或段落。套用量化方法术语，书法的分析单位是字，语言的分析单位是句。至于怎样下真功夫，不妨看看季羡林先生学语言的经验谈，网上很容易找到。我印象最深的，是季羡林先生这样的语言天才也会"读得结结巴巴，译得莫名其妙，急得头上冒汗，心中发火"。天才尚且如此，中人之材，想走捷径，想图轻松，只是自欺欺人；自欺可以长期有效，欺人顶多短暂管用。

我从来没有玩过"百词斩"，敢断定它是"噱头"，底气是我下过死记硬背单词的伪功夫。1983年上半年，领导指示我下学年顶替一个同事到华中工学院进修自然辩证法。我不知道领导的真实意图是什么，也许是不愿冒险让我上讲台讲马哲。我讲过两次，台下的学生中，只有三人比我小，用车师母的话说："压不住台。"我的顶头上司，哲学教研室主任金老师很开明，坦言派我这个南开大学哲学系毕业生去一个工学院进修自然辩证法是笑话，明确指示："不用上课。"但是，我住进华工东四舍那间冬天寒入骨、春秋热出油的宿舍，无事可做。想翻译，找不到哲学资料。于是，我就天天背词典。一个学期下来，梁实秋先生主编的《远东英汉大词典》的前50页，明显比后面的"阅痕"黑厚。现在回头看，下的功夫基本上无用，只是留下一点谈资。1984年春节，我回南开，车老师指示我翻译语言哲学资料，才把我救出想练枪法无子弹、天天"放空枪"的窘境（译文就是1989年南开大学出版社出版的《西方现代语言哲学》）。1988年，我又下功夫背单词，这次是为了考GRE。我住在沧州岳父母家中，天天用打字机敲打GRE词汇，一是为了减少单调，二是因为我习惯了靠动手增强记忆。当时，邻居对我岳父夸奖我用功，现在我悟到也许只是抱怨天天八九个小时噪音滋扰。回头看，那个笨功夫有用。1990年9月初，我到俄亥俄州立大学政治学系报到，第一次见到欧博文教授，他就说，应系研究生录取委员会的邀请，他看过我的申请材料，有一点让他印象深刻，就是我GRE的语词部分得分居然是85%，超过很多美国学生。但是，那些功夫，对我的英语能力而言只是花拳绣腿。

我学英语的经历，是季羡林先生经验之谈的加强、加长版。我翻译过三百万字哲学和非哲学的英语文字，深知何为"译得莫名其妙"。我的一点"创新",是背诵《新概念英语》第四册的课文,这是我经常跟朋友和学生夸耀的光荣事迹。季先生没提背课文,我猜想是他压根儿不需要特意下功夫背诵。他说:"过了一段时间,自己也逐渐适应了这种学习方法;头上的汗越出越少了,心里的火越发越小了。我尝到了甜头。"这甜头自然包括能记住梵文的天书句子。长话短说,笔译与背诵,都是真功夫,因为都符合启功先生的定义,是"准确的重复"。启功先生微言大义,我拿NBA巨星雷·阿伦练三分球做例子,斗胆发挥几句。"准确的重复"有三个阶段,一是为了基本准确而全神贯注地不断重复,慢慢体会接近目标的窍门;二是为了完全准确而全神贯注地重复基本准确的动作,反复琢磨命中目标的诀窍;三是为了保持完全准确而全神贯注地重复完全准确的动作,逐渐参悟出神入化的三分绝技。最后这个阶段,最难坚持。李约瑟老师(是与何兆武先生合译罗素《西方哲学史》上卷、以海安为笔名翻译海涅《论德国哲学和宗教的历史》的李老师,不是英国那位研究中国科学技术史的李大师)说过,天下没有不查字典的翻译家。耳听手追,下笔千言,是林纾式的翻译,假得明目张胆,理直气壮;"一名之立,旬月踟蹰",是严复式的翻译,真得低眉顺目,理屈词穷。真假翻译的云泥之别,就在于是否有"准确的重复"。背诵课文,好处也是"准确的重复"。2015年12月,我在人民大学谈过背课文的好处,原话照抄如下:"把课文背下来,这段话就刻在你的脑子里了,就像牛、羊这样的反刍动物把草吃进肚子了,吃下去可以反复咀嚼,记住了可以反复在脑子里琢磨。如果你没把成段的话装在你的脑子里,就没条件反刍,没办法反复琢磨、反复体会。要培养语感,必须要反刍,不记诵成段的话无法体会语言的韵味。"还说了句看似自负的话:"我虽然已经过了五十岁,现在学德语仍然下功夫背课文。当然跟二十年前、三十年前相比,现在背起来难多了,但我知道这个功夫必须下。不下这个功夫,就永远不可能'通',永远不可能学好一种语言"(《不发表就出局》,中国政法大学出版社2016年版,第158-159页)。

  背诵课文很重要,但不要随心所欲地背,一定要模仿。自己想怎么念就怎么念,背得越多,学得就越不准。模仿的对象,首先必须以英语为母语,还有一点,就是发音美。季先生在《留德十年》中生动描绘了德国房东欧朴尔太太义务当听力老师的经历。我没有他那么幸运,练英语听说,花费了很多时间,下了很多功夫。值得一提的经验是,一定要听难度适宜的材料。是否适宜,衡量指标是阅读。文字材料,浏览一遍,就能读懂,不适合练听力,内容太简单了;一字一字读一遍,只能懂百分之四十甚至更少,不适合练听力;认真读一遍,有生字,懂一半,适合练听力。泛泛地听,例如听新闻、看电视、看电影,可以练出泛泛的听力,就是大概懂,但是听不准,听不清。这样的练习,很有用,缺点跟玩"百词斩"一样,容易制造华而不实的"用功感"和"成就感"。英语专业的学生,读、听、说、写能力停留在泛泛水平,能用但不能派上关键用场,可能与他们偏重"泛读"、"泛听"、"泛说"和"泛写"有关。真功夫,是"精读"(笔译)、"精听"(笔录)、"精说"(讲课)和"精写"(发表)。我背诵《新概念英语》第四册的前40课,是从精听开始。先不看课文,一句一句反复听,边听边笔录,听到生词,就按照声音查字典,短短一课,听四五个小时,实在山穷水尽了,才翻开课本对照,然后再听。听、笔录、核对,这个过程走完,一课就记住了六七成,再背诵就不难了。1984年的暑假,我每天早晨5点半就起床,到运动场边走边大声背课文,偶尔遇到晨练的同事,不觉得彼此干扰。暑假结束,英国文教专家到校,她说话,我能听懂,我说,她能听懂,我的英语听说训练,终于开了头。现代解释学大师伽达默尔(Hans-Georg Gadamer)认为,语言的本质是对话(Gespräch,Dialog),很有道理。优先练听力,因为听懂是对话的先决条件。学外语有很多常见的误会,要按照听、说、读、写的顺序学就是其中之一。有的人学了很长时间的英语还是学不会,他们的结论是自己语言能力差。我觉得是因为他们不用心认识自己,不琢磨自己的学习习惯。无论学什么,都需要下真功夫,真功夫分两个方面:一是投入时间精力,全神贯注地主动学;二是留意自己怎样学效果较好。既投入时间学,又用心想,就会找出一个适合自己的方法。找到适合自己的方法了,就学会了。

最后再啰嗦一句,我学外语,最深刻的体会是"两个千万":千万要相信语言天才的话;千万不要与天才攀比。语言天才的经验之谈,远的,有卡莫·洛姆布的《我是怎样学外语的:二十五年学用十六种外语经验谈》;近的,多如牛毛,不胜枚举。千万要信,因为这些天才说的是实话;千万不要攀比,因为我们跟他们无法比语言能力,正如我们无法跟姚明比球技。天才极少,但总是出现,比如当年《光明日报》整版报道过的王同亿先生,就是大语言天才。假如我跟他比,就惨了。我有三分自知,不跟天才比高低。

用英语写学术论文

问我如何学会用英语写学术论文,近乎问道于盲。不等于,因为我算是会写的;近乎,因为我写得很辛苦。几周前我给车铭洲老师写过一封信,里面有这么两句:"用英语写政治学的论文,我能做得不错,但是从来没有达到自由境界。最大的问题是只能觉得什么较好,但感觉不到什么是最好,因而也不会觉得自己做得最好。"我们这个微信群内有好几位面临或即将面临用英语写学术论文的挑战。有位同学在写作上遇到点挫折,问我有没有建议。如果是几年前,我大概三言两语就应付了。现在心态开始接近老年人,有点唠叨,也许潜意识里还有留言的驱动,自知想法不大可能再改进。所以这个答复有点长。分两部分,第一部分谈写作的技术问题,第二部分谈写作的视角问题。

一

先谈三个具体的技术问题。第一,我的真实英语写作水平。第二,大学毕业后留学美国的华人政治学者的英语写作水平。第三,提高英语写作水平值得注意的事项。

第一个问题很容易回答:我的真实英语写作水平低于我独自发

表的论文显示的水平。我独自发表的文章,有一篇投稿前请费正清中心的 Nancy Hearst 修改过,是付费的。我后来给她介绍的客户都跟我一样十分敬佩她的专业水平和职业操守。其他文章,只要是鸣谢里说明特别感谢欧博文老师的,都承蒙他逐行认真读过,指点过。我不付费,以其他方式回报,比如也同样认真地读他的文稿。另外,学术刊物都有专职文字编辑(copy-editor),我的文章的文字部分有他们的贡献。比如,*Modern China* 的 Richard Gunde 水平很高,非常认真。由于上述因素,如果根据我独自发表的论文判断我的英语写作水平,一定会高估。高估别人就是低估自己,低估自己会削弱自信。这一段是我必须说的实话,没有丝毫谦虚成分。

第二个问题,大学毕业后留学美国的华人政治学者的英语写作水平。讨论这个问题,不可避免地涉及一些学者不一定愿意让别人知道的情况,这段话如果公开,我可能会得罪一些敏感的人。根据我的观察,大学毕业后留学美国的华人政治学者刚出去时英语底子差别很大,定型后写作水平大体上可以分为三个境界。第一,真正过关。以英语为母语的学者看不出他们的文章出自非母语作者之手,文章发表时不需要编辑把语法句法关。这是少数。这些学者绝顶聪明,要么本科英语专业,要么在美国留学时间长而且专门修过写作课。第二,基本过关。以英语为母语的学者很容易看出他们的文章出自非母语作者之手,文章发表前需要出版社或刊物编辑把文字关。投稿时如果不请人修饰文字会让挑剔文字的评审感到不愉快,但因为能把话说清楚,不需要审稿人猜,文字水平一般不影响评审结果。这是次少数,我算其中一个。第三,可以通关。以英语为第二语言的学者也能轻易看出文章作者的母语不是英语,投稿前必须请人修饰文字,甚至因为负责修饰文字的人看不懂初稿而必须反复修改,否则比较有地位的评审会拒绝评审。这些学者如果不肯花钱,径直把文稿投出,他们的写作水平会影响评审结果。这是多数。

第三个问题是提高英语写作水平值得注意的事项。首先,要区分写作问题与思维问题。用英语写论文,经常混淆这两个问题。写不下去,就认为是因为自己英语不好;写得不清楚,也认为是因为自己英语不好。英语不好变成了挡箭牌,替思维不清受过。很多时候,问题不是英语不好,而是思路不清,不知道自己想说什么。要判断是否如此,最简单的测试是用中文写,如果用中文也写不明白,就是思维问题。

其次,如果对某个词某个用法没把握,可以用 google scholar 检索,需要注意,检索结果鱼龙混杂,要能鉴别,一是看作者是不是美国人英国人;二是要看学科。自然科学的刊物发表的东西往往不讲究语法句法。照猫画虎学写作也是个办法。列宁认为两种语言对译是学外语的好办法。我耐心不够,没试过汉译英,无法判断实效。我认识的一位学者说她专门模仿导师。专门模仿自己喜欢的人,是正确的选择。选择模仿对象并不容易,不能完全凭自己的趣味爱好,首先得看模仿对象在学术界是否受人尊重。法乎其上,得乎其中。

最后,语言是一字一句学的。每字每句都有三个阶段,第一阶段陌生;第二阶段见面认识,不见面想不起来,属于消极词汇;第三阶段是变成积极词汇,需要用的时候会自然想起。学外语,最后达到的是三个不同的境界,标志就是积极词汇的质量和数量。多数人是收集一堆标本,比如背了多少单词,记住多少句型,标本有用,但都是死的。少数人能培育一个盆景,盆景是活的,但有严格局限。我们做政治学研究,能培育个英语盆景就不错了。更少数人培植一个花园。达到花园水平,在各种跟学术相关的场合都能说能写,在学术界可以算是成功人士。只有极少数天才能成就一片接近原生态的树林。对我这个说法,年轻人很可能不服气。我的意思很简单:设立现实的目标,才能建立自信。英语是工作语言,我们写作时只需要注重语言的表达功能,不需要讲究辞藻,当然更不需要追求文采风格。如果勉强说追求,就是追求 simple English, good English。

二

前面说的是写作的技术问题,不易解决。还有个更不易解决的问题,是视角问题,就是我们常说的功夫在诗外。为什么讲这个问题呢?说个简单的事实大家就清楚了。我们找一篇发在内地权威刊物的文章,找个精通英语的教授翻译成英语,投到国外的学术刊物,被录用的可能性是很小的。这并不意味着这篇文章学术价值不高。英语写作的难点,表面看起来是单纯的英语水平问题,实际上还有些深层的东西。这深层的差异就是诗外的功夫,大体上分为两个:一是树立批判的学科意识;二是树立学科积累意识。

第一,树立批判的学科意识。这听起来很堂皇,其实就是问题意识。英语世界里讲社会科学,相当于我们讲医学。医学家看人体,不强调人如何健康,重视的是人的缺陷、疾病。西方社会科学家看社会,看政治制度,看政府,跟医生看人相似,是用批判的眼光。内地很多学者习惯讲成就,讲成功模式,用这样的正面甚至赞美视角写文章,在英文世界的发表机会比较小。这并不意味着英语学术刊物的编委评审们对中国有偏见,只愿意听关于中国的坏消息,而是因为批判的学科传统。美国学者研究美国,关注的也是问题和不足。打个比方,有半瓶水,内地的学者往往集中讲为什么我们已经有了半瓶水?伪学者甚至会吹嘘这半瓶水足够全人类永世饮用。用英文写学术文章,一定要颠倒过来,集中讨论为什么还有半瓶是空的。这就是批判意识或问题意识。永远都是找问题,永远分析这个事情是不是可以做得更好。如果愿意更有建设性,可以讨论如何做得更好。如果不习惯这样一种学术传统,就会觉得用英文写的关于中国的文章都是在批评中国,专门挑毛病,甚至吹毛求疵。问题意识的另一个侧面就是市场意识。我们研究任何一个学科,都有很多题目可以选,但是这些题目在市场上的重要性并不一样。比如研究中国政治,重要的问题在市场有比较高的价值,也有比较广的销路。哪些问题重要呢?我的看法是,重要的就是敏感的,敏感的就是重要的。

第二,树立学科积累意识。积累就是贡献了新的事实,新的观点。真正的难关就是证明自己的研究发现是新的。要做到这一点,得建立听众意识或者读者意识,我们说话有目标听众,写文章有目标读者。用英文写关于中国研究的文章,一定要有一个很硬的新东西在那边，用时兴的俗话说就是"干货"。这对我们研究中国的应该不难，因为中国时时刻刻都有新东西，变化非常快。难点是证明这个经验内核不仅对作者来说新，对于从事中国研究的学者都新，这些学者是我们的目标读者。在新的基础上，还要有意思、重要和完整。我们对很多东西一知半解，知道一部分，甚至知道大部分，但是我们很难把一个故事真正讲全。由于这个原因，越是高档次的中国研究刊物，比如 *China Quarterly*，在经验研究与理论创新的比例上越显得头轻脚重。根据中国的经验给政治学刊物写文章，也要求新，不过是要求新观点，这里的目标读者是从事政治学研究但未必对中国有兴趣的学者。根据我自己的经验，给政治学刊物写文章，关键是挖掘现存研究文献的隐含前提，把中国的经验事实锻造成一根细细的棍子，类似高跟鞋的鞋跟，借助严密的逻辑推理和统计分析，构造一个头重脚轻的论证，挑战那个隐含前提的普适性。脚轻没关系，但必须硬。有的文章，脚不仅轻，而且脆弱飘忽，有点像后现代艺术，不欣赏的人会说是精致的垃圾。

结语

我的围棋水平很低，大约业余 15 级，但因为读研究生时正赶上围棋热，知道不少围棋故事，喜欢用围棋打比方。提高写作能力很像提高围棋棋力，做死活题、打棋谱有帮助，但最有效的是实战。实战不是乱战，得跟水平高于自己的对手下，最好还有老师复盘指点。我比较幸运，跟欧博文老师合写文章，学到不少功夫。不过，这不完全是运气，与以英语为母语的学者合作，必须有比较优势。天下没有免费午餐,我们也不能占人家便宜。独自努力,也能写好,无非就是多写、多改。写的时候要彻底放开,不考虑什么语法句法。修改时要有足够的自疑精神。自疑建立在语感基础上,自疑越强,看名家的文章时越敏感。自疑加上耐心,不厌其烦地修改,写作水平就会逐渐提高。另外,投稿过程也是很好的学习过程。评审提意见,就相当于高手给我们复盘指导。评审是尽义务,加上有匿名保护,多数评审人像棋圣聂卫平,丝毫不留情面,有时甚至尖酸刻薄,仿佛评审水平不高的稿件浪费了他们时间,有损他们的尊严。所以,看评审意见,光放下虚荣心还不够,还得放下学者的自尊,重拾学徒心态。我最重要的学术导师之一是匿名严厉批评过我几篇文章的著名学者,这是我猜出来的,不能求证,但我永远感谢她。重复一句几年前说过的话,自认为聪明的人学不会英语。再延伸一步,要用英语写好学术论文,提高英语水平固然重要,更重要的是有同行认可的真知灼见,此外还得有足够强大的心理或足够厚的脸皮。

(本文收入《在学术界谋生存》,香港中文大学出版社即出)

看不懂，是个难能可贵的境界

冒从虎老师是1980年代南开哲学系四大导师之一，与陈晏清老师、方克立老师、车铭洲老师，分别任四个年级的班导师。冒老师身高约一米八三，头大、肩宽、胸厚，讲康德、黑格尔，神采飞扬，声若洪钟。听冒老师的课，听不懂也不会犯困，更不可能睡着。据说，他在南开主楼319教室讲课，一楼中文系师生听得清清楚楚，为了抗干扰，老师不得不关门。我从来不逃冒老师的课，没验证过这个说法，但深信不疑。冒老师有很多名言，同学们争相传诵，当然也免不了按各自的理解添油加醋。有一句，我记得特别清楚，保证是原话，当时在场的老同学们肯定也记得。一次，冒老师到我们的宿舍，屋里很快人满（不为患）。谈到杨一之先生翻译的黑格尔《逻辑学》（我们称之为"大逻辑"），有位同学说，杨先生的译本很晦涩，不如贺麟先生译的《小逻辑》好懂。冒老师眼睛带笑，问，"你看过吗？"这位同学说，看过。冒老师说："哲学系的学生，看过'大逻辑'，看不懂，很好！没看过，不懂，就不好了。"

两年前，我在老同学张利民兄敦促下，在《中国青年报》发了篇短文，转述王太庆先生的话："看不懂，就是译错了。"有位读者说我是"标题党"。冤哉枉也！我在文中替王先生做了注释："看，不是随便翻翻。一目十行，体会不到'不懂'。'不懂'也有几个层次。"今天早上，我想起了冒老师留在我心中的很多话，忽然领悟了"看过'大逻辑'，看不懂，很好！"这句话的禅机：看过，看不懂，很好！好在哪里？好在创造了机会。看不懂，让人不快，不愤不启；浏览一遍看不懂，那就细细看；一遍看不懂，那就反复看；细细看，反复看，仍然看不懂，那就可能遇到了误译。遇到误译，也是提高的机会，找专家请教，找权威英译本对照，或者干脆发愤学德语，读原文。一句话，看不懂，很好，好就好在是个提高的机会。体会不到看不懂，可能是因为没看（我1980年在北京买了杨一之先生的译本，至今没看），也可能是因为没有认真看，没反复看，总之是没有得到提高的机会。

由此联想到一个问题：微信用户中，有多少人"看"，有几个人能进入"看不懂"的境界？

最早听说"微信"二字，是听一位同事讲她做调研的神奇经历，具体是哪一年，记不住了，总之是微信刚出现时。我一开始不肯用微信，是一位挚友不厌其烦地细心教，我才克服了渐老之人对新生事物的畏惧感。这两年，作为微信的用户，我走了很长一段路。我对微信的正面体会，所有用户都有，遵循"批判"传统和奥卡姆剃刀原则，不必提。我的很多负面体会，微信上讨论很多，不必重复。这里只谈一个负面体会，肯定有人讨论过，不过我孤陋寡闻，没见过，因此姑且假定没有。我这个感受是，微信的忠实用户，也许九成九彻底失去了"看不懂"的感觉，这固然根除了"看不懂"造成的挫折感，但同时也消灭了"看不懂"带来的机会。

看不懂，是个难能可贵的境界

看书，我常常看不懂；译书，总是看不懂。翻译叔本华的《人生智慧箴言》，我遇到不少 13 行的长句子，绞尽脑汁才从看不懂逐渐达到勉强懂。然而，看微信时，我从来没有感到看不懂。当然，我看微信，很多时候其实是以不看为看。微信群里标红的信息数量太多了，我往往像拂浮尘、掠蛛网，一点了之，不看；订阅的公众号越来越多，未读的文章叠床架屋，我干脆视而不见。朋友圈越来越大，朋友转的文章自然也越来越多，我多数置若罔闻，少数"一点赞了之"。

我不是完全不看微信，看，绝大多数时候也是假看，不是一目十行，是更"腻害"的一目一屏。偶尔比较认真地看，一定飘飘然觉得自己不仅"明察秋毫"，而且"鞭辟入里"，外加"过目不忘"。有铁证：我读微信上的东西，不仅从未感到看不懂，也从来没感到记不住。

阅读，然而既体会不到看不懂，也体会不到记不住，这是什么境界？这是钱钟书先生的境界，超天才的境界。可是，我百分之百清楚，自己只是中人之材，难道一看微信，理解力、记忆力就提高三四个标准差，有可能吗？一种感觉，毫无现实基础，一定是错觉，幻觉。看微信时的"阅读感"，很可能是人类亘古长存的虚荣心与日新月异的媒体技术联姻产生的怪胎。

物以稀为贵，是人间铁律，不会改变，不会过时。如果"看不懂"确实已经成为微信用户的稀缺感受，那就足以证明：看不懂，是个难能可贵的境界。

(本文发表在《中国青年报》2017 年 7 月 31 日第二版)

在学术界谋生存

我不习惯长篇大论,所以会30到40分钟之间结束。我讲的标题是"在学术界谋生存",跟汪老师给我指定的题目有点不一样。更准确说法是在标题上加一个"我"字。但是如果海报上用了准确的标题,各位就不会来了。你在学术界谋生存跟我有什么关系呢?与我何干呢?

我们先看看我今天要讲些什么。这是提纲:首先我会解释一下我这个题目是什么意思——在学术界谋生存到底是个什么问题。后面进入正题。生存,能不能活下来,关键是有没有生存意识。我先讲什么是生存意识。后面四项,选题、方法、写、讲,是生存基本功。第七项"名",我想各位都有兴趣。想做学者,不去经商,那是因为你觉得"名"比"利"更重要。但是我们学者如何处理"名"的问题,"名"到底是什么意思,有几种"名",到底要去怎么样获得比较好的名声,怎么样去维护这个名声,我们留在最后讨论。

好,我现在解释标题的意思。我今天讲的是我自己在学术界谋生存的一些经历,不是成功经验。跟各位有什么相关呢?只有一点相关,各位要成为学者,可能会觉得学术界是个原始森林,没进入之前觉得有点恐怖。学术究竟是怎么回事？学术界究竟是怎么回事？我可以给各位做点介绍。我可以承诺的是：我说的都是实话，都是良心话，不会骗各位。前些年有本书很红，书名好像是《我的成功可以复制》。如果真能复制的话，作者一定不敢告诉你。他成功可以，大家都成功就没有他了。所以讲"我的成功可以复制"一定是假的，百分之百假。我今天讲的不是成功经验，也不可能复制，但是因为学者面临的问题有相似的地方，你看前边的人是怎么过来的，对你可能有点好处。

所谓良心话我说过一些，前些日子卫华和我们系毕业的田雷博士在微信上把我写的两篇东西发出来，那也是良心话。但那是公开文本。我们说话都讲究时间地点场合。公开文本说的与小范围讲的不一样。我们今天是小范围，有点像是在朋友的沙龙里边，说话可以随便一点。公开文本不方便讲的，今天会讲一点；公开文本不方便明讲的，今天可能讲的明确一点。

以上是对标题的解释。

生存意识

我对学术有我自己的理解，对在学术圈生存也有我自己的理解，跟各位的观点不一定一致。第一，什么是学术？学术，包括两个东西，一个是学，一个是术。学是科学性的一面，术是艺术的一面。我对于学术的理解是：学术是创造、承传真知的科学与艺术。

与此相应，学者有两项任务——承传与创新。承传就是继承与传递。在学术史上，每个学者都是一节链条。要尽到学者作为学术史链条的职责,实际上是很难的,因为你必须达到前人的最高水平,不然就对不起前人;对不起前人也就对不起后人,就没有尽到承传的职责。学者还有一个责任是创新。这一辈子仅仅把前人的东西学会,教给后人,只尽了学者一半责任。创新更难,所以今天我们会多讲创新。

为什么学者要有生存意识?两个原因,第一,当学者很好。第二,当学者很难。

当学者很好,因为学者是精神贵族,很特殊的精神贵族。文化大革命时贵族被骂得很惨,其实在欧洲语言里,"贵族"是个带褒义的词,跟我们讲的精英差不多。学术生涯是特权,是衣食无忧地追求自我丰富与自我实现,是有责任、有使命的特权。在当代社会,学术生涯是真正符合马克思的劳动理想。按照马克思的说法,"在共产主义社会,旧的社会分工已经消灭,人们都得到全面发展,每个人都可以依据自己的天赋和爱好自由选择职业。劳动不仅仅是谋生手段,本身已成为生活的第一需要"。关键是劳动成为生活的第一需要。你去问问各行各业的人,如果他不做这份工作也能生活得很好,他会不会做。我想也许百分之九十几的人会说能不做就不做。唯独在学者这个群体里,你会听到一个答案,即使做不做学问跟我的收入无关,我也要做学问。对这些学者来说,劳动是他们生活的第一需要,不从事学术活动,他们日子就过不好。正是在这个意义上,学者是精神贵族。

因为当学者很好,所以当学者也很难。难就难在有个学术界。学术界是由学者组成的,但学术界很复杂。学者见面都很客气,现在不作揖了，但见面总会点点头握个手。但是跟你握手寒暄的学者不一定尊重你。如果一个学者在其他学者心目中没有地位，得不到承认与尊重，那他就没有真正在学术圈生存下来。学术界的生存有很多方面，表面的生存不等于真正的生存。比如，见到一个大学校长，大家会很恭敬他。但是如果这位校长在同行里面得不到尊重，那么他作为一个学者就已经死掉了。最近有个大学校长得了自然科学一等奖，成果是透明计算。我不懂什么透明计算，但从网上专业人士的讨论看，可以判断这位校长作为学者在同行心目中已经难以生存下去了。在学术界生存就这么困难。

这样看，学者的生存有很多含义，"死亡"也有不同的含义。不过，真正活着只有一个意思，就是得到同行的认可和尊重。至于并非真正活着，则有不同的状态。表面上还活着，实际上已经死了，这是一种状态。半死不活，又是一种状态。所以说学术界"活法单一，死法很多"。实际上不少学者是自己把自己干掉，在学术界属于自杀。学者自残的现象更多。所以学者还有一个特点是"伤法无数"。受伤实在太容易了。我是不是把学术界讲的太凶险了？不是。学术生涯有它可爱的地方，也有它凶险的地方，我们要把这两方面平衡起来。既然学术生涯是个特权，学术生涯一定很艰难，要不然怎么成为一个特权呢。成为贵族是很不容易的。下面我讲四个在学术界谋生存需要注意的事情，算是给各位的提醒和建议。

选题

第一是选题。我们选题的时候一定要选一个我们关怀的东西。

我说的是关怀，不是兴趣。如果学者做的东西不是发自内心关怀，日子很难过。为什么？因为你一天到晚琢磨那些东西。你如果不是发自内心关怀它，你的日子很枯燥无味。如果你关怀它，兴趣可以持久，如果你不关怀它，兴趣是很短暂的。

对于读研究生的同学来说，尤其是读博士的同学，选题实际上是选自己的身份。学者在选课题的时候，选的是自己的身份。举个例子，前段时间在网上有一个不知道是真是假的消息，说有人在申请经费时，课题是周永康的法治思想。假如这是真事，这位学者拿到经费了，但是学者身份没有了。选题就是这么重要。

选题还有一个很重要的考虑，就是不要凑热闹。一个学术问题成为显学了，成了很热闹的东西了，我们离它远一点。我认为选题时最好比别人早半步。早太多不行，早太多谁也不理你。但是要早半步。等你的东西做完了，其他学者跟进的时候你已经可以转移阵地。早半步最大的好处是可以少做很多人觉得最困难也最不喜欢的事，就是去读其他学者的东西。读研究生的同学一定有体会，做文献综述，老师总说不全，你又不愿意去弄全，觉得很多所谓文献是垃圾。如果你选的题别人还没写出东西，就少了这个麻烦。

选题还有一个考虑是可持续性，这对我们读博士的同学尤其重要。你读完博士学位进入学术界了，博士论文是你进入学术界的敲门砖，但是你还得有第二次进攻的能力，所以你的题目得有可持续性。衡量一个年轻学者跟一个年龄比较大的学者，最容易观察的指标就是看年轻学者写文章时跟谁对话，资深学者跟谁对话。学术进步的标志是从与他人对话到与自己对话。如果我们选择了一个有持续性的课题，在这个课题上进入了最前沿，保持了最前沿的水平，写文章的时候就是跟自己对话。跟自己对话也很难，超越自我非常难，但比跟他人对话、超越他人多一点乐趣。

方法

治学方法有广义，有狭义。广义的方法其实就是怎样去经营管理自己的时间和才能。为什么用经营管理这个词？我们作为学者，资产是什么？资产有两个，一是父母给你的才能，二是你的时间。治学方法就是妥善管理你的时间和才能，以最佳方式使用它们。在座的都是年轻人，对于时间不一定有特别强烈的意识。我们很难判断自己的才能，但我们对自己的时间应该有很敏锐的感觉。我问一下各位：你每天除了睡眠吃饭，假定有10小时，这10个小时的质量相同吗？各位年轻，可能觉得时间的质量是一样的。但是你只要认真观察一下，一定会注意到你在一天里面有那么一段时间，想问题就好像快刀斩乱麻一样，思维非常犀利；但是在另外一些时间，你要想困难的问题，根本想不动，像钝刀割肉。你知道从几点到几点是你最好的时间吗？如果不知道，那就是对自己的时间还没有进行有效管理。你很可能会浪费掉你最佳的时间，比如用最佳时间做次等重要的事。如果你知道哪两个小时是你一天最有效的时间，那么这两个小时就千金不换，任凭谁找你去开会你都不去。这就是时间观念。我们的时间其实非常非常少。有效经营管理我们的时间和才能，是我们在学术界生存最重要的功夫。有的年轻学者在这方面的意识不强。我大概两年前到上海的另外一个大学去跟年轻老师座谈，说你们要保护自己的时间。有个年轻老师后来跟我说，听了就好像被雷轰了一下。因为他没有这个观念，他不知道自己一天哪一段时间绝对不能被别人占用。这就是我们讲的广义的治学方法，就是妥善管理经营你自己的时间和才能。

狭义的治学方法就是我们学的方法论之类的东西。这里，我给各位讲三个有点颠覆性的想法。第一，研究方法不是进攻的武器，方法论主要是做防御用的。你做了一个研究，去开会报告你的研究发现，听众永远都会挑战你。最方便、最容易的挑战就是说你方法有问题。这个时候如果你没有足够的方法论训练，就不知道怎么样去防御了。能不能把方法论当成进攻武器呢？当然可以，不过我不喜欢那样做。学术界抖机灵的人多，踏实的人少，刻薄的人多，厚道的人少。我倾向于趋向少的那边，而不是趋向多的那边。

第二个有点颠覆性的想法是，学方法论的目的是敢于违背方法论的禁忌，学了方法论以后你就敢拿"不是"当理说。方法论专家认为必须避免某个做法，你学通了方法敢说我有理由偏偏这样做。当然，你一定要讲出你的道理。比如，计量方法专家告诉我们不能依据因变项选择案例。可是，如果我是做类型分析，那么我就有理由依据因变项选择案例，因为我并不关心我鉴别的类型有没有普遍性。你们心里可能想，李老师是不是专门走偏锋？我是有点走偏锋的倾向。我原来不是学政治学的，而且我对政治毫无兴趣。因为我不是科班出身，我看政治学的时候就倾向于认为那些理论没什么了不起，包括方法论。我认为方法论的书，成百上千的，大部分是垃圾。谁写的方法论书值得看呢？你要先看作者自己做不做学问，越是不会做学问的人写的方法论书越艰深。那么是不是学问好的人写的方法论书就值得看呢？也不一定。我给各位讲一个自己的例子。我上高中的时候，老师说，你成绩不错，给同学写一个学习经验好不好？我就写了个学习经验，现在还记得内容。上高一嘛，虚荣心很强。写的学习经验包括什么课前预习啊，课后复习啊，上课认真听讲啊什么的。写了一大通以后，我自己看了看，忽然意识到一点，我写的东西都是我自己做不到的。会做学问的人写的方法论书很多是这个情况。在座都是优秀学生，你们肯定有这个体会，你们总结的学习经验大多数是自己做不到的。

第三个想法是疑人不如疑己。开会的时候经常有人问方法问题。实际上那些提问的人提的那些要求他们自己也做不到。这是用怀疑别人的方式来表现自己。我觉得，作为一个学者要"自私自利"一点，怀疑别人不如怀疑自己。怀疑别人、批评别人可能会增加你自己一点点虚荣，但是只有怀疑自己，才对自己有帮助。什么叫怀疑自己？就是对自己可能犯错有高度的警觉。我在这里拿翻译做例子，因为我们是外国语大学。我前段时间写了个像漫谈的东西，专门讲翻译的。我有资格讲翻译，因为我翻译过很多东西——虽然发表的不多。做翻译的时候最重要的本事，也是优秀翻译家和普通翻译家最大的区别，就是优秀翻译家一旦有一点点可能不对的地方，他立刻就会意识到，就会怀疑，然后立刻就会去查字典。那些"半瓶醋"的翻译反而信心满满，结果就会闹出很多笑话。所以说，我们在方法上、在治学上怀疑别人，挑战别人，批评别人，不如把这个精力放在自己身上。这叫做疑人不如疑己。

写作

学者一定要写东西。我在这里给大家讲一个我的老师欧博文教授经常说的道理。一篇文章有十成内容，要下十成功夫，前百分之八十五的内容可能用百分之十五的功夫，最后的百分之十五要投入百分之八十五的功夫。后面的这百分之十五的内容才是非学者跟学者之间的差距，也是平庸学者和优秀学者之间的差异。前百分之八十五，有些部分还能打个腹稿。后百分之十五基本上打不了腹稿，是写作过程中碰撞出来的火花。所以，大家写文章的时候千万不要等想好了之后再写，等想好了再去写的话，你永远也写不出来，永远也写不好。我自己觉得，学者的创新工作就是写。

讲

在学术界生存，任何一个学者都要有三"讲"：第一"讲"是求职，找工作的讲；第二"讲"是给学生讲；第三"讲"是给同行学者讲。这里我想提醒大家，即将毕业的博士到用人单位做求职演讲时，往往忽略一个非常重要的环节：求职相当于卖期货，所以不要只想办法出卖你的实际价值。即便你刚毕业学问就很优秀，人家也不放在眼里，真正被放在眼里的是你的聪明。一个重要细节就是求职演讲时千万不要拿着稿子"念"，一定要去"讲"。你一开始念，给人家的印象就是这个人不够聪明。给学生讲，关键是站在学生的角度，帮他们学会新知识，掌握新技能，千万不要在学生面前炫耀学问。至于给同行讲，那是汇报工作，请求指正。这三讲说起来简单，做起来不容易掌握分寸。有的学者开学术会议总超时，就是忘了自己的身份，把听众当成了学生。

名

没有一个学者是不求名的。如果一个学者说"我根本就不在乎名声"，那么有两个可能：一个是这个学者真正谦卑，另一个是这个学者傲慢得无以复加。后一个可能性更大一些。什么叫"名"？为什么求名是正常的、正当的？学术界的"名"是指学术界同仁对你的承认和尊重。在这个意义上，求名就是求真正的生存。不在乎同行对你的承认和尊重意味着你看不起同行。所以说，不求名的学者是不正常的。但是，求虚名的学者也不正常。什么叫虚名？你并不在乎的人对你表现的那种轻飘飘的尊重，那就是虚名。还有一个名叫恶名，即坏的名声，大家都讨厌和厌恶的人对你表现的那种虚头巴脑的尊重，那样的名叫恶名。复旦的唐世平老师说，有些文章不能写，因为会留下骂名，我很赞成他这个说法。我们在学术界对于名要有这样一个基本的认识：名，一定是你尊重和承认的人对你的尊重和承认。将来如果各位要进入学术界或要成为学者的话，这可以作为一个参考意见。

韩愈老先生说："内不足者，急于人知。"这句话颠倒顺序更有意思，"急于人知，内不足者"。一个人生怕别人不知道，找所有的机会抛头露面，我们就知道这个人肚子里没有东西。这样的人最容易炒作。对年轻学者伤害最大的就是"炒"。如果一个人有足够的实力——像钱钟书这样的大学者——炒是没关系的，因为他就像一大块肥肉,怎么炒也炒不糊,越炒,出的油越多。但是很多年轻学者是禁不起"炒"的。我在这里引季羡林先生《留德十年》里的一段话:"黄油失踪以后,取代它的是人造油。这玩意儿放在汤里面,还能呈现出几个油珠儿。但一用来煎东西,则在锅里呲呲几声,一缕轻烟,油就烟消云散了。"季先生留德时刚好赶上"二战",战争后期他在哥廷根挨了几年饿,因为德国人把资源都用在了战争上。我们一些年轻学者可能是一小块"人造油",不炒作,还能看出几个油珠来,一炒就烟消云散了。我在这里讲一个具体的例子:前几年有个造成点小轰动的事,出版界著名的奸商要推出一位年轻的翻译,十几位著名作家的名著一个人包下来。那个译者应该是有点才能的,但是他就像一小块"人造油"一样,放在锅里一炒,就烟消云散了。我说的烟消云散是这个人在学者心目中一辈子翻不了身了,学术界不会给他第二次机会。在学术界,一个人的名声一旦倒掉,就永远翻不了身。所以我们各位年轻人一定要小心,面对利益的诱惑时要把握住自己。把握不住自己,要么是"自残",要么就是"自杀"。"名"很脆弱。

这个问题可能过于严肃,那么在这个过分严肃的话题之后我们可以启动下一个环节——提问。大家随便提问,问什么都可以。我就讲到这里。

(上海外国语大学国际关系与公共事务学院学术部纵横讲座第三讲,2015年4月2日。本文收入《在学术界谋生存》,香港中文大学出版社即出)

与青年学者谈生涯焦虑

我先解题。首先说什么是青年。叔本华说,青年人有个特点,无论你跟他说什么,他都认为生命是个无止境的过程,然后用这样的态度来对待时间。换句话说,青年有个特点,认为个人生命无限,觉得自己永远有时间。

学者是什么意思呢?学者是从事学术活动的人。学术既有用又没用。一方面,学术归根结蒂是有用的,它的存在,归根结底是一个民族有正常的劳动分工,有人谋取基本生存的材料,有人从事智力活动。从事学术活动的,应该是一个民族最聪明的成员。所以,如果一个民族足够聪明,就会为自己最聪明的成员留出足够的时间、空间,创造足够好的生活条件,让他们专心致志地把学术做好,从而在与其他民族竞争时赢得智力优势。另一方面,学术很多时候显得没用,原因之一是学者做的事看起来可能与民族的具体需要无关,原因之二是学者在从事学术创造时似乎不考虑他的研究是否有用。学术的这个二重性,是青年学者生涯焦虑的最主要根源。

什么是生涯?生涯不是简单的生存。如果简单谋生存,只是求有房住、有车开、衣食无忧,没有必要当学者,因为当学者很辛苦。任何时代都有很多谋生方式,经商、从政,作为谋生方式都比学术有效。当然，如果除了读书别的都不会，那也只好以学术谋生，这样，生涯焦虑也是生存焦虑。不过，我觉得学者的生涯焦虑可以首先是生存焦虑，但不应该仅仅是生存焦虑，原因是学者还有使命。学者有两个使命，都很难。学者一要有创新，没有创新就没有大用。不过，人类的文明有个特点，就是创造非常困难，毁灭非常容易。我记得三十年以前在湖北参观过出土的编钟，觉得很奇怪。我们的祖先两千多年前就创造了那么复杂的乐器，但是中华民族的复调音乐一直没发展起来。专家说，编钟已经符合巴赫的十二平均律，但是我国流传下来的民族音乐却没有达到这个程度。所以，学者除了创新以外还有另外一个重要使命，就是承传，我们学前人的创造，一定要达到他们的最高水平，然后把这个最高水平传递给年轻一代，让他们很快就能进入创新的角色。所以，学者不仅仅是面对生存压力，还有一种使命感，学者的生涯焦虑有特殊性，值得谈一谈。

什么是焦虑？焦虑是过度紧张。紧张是不正常的状态。正常的、自然的状态是不紧张，但是人在正常的、自然状态下没有创造力。我们要想进行创造，就得达到自己能力的极限，突破自己，这就一定要紧张，而且要高度紧张。体育运动是紧张的，脑力劳动是紧张的，体力劳动也是紧张的。如果紧张过了头，就变成了焦虑。比如，写一篇论文，你进入焦虑状态，那你就睡不着了，睡不着整个身体就垮掉了。睡不着不仅是个生理状态，也是个心理状态。

怎样对付生涯焦虑呢？首先得树立一个观念：焦虑是无法克服的。千万不要相信做学者可以没有焦虑，这是不可能的。有的人可能问我，你自己现在还焦虑不焦虑。我当然还焦虑，我焦虑了二十多年，现在也焦虑。但是，我不指望克服焦虑，只追求管理焦虑，尽量让它接近高度紧张，不让它有破坏性，更不让它有毁灭性，尽量地让它朝那种创造性的、张力的方向发展。各位如果从管理的角度想问题，生涯焦虑就没那么可怕了。

现在我讲讲怎样管理生涯焦虑。管理焦虑，最重要的是要分析根源，分析焦虑是怎样产生的。有些青年学者的生涯焦虑是出于个人根源，没把自己的位置摆正，说穿了是自我迷信。例如，焦虑的最大根源是急于成名成家，但是，一般来说，在社会科学领域，成名成家不是青年人应该享有的东西。年轻本身就很美好，不要奢望锦上添花。成名成家需要资本，社会科学研究成果的特点是需要时间检验。如果年轻人希望马上就成名成家，就会焦虑。这个焦虑就是韩愈讲的："内不足者，急于人知。""急于人知"这个"急"就是焦虑。我们看学术界，可以看到"急于人知"的基本上都是"内不足者"，心里有根的人不着急。我们从事学术活动可以丰富自己的内心，丰富自己内心就是巨大的收获。我觉得当学者是现代社会最接近马克思理想的工作，一生一世唯一的工作就是充分发挥自己的才能，发挥创造力。从这个角度来看，年轻学者没有必要着急成名成家。多追求自己的个人实现，少追求需要别人肯定的成就感，这样可以有效管理生涯焦虑。

自我迷信的另一面是迷信名人。自己想当名人，自然就把心中的名人神圣化，否则不会有这么大的兴趣成名成家。迷信名人免不了失望，免不了幻灭，于是有兴趣"屠龙"。我觉得犯不上屠龙。

无论我们做什么,总是要沿着两个向度思考。首先问值不值,其次问能不能。值得做的,往往做不到;做得到的,往往不值得。众所周知,学术界有大大小小的水泡,有些泡不仅特别大,还金光闪闪。如果我们知道这些金色大气泡的底细,特别是如果这些大气泡对我们的学术发展是个障碍,甚至是大障碍,我们很自然会想把它们捅破。这个时候,我建议年轻人注意点策略。捅破气泡在道义上是对的,对自己和其他年轻人都有利,但具体操作时需要注意两点,一要看吹泡的人是否心存欺瞒,二要看气泡是否已经在自行缩小。即使下定决心去捅破一个恶劣的气泡,最好也是轻描淡写地扫一针。原因很简单,我们不用担心好人动怒,但是务必警惕坏人冒火。

生涯焦虑的另一个根源,尤其是我们做政治学、公共行政研究的人,是选题难。有些问题,我们知道它非常重要,但是我们不能去研究,或者觉得研究了不能发表。我觉得可以做个二分法。有些问题,可以叫做中国政治中的"毛泽东之问"。中国就像一艘巨大的客船,"毛泽东之问"就是船长之问,就是谁当船长,怎样保证船长头脑清醒,判断正确。除了"毛泽东之问",还有"周恩来之问"。不管谁掌舵,船要正常运转都要解决很多问题,比如卫生问题、发动机的运转问题、饮食供应问题,这些是"周恩来之问"。青年学者如果觉得选题难,不妨考虑多研究"周恩来之问",这样就可以有效管理生涯焦虑。

生涯焦虑的第三个根源是方法论迷信。学术界有个不健康的现象,就是方法论崇拜。比如,有些人会做定量分析,就认为定量方法是唯一科学的方法,这就是方法论迷信。如果我们不做定量分析，也不会定量方法，但是接受这种迷信，我们就会焦虑。要管理这个焦虑，可以树立一个观念，方法归根结底是个工具，我们是用户。用户面对工具，要郑重其事。比如，我们对待一把菜刀，用它切菜、切肉，当然得郑重其事，否则就会切自己的手指头。但是，郑重其事不是迷信，我们不要迷信这把菜刀。有时可能不需要用它，需要用的时候，也不需要明白怎样磨菜刀、怎样做菜刀。换个比喻，定量方法好比是一辆汽车，十分复杂，我们只是开车代步，会开就行，不要操心修车、造车。这样对待计量方法，就可以减少很多焦虑。

最后说一点，生涯焦虑归根结蒂是因为发表难。无论什么时候，无论在什么地方，发表都很难。我没有什么好办法，只能提醒年轻学者注意一个问题，就是关于中国政治的研究有三个学术传统，写文章时要考虑自己的文章适合哪个传统。第一个是美国传统，这个学术传统是批判的、实证的，不过也有个背景，就是美国和中国是竞争对手。既然是竞争对手，这个学术传统就有一些不说出来的假定，年轻学者写文章要注意这些假定。第二个学术传统是欧洲传统。"二战"后，欧洲人主要把中国当邻居，欧洲学者研究中国采用的路径和英美学者不一样。第三个传统是中国传统，就是我们面向中华民族的历史、现在和未来研究中国政治。这个传统还有待建立，现在一些时髦说法其实只是一厢情愿。年轻学者如果想用英文发表，可以选择美国传统。如果想在欧洲的学术刊物发表论文，可以采用欧洲传统。至于怎样在内地的刊物发文章，我没有资格讨论，因为我自己没有发表过。

（本文收入严海兵、刘乐明编《上海青年政治学年度报告2016–2017》，中央编译出版社2017年出版。）

关于书的五点体会

我跟书打了四十多年交道，扮演了读者、译者、作者三种角色，最近有五点新体会。

第一，一本好书，卖出的 100 本中，在一年之内，大约有 5 本能得到超过 10 分钟的阅读，顶多有 1 本得到超过 1 小时的阅读。

第二，好书的价值，一是随时开卷有益，二是未来某个确定时刻开卷有益，三是未来某个不确定的时刻开卷有益。好书的这三层价值，大致相当于生活中的茶、酒、药的功效，也大致决定了好书的可读、可买、可藏。可藏的好书获得的阅读量可能最小，但发挥的效果可能最大。收藏一本好书，如同秘藏一粒九转还魂丹。

第三，买书然而不读的人，对作者、译者最容易以施主自居。这种施主心态，在交学费但不认真上课的学生中相当普遍。

第四，即使是心态正常的读者，评论作者、译者时也很像期末填写教学评估问卷的本科生，有收获功在自己，无收获过在他人。

第五，无良的作者、译者，就是制造假冒伪劣商品的无良生意人：制造时偷工减料；推销时以次充好；侥幸成功就雇佣枪手。一个作者、译者，作品数量之多超乎自然，就是雇佣了枪手的铁证。

后　记
学者的第二条生命是承传

叔本华说:"人世间林林总总的愚蠢行为,最愚蠢最常见者之一是以各种方式把人生的摊子铺得又长又宽。这样做,首先是算定自己将尽得天年,然而真能享足人寿者寥若晨星。即使真能活那么长,人生对实现种种计划来说也太短,因为实现计划所需的时间总是远远超过预期。此外,人间万事,失误不断,障碍重重,能达到目标者寥寥无几,人生计划也不例外。最后,即便终于达到了一切目标,做计划时没有考虑时间会给我们自身带来的种种变化,因而也就没想到我们并不能毕生保持我们的能力,不论是做事的能力,还是享受的能力。结果,我们常常执着地为获得某些东西而努力,终于得到时,它们已经不再适合我们;同样,我们为了做一件事,长年累月做准备,可是岁月在不知不觉中盗走了我们做这件事的能力。正因如此,常见的结果是,千辛万苦,历尽艰险,终于挣到万贯家产,却已经无力享用,白白为他人辛苦一生;多年奋斗,苦心经营,终于爬到高位,然而已经无力就任。这类情况,是好事来得太晚。还有相反的情况,是我们到得太迟:时代风气已变,一代新人长成,毫不赏识我们的成就或作品;或者,别人找到了捷径,比我们早到了一步;如此等等,不一而足"(《人生智慧箴言》,商务印书馆2017年版，第133-134页）。

叔本华的话，总是有理，也总是有片面的理，这段话也不例外。他一生靠父亲辛勤挣来的财富生存，不需要工作谋生，因而没有"雇主"概念，在这一点上不接地气。地气的现实是，很多时候，收摊的时间不是自己决定，而是制度决定。香港的大学教授就是如此。表面上看，香港的大学教授可以申请tenure，也可以得到它，仿佛与美国的大学教授一样，其实二者差异极大。这只"特牛"或"铁牛"，在美国原生地确实又特又铁，是货真价实的"终身教职"。不过，一到香港，就具有了香港特色。香港的大学招聘教授，近几年开始用tenure-track，是为了吸引在美国的人才。其实，这样说是以次充好。香港各大学的tenure，法律术语是substantiation，通常译为"实任"，大致相当于"转正"，以示有别于"合同制"和"临时工"。但是，substantiation，不等于保障学术自由的tenure，只意味着"解聘手续比较麻烦"。如果不明就里，见到香港各大学的tenure也译成"终身教职"，是想当然。其实，香港的大学有强制退休年龄。原来的退休年龄都是60岁，科技大学率先把强制退休年龄延到65岁；城市大学随后更改；浸会大学是一贯的名实脱节，区别对待，正教授退休年龄名义不改实质改，也是65岁。作为龙头的香港大学，迟迟不改。中文大学也迟迟不改，据说中大有港大情节，唯港大马首是瞻。又据说港大和中大短期不会改，因为批准延期是个巨大的权力。

香港的大学教授，除了另有财路的，绝大多数希望晚点退休。到了法定退休年龄，大多申请延期。为了申请延期时手里有米，哪怕精力不济，水平下降，还是老骥加鞭，勉为其难。所为何来？当然不是因为爱学问，至少不全是因为爱学问，重要原因是退休后便再无可靠收入，没有内地同行视为当然的"退休金"。香港的工薪阶级，唯一有退休金（"长俸"）的是政府高官。设"长俸"，是为保廉，避免高官退休后到商界任职。这个制度，大约与香港的殖民地历史有关。制定制度的英国人，来港工作的英国人，视香港为终老之地的，不能说没有，但毕竟是极少数。站在他们的立场设计的制度，自然不会优先考虑"终老"问题，实际上，是干脆不考虑。

有强制退休年龄，相当于学术生涯有个明确的终点，利弊都有。对我来说，好像是利大于弊。我的理想是，学者有两条命，一条是创新，一条是承传。中大目前的制度，客观上只承认学者的第一条命，第二条只能在夹缝中苟延残喘。但是，环境越恶劣，生命力似乎越顽强。如果没有强制退休年龄的提醒，没有已经在地平线隐约显现的"学术生涯大限"，我可能仍有很多创新的梦想，至少不会现在就开始考虑承传。承传意味着收摊，收摊，就是趁脑筋还灵活清醒，把自信独到的想法整理出来，尽量不留半成品。我着手收摊，开始并非所愿；收摊过半，居然别有感受。收摊，表面看是收场、退场，其实可以是收获，趁夕阳未落，早点清理已经做了七八成的事，把能做完的做完，能做好的做好。尽管我不求"立言"和"立功"，不信也不求"不朽"，早收摊，早清盘，总是可以避免留下半成品和残次品，客观上有利于人去神存。

《不发表就出局》十分偶然地成了我收摊的第一步。书出版后，有些读者表示，我应该老老实实做学问，不该虚头巴脑谈如何做学问。此言正确，然而如同一切正确的话，有点冷，也有点不近情理。还有更不近情理的，是看了我放在网上的免费微信版后，抱怨印刷版没有多少新内容，仿佛他买书花了冤枉钱。好在大部分读者的评论是正面的，有些年轻学者的评价，甚至让我感到自己自私，没有早点花时间与年轻人交流。我1990年离开南开大学，20多年了，一直觉得，虽然内地变化很大，但师道延续无恙。最近，发现我可能过于乐观。有些人，并未把从老师那里得到的教泽毫无保留地传给学生。这些人，既愧对老师，也亏待学生。《不发表就出局》，原本不应该得到众多年轻学者欣赏。

《不发表就出局》是无心插柳，是否成荫，我无法评价。《戏说统计》是我收摊的第二步，有意栽花，是否开花，我毫无把握。我平平无奇，经历却有三分怪异，体会可能也有半分独到。我先学哲学，半路出家学政治学，结果是两半吊子学问；我凭常识学通统计，又从统计穿越到人生哲学，结果是两个半通不通。所以，我的目标是化不通为通，把我不三不四的统计知识和半通不通的哲学思考一锅煮、一勺烩，写本也许只有我能写出来的"怪"书。我在每一章都提一些绵里藏针的问题，希望学生可以自问自答，教师可以参考出题。我也希望学生和老师借用书中的只言片语，在友好刺激的攻防中磨砺思维穿透力，锻炼思维的灵巧度。当然，人人眼高手低，我不例外，这里说的只是我的希望。

写作此书，我有个深刻感受：统计分析易讲难写。讲课时，不管教师脑子里有多少，也不管教师是否冒火花讲出忽然悟到、转眼就忘的妙理,一般情况下,只需要教师讲清八成,甚至七成、六成,乃至更少,就能取得十足的成功,得到十分满意的教学效果。原因是,学生是课堂的积极参与者,教学效果的关键贡献者。正如柏拉图说的,教师的作用更多是启发,扮演"助产士",职责是帮学生"回忆出生时忘记的"知识。教学效果好,是教师与学生双方的成果。写教材,特别是写这种不三不四的戏说,与讲课完全不同。作者一分为二,既当学生又当老师,然而没有学生的反馈,没有课堂的互动。讲课时有图有表,还能比比划划。在课堂上,一醉解千愁是虚,一图除百惑是实;一言开心窍是虚,一动启慧目是实。诌文则有两大局限,一是图表不能多,多了乱糟糟;二是词不达意,不能真切再现哑剧。为了尽量营造教室的氛围,我在书中加了些图表。文字方面,我同时采取"极小主义"和"极大主义",一方面把自己的文字表达力极小化,另一方面在想象中把读者的忍耐能力和兴趣热情极大化。极小化的过程并不愉快,效果却不错。很多时候,我写得琐碎细腻,不免厌烦,甚至觉得有点人格分裂;忍住,继续写下去,往往发现自己并未把貌似简单的道理完全想通,想通了,就写清楚了。同时采用这两种相反的主义,最大的代价是行文啰嗦,一句话换好几种说法,颠来倒去,絮絮叨叨。这种冷热交加的写法,对我是个锻炼,估计跟北欧流行的冷热浴差不多。实际的收获是醒悟到:几年来,我比较满意统计方法课的教学效果,其实有些贪天之功。

当然,我写得不厌其详,也是因为我天性不喜欢请教他人,宁可自己琢磨。我希望读者因此能获得一个补偿,就是有较大自由,能更多内求于己，较少必要外求他人。外求他人是主动的学习，并无不妥。很多时候，问，会刺激自己高度兴奋；不问，百思不解；发问，瞬时想通，对方尚未听懂问题，自己已得答案。所以，能问，喜欢问，是巨大的性格优势。只可惜性格不能选择。性格内向与孤傲自负高度相关，很多时候，表面的孤傲自负，实际只是性格内向。这样说，就算先向嫌我行文啰嗦的读者请求原谅了。

书成之际，我想感谢的人很多。第一，我感谢这十多年听过我统计课的学生和青年学者。我讲统计分析，从浸会大学开始，在中文大学延续，辗转到华东政法大学和浙江大学。每次讲，都有新的领悟，都多多少少有些改进。本书的部分内容在本人的公微号推出后，得到众多朋友的鼓励。很多朋友戴了面纱，我只能遥寄谢意。我能记住的有：曹跃明、车莹、高翔、马海永、马永强、马志强、宋义平、陶郁、杨端程、张光、张卫东。我感谢协助我整理讲稿的张伯驹、王芳、管玥三位同学。管玥同学除了整理讲稿，还实实在在当了一次鲁迅先生称许的"傻子"，耐心建构了我在第三章使用的样本统计值数据库，还格外认真地反复校阅了本书全文，全面提高了本书的概念准确度和行文的逻辑与修辞。李向梅、黄飚认真读了书稿，指出了不少笔误。我特别感谢宋义平老弟，他对本书成稿贡献很大。我十几年积累的讲稿只占本书三分之一，另外三分之二，是义平促成的。义平协助郭泽德先生主办微信服务号"知深"，今年五月，他邀请我到北京录制《戏说统计》的视频课。为了备课，我写了本书书稿的第二个三分之一；录完以后，觉得很多问题没说清楚，又补充了三分之一。我也特别感谢高翔博士，她是本书最早最认真的读者之一。没有她帮忙,就没有微信公众号"李连江跟你戏说统计",我期待利用这个平台继续与热心的朋友互动,接受指教,回答疑问。

第二,我郑重感谢十年来鼓励我以另类方式讲解量化方法的老朋友们。首先是老友马骏教授,是他最早建议我把关于统计方法的奇谈怪论写下来。马老师还有个极有诱惑力的说法:写本书,你的退休金就有了。我感谢他的鼓励。作为"退休投资",此书即使有回报也是杯水车薪。但是,此书带来的精神慰藉,对一个渐近退休的教师却是一笔巨大的财富。我十分感谢杜克大学的牛铭实教授,他在内地创办方法论训练营,提供正规军训练,但他招募我当教员,并热情鼓励我写出游击战术。我郑重感谢张明军院长和郁建兴院长,他们两位给我创造了机会,让我得以与华东政法大学和浙江大学的青年才俊共同探讨量化方法。这几年,我还在复旦大学、南开大学、中山大学、山东大学、河南大学、郑州大学、中国人民大学、贵州大学兜售过我关于量化方法的"用户视角",受惠于很多朋友,一下子记不全,按各位朋友姓氏拼音顺序排列的不完整的名单是:贝淡宁、陈那波、陈周旺、程同顺、樊红敏、葛荃、郭定平、黄其松、李振、刘春荣、刘鹏、马奔、任勇、孙涛、吴志成、肖滨、杨开峰、张向东、朱光磊。

第三,我衷心感谢责任编辑刘海光、特约编辑董璇、编辑项玮。三位编辑极为细致地审阅了初稿,发现了不少概念模糊和行文欠妥之处,也揪出了不少错别字和不恰当的标点符号。海光也是拙作《不发表就出局》的责任编辑,他彻底改变了我对编辑的看法。

与他合作,我有下面几点真切体会:作者是当局者,编辑是懂行的、高明的、善意的旁观者;编辑可以敦促作者写出点睛之笔,还能帮助作者把点睛之笔写得更有神韵;编辑能看到作者的盲点,也能调动作者克服盲点的潜力。有些作者拒绝编辑的好意,可能是出于疲惫,也可能是出于倦怠,当然也可能是出于自负。海光给我很多建议,我信受奉行,受益匪浅。我也特别感谢韩雪女士不厌其烦地反复修版。

最后,也是最重的,我感谢在不同时间、不同地点、不同场合教过我统计分析的老师和朋友,这个名单更难想全,但一定包括下列各位:Bruce Dickson, Mary Gallagher, M. Kent Jennings, John J. Kennedy, Pierre Landry, Melanie Manion, Brian Pollins, Lily Tsai, Herbert Weisberg;郭正林、洪永泰、李慷、邱泽奇、单伟、史天健、唐文方、徐小禾、詹晶。我要特别感谢两位老师。一位是在俄亥俄州立大学教我统计分析的克劳森(Aage Clausen)教授。我每次讲统计课,每次做计量分析,都会想起他的教诲"Use your head!"可惜克劳森教授已经仙逝,我的感谢只能遥寄给他的在天之灵了。另一位老师是南开大学的车铭洲教授。车老师惠允我用他一篇讲话稿作为本书的序,是具体的扶持;车老师的为人、治学、执教,是我永远的榜样和永久的激励。

我把这本书献给南开大学哲学系1978级全体同学。成为这个友爱团体的一员,是我人生最大的转折点,也是最大的幸运。我特别提到的车上乘兄,在他最艰难的岁月,自学成才,救死扶伤,成就了高尚的伟业,活出了高贵的品格。